Die Autoren

Mag. Christine Lindenthaler, geboren 1965 in Oberösterreich. Studium der Pädagogik, Philosophie, Psychologie und Geschichte (Wien, Toronto und Salzburg), Hypnosystemisches Arbeiten mit Kindern und Jugendlichen (Milton Erickson Institut Innsbruck), Universitätslehrgang Fach-und Verhaltenstraining (Universität Salzburg), Kreativ rituelle Prozessgestaltung (Wildnisschule Schweiz), Systemische Aufstellungsarbeit (Wieslocher Institut für systemische Lösungen), Supervision (ÖVS).

Berufliche Entwicklung: 1992: Gründung und Leitung eines sozialpädagogisch-therapeutischen Kinder-und Jugendwohlfahrtsprojekts mit systemischem Konzept und erlebnispädagogischem Angebot, 1997: Mitbegründung von Natur als Partnerin – ARGE für systemische Bildung und Beratung. Seither Referentin, Ausbildnerin und Supervisorin in den Bereichen systemische Erlebnispädagogik, Sonder- und Heilpädagogik, Kommunikation und Teamprozessarbeit.

Hansjörg Lindenthaler, geboren 1962 in Salzburg. Dipl. Behindertenpädagoge (Diakonie Gallneukirchen), Staatlich geprüfter Berg- u. Skiführer (UIAGM), Kanulehrer (VDKS), Swiftwater- u. Wildwaterrescue Technician (Neil Newton-Tailor), Kreativ rituelle Prozessgestaltung (Wildnisschule Schweiz), Systemische Aufstellungsarbeit (Ammerseeinstitut), Systemischer Coach und Supervisor (Kaleidos).

Berufliche Entwicklung: 1982: Stammlehrer bei Outward Bound Berchtesgaden, Sozialpädagoge, Leitung von erlebnispädagogischen Langzeitprojekten im In- und Ausland (Schweden, Norwegen, Sardinien, Sinai, Island), Leitung von erlebnispädagogischen Weiterbildungen (Zentrum Spattstraße, Linz), 1997: Gründung und Leitung von Natur als Partnerin, Lehrtrainer und Ausbildner im Bereich systemische Erlebnispädagogik, Outdoor- und Kanuguide, Berater im Bereich Analogiearbeit für Organisationsentwicklungsprozesse, Projekt-Support, Supervisor.

Christine Lindenthaler
Hansjörg Lindenthaler

Natur als Partnerin

Systemische Prozessbegleitung in psychosozialen Handlungsfeldern

Weitere Informationen über den Verlag und sein Programm unter
www.buchmedia.de

August 2012
© 2012 Buch&media GmbH, München
Umschlaggestaltung: Kay Fretwurst, Freienbrink,
unter Verwendung einer Fotografie von Hansjörg Lindenthaler
Printed in Europe · ISBN 978-3-86520-451-6

Inhalt

Vorwort

Unsere Motive, dieses Buch zu schreiben:

Ähnlich der Schriftflut an Grundlagenwerken und Erziehungsratgebern im »Mutterbereich« Pädagogik ist die Liste der erlebnispädagogisch relevanten Veröffentlichungen – und das nur im deutsch- und englischsprachigen Raum – Hunderte Titel lang. Wir haben uns oftmals gefragt, ob wir hier noch etwas hinzusetzen können oder möchten.

Es mangelt weder am theoretischen Überbau für diese Disziplin[1] noch an methodischen Sammlungen oder an Praxisdokumentationen. Auch der hier vertretene systemische Ansatz in der Erlebnispädagogik wurde schon einmal präsentiert.[2]

Wir haben uns zu dieser Publikation vor allem aufgrund der Beobachtung entschlossen, dass die erlebnispädagogische Praxis vielerorts noch ein gewisses Maß an »gelebter« systemischer Kultur vertragen könnte. Die Verbreitung einer solchen Kultur braucht neben der Lehre – welcher wir uns im Rahmen unserer Ausbildungsgänge widmen – auch das geschriebene Wort.

In erster Linie ist es ein Buch zur handlungsorientierten, naturverbundenen Prozessbegleitung. Dabei geht es uns vor allem um die grundlegenden pädagogischen Haltungen, die unter dem Stichwort »systemisch« zusammenlaufen: Die traditionell defizitorientierte Pädagogik des früheren 20. Jahrhunderts begann zwar spätestens mit der Popularität der systemischen Ansätze ab den Achtzigerjahren zu bröckeln, aber vielerorts nur an der Fassade: in Konzepten und Leitbildern, auf Klausuren und in Präsentationen. So kann vieles in den folgenden Beiträgen auch auf andere pädagogische Kontexte umgelegt werden und es ist nicht nur ein Buch über die Erlebnispädagogik.

Seit Mitte der Neunzigerjahre haben wir mehrere Tausend Menschen aus unterschiedlichsten Arbeitsfeldern erlebnispädagogisch, supervisorisch oder im Rahmen von Teambildungsmaßnahmen begleitet. Viele davon haben an unseren Aus- und Weiterbildungen in den Fachbereichen systemische Erleb-

---

[1] Thorsten Fischer / Mario Kölblinger: Zur Wirksamkeit des Erfahrungslernens. In: Alex Ferstl / Peter Schettgen / Martin Scholz (Hg.): Der Nutzen des Nachklangs. Neue Wege der Transfersicherung bei handlungs- und erfahrungsorientierten Lernprojekten, Augsburg 2004, S. 72–75, hier S. 76.

[2] Grundlagenwerk: Astrid Habiba Kreszmeier / Hans-Peter Hufenus: Wagnisse des Lernens. Aus der Praxis der kreativ-rituellen Prozessbegleitung, Bern 2002.

7

nispädagogik, Outdoor-Skills oder an Team-Impulstagen teilgenommen. Sie bestätigten, dass die Bewusstmachung und Vertiefung einer lösungs- und ressourcenorientierten Haltung neben den entsprechenden systemischen Methoden ein Hauptteil ihres persönlichen Lernens war.

»Eine lösungs- und ressourcenorientierte Haltung zu entwickeln ist etwa so, als ob man alles, was man bisher mit der rechten Hand gemacht hat, nun mit der linken Hand machen soll.[3]

Es geht also um eine Einstellung, die erst dann zur erfolgreichen Umsetzung führt, wenn sie so weit verinnerlicht ist, dass sie auch im persönlichen Alltag die Grundtönung ausmacht. Diese Grundtönung ist ein tiefes Vertrauen in lösende, manchmal auch heilende Selbstorganisationskräfte.

Wir möchten daher mit diesem Buch unseren Beitrag zu einer integrierbaren und authentischen systemischen Prozessbegleitung in der Natur leisten und dabei einige Themen ins Blickfeld rücken, die aus unserer Sicht noch etwas Aufmerksamkeit vertragen können.

Dazu gehört das Arbeiten mit ausgewählten Zielgruppen, wie zum Beispiel Menschen mit Behinderung, Menschen in sozialpädagogischen Lebensbezügen und naturverbundenes Arbeiten in der Supervision, eine noch völlig neue Seite.

Wir befassen uns in weiteren Kapiteln mit den Themen systemische Gruppendynamik, Führen und Leiten aus systemischer Perspektive und mit Fragen der Grenzziehung zwischen Pädagogik und Therapie. In einem weiteren Kapitel wird das Spannungsfeld zwischen pädagogischen und wirtschaftlichen Zielen beleuchtet.

Besonders wichtig ist uns die Kapitelgruppe »Dimensionen der Naturerfahrung«. Wir sind uns bewusst, dass wir in diesem Rahmen nur andeuten können, welche Erfahrungen das »Sich-der-Natur-Aussetzen« möglich macht, vor allem gehen diese Dimensionen teilweise auch über systemische Erklärungsmodelle hinaus. Ein integraler Ansatz, wie er etwa von Ken Wilber[4] beschrieben wird, könnte ein weiterführender Weg sein.

Viele Menschen, die wir durch persönlichkeitsbezogene Prozesse begleitet haben, sind theoretisch interessiert, andere haben kein oder wenig Interesse für Hintergründe dieser Art. Deshalb enthält dieses Buch sowohl Beiträge, die sich mit theoretischen Fragen hinter der systemischen Prozessbegleitung befassen, als auch viele Praxisbeispiele, die in die Kapitel eingestreut sind.

Das Thema Projektmanagement im Rahmen der Erlebnispädagogik haben

[3] Peter de Jong / Insoo Kim Berg: Lösungen (er)finden. Das Werkstattbuch der lösungsorientierten Kurztherapie, Dortmund 2002 (4. Auflage), S. 19.

[4] Vgl. etwa Ken Wilber: Ganzheitlich Handeln. Eine integrale Vision für Wirtschaft, Politik, Wissenschaft und Spiritualität, Freiburg 2001.

wir bewusst ausgeklammert, da wir der Meinung sind, dass dieses Thema besser unter Einbeziehung der Kontexte der Fragesteller behandelt werden sollte, was im Rahmen unserer Weiterbildungen geschieht.

Eine weitere Motivation für dieses Buch bildet die gesellschaftlich-soziale Entwicklung aus mitteleuropäischer Sicht, vor allem in Bezug auf die Themen Eigenverantwortung, Konsum, und die Bereitschaft für soziales Engagement. Erlebnispädagogik war von Beginn an mit diesen Themen eng verknüpft, nie aber waren die Voraussetzungen derart pikant wie jetzt:

Die Dosis an Anstoß, die es braucht, um Menschen an Erlebnishorizonte zu führen, die als Erlebnisse überhaupt noch wahrgenommen werden, muss permanent gesteigert werden, um sich von schon Bekanntem abzuheben. Andererseits wird vieles zum Erlebnis stilisiert, das sich nur irgendwie verkaufen lässt: Erlebnisse lauern im Briefkasten, in Einkaufszentren, im 3D-Kino, im Restaurant, im Thermenparadies, am Urlaubsort, überall, sogar schon in Schulen! Gleichzeitig ist eine zunehmende Verhinderung von sinnstiftenden Erlebnismöglichkeiten in der Natur festzustellen. Menschen werden gleichsam in Reservate getrieben, wo sie virtuos aufbereitete Erlebnisse konsumieren sollen, um anschließend für weitere Leistungen gestärkt in ihre Wohn- und Arbeitsreservate zurückkehren zu können.

Hier versucht die systemische Prozessbegleitung in der Natur mit elementaren, teils archaischen und oft bewusst sehr bescheiden gehaltenen Mitteln entgegenzuwirken. Der Anspruch ist, dass das Erlebnis den Prozess nicht übertünchen, sondern hervorrufen beziehungsweise unterstützen soll.

Damit das gelingen kann, ist profundes pädagogisches Handwerk mit der Kunst der Menschenbegleitung und dem Mut zur Tat in Einklang zu bringen. Darüber berichtet dieses Buch, das keinerlei Anspruch auf Vollständigkeit erhebt. Es ist vielmehr eine Sammlung von Beiträgen, die als Inspiration dienen können.

Wir wünschen unseren Lesern und Leserinnen anregende Momente und vor allem kraftvolle persönliche Impulse für die Begegnung mit anderen Menschen, sei es im pädagogischen oder im persönlichen Kontext. Kostbar ist der Augenblick!

Wir danken allen unseren Inspirationsgebern und Nachfragern nach diesem Buch, vor allem aber jenen Menschen, die wir begleiten durften und die uns das Vertrauen geschenkt haben, ein Stück des Weges mit uns zu gehen. Manche von ihnen haben uns vor Herausforderungen gestellt, denen wir nicht begegnet wären, wären wir »zu Hause« geblieben! Nicht alle Situationen in der Prozessbegleitung hätten wir uns so ausgesucht, wie sie gekommen sind, wenn wir die Wahl gehabt hätten. Wie gut, dass wir sie manchmal nicht hatten!

Ein herzliches Dankeschön auch an jene, die uns Prozess- und Projektgeschichten zur Veröffentlichung gegeben haben, besonders an Janina Thausing für die Überlassung ihrer Diplomarbeit über Menschen mit autistischen und geistigen Beeinträchtigungen. Danke auch an unser Team, vor allem an Andrea Quehenberger, Walter Müller, Astrid Rössler und Susi Roth – jeder von ihnen hat in den letzten Jahren zentrale Arbeitsbereiche übernommen. Ohne diese Übernahme hätten wir weder Zeit noch Abstand gefunden, dieses Buch zu vollenden. Danke auch an Astrid Habiba Kreszmeier und Hans-Peter Hufenus für die gemeinsame Zeit der Kooperation.

Ein posthumes Danke auch an den frühen Mentor Ulf Händel, der Hansjörg in prägender Weise auf den erlebnispädagogischen Weg geleitet hat.

Und schließlich noch einen besonderen Dank an unsere Schweizer Kooperationspartner Reto Pfirter und Christian Seger, Letzterem ganz speziell für die gelebte und gespürte Loyalität und die langjährige Freundschaft!

Wir wünschen inspirierende Momente beim Lesen dieses Buches, aber vor allem viele anregende, bereichernde, kraftspendende und heilende Momente in der Natur!

Systemisch-pädagogische
Annäherungen

Grundannahmen systemischer Pädagogik

Systemisches Arbeiten ist mehr als ein Schlagwort. Es ist integrierter Bestandteil von Leitbildern und Konzepten pädagogischer Einrichtungen und unterliegt der täglichen Herausforderung in der alltagspraktischen Umsetzung.
Die Ansprüche an Pädagogen[5], systemische Konzepte professionell abzuleisten, sind sehr hoch, auch weil diese eine doch relativ kurze Vergangenheit haben und sich noch in der Phase des Erfahrungsgewinns befinden.
Dieses Kapitel bemüht sich um eine kurze Darstellung unterschiedlicher systemischer Stränge (ohne Anspruch auf Vollständigkeit) und befasst sich mit möglichen Implikationen für eine systemisch-pädagogische Praxis, besonders im Hinblick auf die Erlebnispädagogik.

Systemisches Arbeiten liegt im Trend

Der Begriff *systemisch* ist einfach und umfassend zugleich und eignet sich gut, vieles darin zu verpacken. Was aber ist nun systemisch? Und vor allem: Was macht einen systemischen Ansatz in der Praxis aus?

Diesen Fragen möchten wir mit folgenden Zielen nachgehen:

Wir versuchen zu verdeutlichen, dass es sich bei diversen Varianten, eine systemische Pädagogik zugrunde zu legen, nicht um eine neue Schule oder ein einziges Modell handelt, sondern lediglich um den Versuch, naturwissenschaftliche und soziologische Theorien auf eine Praxisdisziplin zu übertragen. Es gibt im Wesentlichen zwei systemische Hauptstränge, die in der pädagogischen Praxis sinnvoll ergänzen können: konstruktivistische und phänomenologische Ansätze.

Wenn unsere Beobachtung stimmt, dass systemisch im Trend liegt, möchten wir dies als Chance sehen für die Verbreitung eines unseres Erachtens sehr vielversprechenden Zugangs zur Pädagogik. Wir plädieren daher für einen genaueren Umgang mit dem Begriff, vor allem da systemisches Arbeiten oft auf »vernetztes Arbeiten« reduziert wird.

Wie schon erwähnt, gibt es keine einheitliche systemische Theorie, schon gar nicht für die Pädagogik. Ein geschlossenes Theoriesystem widerspricht sogar dem systemischen Denken, da dieses die Paradigmen der objektiven Bewertbarkeit und Überprüfbarkeit von komplexen Zusammenhängen infrage stellt.[6]

---

[5] Aufgrund der besseren Lesbarkeit wird in den Texten nur die männliche Form verwendet. Die weibliche Form ist selbstverständlich immer mit eingeschlossen.
[6] Es gibt sozusagen keine Objektivität, sondern immer nur die »Beobachtungen von Beobachtern«.

Rolf Huschke-Rhein empfiehlt für die Erziehungswissenschaft die Verwendung des Begriffs »systemisch« statt »systemtheoretisch« aus folgenden Gründen:

> »(...) weil ›systemisch‹ nicht auf eine bestimmte Systemtheorie festgelegt ist, weil es besser geeignet ist, auf Vernetzungen hinzuweisen, und weil es direkt auf die Praxis bezogen werden kann.«[7]

Woher kommen aber nun die systemischen Ansätze?[8] Sie kommen im Wesentlichen aus Kybernetik, Biologie, Soziologie, Physik, Kommunikationstheorie und Familientherapie. Sie können grob gegliedert werden in konstruktivistische und phänomenologische Ansätze.

Konstruktivistische Ansätze

Die für Pädagogen wichtigsten relevanten konstruktivistischen Annahmen führen zunächst zur Kybernetik, zu Heinz von Foerster. Er befasste sich mit der Beschaffenheit von Systemen und fand dafür unterschiedliche Kategorien, die er je nach Komplexität in Ordnungsstufen gliederte. Zur Illustration ein Beispiel seines Verständnisses:

Ein Computer ist eine triviale Maschine. Er ist nach Prinzipien gebaut, die dem Ursache-Wirkungs-Modell folgen. Wenn ich einen bestimmten Input gebe, kann ich mit einem Output rechnen, der mit diesem in nachvollziehbarem Zusammenhang steht. Der Computer ist so organisiert, das heißt, durch direkten Eingriff auf die Programmierung kann die Leistung verändert werden, aber die Schritte und Prozesse bleiben immer nachvollziehbar.

Anders bei uns Menschen: Wir können uns als nicht triviale Maschinen betrachten, und von Foerster gibt selbst ein anschauliches Beispiel dafür:

> »Nichttriviale Maschinen sind lästige Zeitgenossen: man weiß nicht, was sie tun und auch nicht, was sie tun werden. Man sehnt sich daher nach trivialen Maschinen (...). Wie wir wissen, sind manchmal die Antworten unserer Kinder recht unerwartet: auf die Frage, wie viel ist zwei mal zwei, könnte man ›grün‹ als Antwort bekommen. Das geht zu weit. So werden die Kinder in die Schule – die große staatliche Trivialisierungs-

[7] Rolf Huschke-Rhein: Systemische Erziehungswissenschaft. In: Helmwart Hierdeis/ Theo Hug (Hg.): Taschenbuch der Pädagogik, Baltmannsweiler 1997, S. 473.
[8] Wer sich für eine wissenschaftliche Aufbereitung dieses Themas interessiert, der lese nach bei: Rolf Huschke-Rhein (Hg.): Systemisch-ökologische Pädagogik, Band 1–5, Köln 1992.

maschine – geschickt, damit sie dann mit den erwarteten Antworten herauskommen.«[9]

Natürlich kommen aber nicht immer die erwarteten Antworten heraus. Besonders wenn es um soziales Lernen geht – Kollegen aus der Sozialpädagogik und psychosozialen Bereichen werden ein Lied davon singen können –, funktionieren die Trivialisierungsversuche mehr schlecht als recht.

Menschen funktionieren ja auch nicht wie triviale Maschinen, bei denen ein bestimmter Input zu einem Output führt, den man voraussehen kann. Mit dem Kausalitätsprinzip kommt man in der Erklärung menschlichen Verhaltens nicht weit: Sollte es Gültigkeit haben, würde man nicht einmal einen Überblick über die Komplexität der Verhaltensweisen einer einzigen Person bekommen können, um ausreichend erklären oder voraussagen zu können, warum diese Person sich in einer bestimmten Situation anders verhalten wird als eine andere.

»Funktionieren« Menschen mehr nach dem Modell der Black Box?

>»Schwarze Dose‹ nannte man im 2. Weltkrieg erbeutetes Feindgerät, das man sich wegen einer möglicherweise darin versteckten Sprengladung nicht zu öffnen getraute. Um herauszubekommen, was das Gerät tat, ohne deswegen schon zu wissen, warum es etwas tat, war es notwendig, in das Gerät bestimmte Strommengen einzuführen und darauf die Ausgabewerte zu messen (vgl. Watzlawick 1969, S. 45). Input und Output sind bei black boxes messbar, die Prozessabläufe im Inneren der Dose bleiben unbekannt. Ähnlich verhält es sich mit Interventionen in der Sozialarbeit, Pädagogik, Supervision, Therapie, Organisationsentwicklung und Sozialpolitik. Menschen können nicht durch Menschen direkt und unmittelbar beeinflusst werden.«[10]

Die chilenischen Wissenschaftler Humberto Maturana und Francisco Varela (Biologie, Philosophie, Kybernetik, Neurowissenschaften) lieferten naturwissenschaftliche Argumente für die Hypothese des Menschen als nicht triviale Maschine:[11]

[9] Heinz von Foerster: Abbau und Aufbau. In: Fritz B. Simon (Hg.): Lebende Systeme. Wirklichkeitskonstruktionen in der Systemischen Therapie, Berlin/Heidelberg/New York 1997, S. S. 41.

[10] Heinz Kersting: Intervention. Die Störung unbrauchbarer Wirklichkeiten. In: Kersting et al.: Irritation als Plan. Konstruktivistische Einredungen, Berlin 2003.

[11] Natürlich erstellte auch von Foerster ein umfangreiches kybernetisches Erklärungsmodell zu lebenden Systemen, das den Menschen als nichttriviale Maschine auf die

Anhand der Zelle entdeckten sie, dass lebende Systeme nach einem inneren Selbstorganisationsprinzip arbeiten, dem sie den klingenden Namen »Autopoiese« gaben, was wörtlich übersetzt »Selbstmachung« heißt.

Diese Autopoiese bedeutet, dass ein lebendes System einzig und alleine durch seine eigene interne Struktur bestimmt, welche Umweltkontakte es zulässt. Ein lebendes System, also zum Beispiel auch das System »Mensch«, ist auf diese Weise *operational geschlossen*, das heißt, die Maßstäbe für die Verarbeitung dessen, was aus der Umwelt kommt, werden aufgrund der internen Strukturen gesetzt. Und diese internen Strukturen beziehen sich immer nur auf sich selbst und nicht auf die Umwelt: Sie sind selbstreferentiell (selbstbezüglich)!

Luhmann hebt ebenfalls hervor, dass Menschen ständig Schleifen ziehen, sich auf sich selbst zurückbeziehen, indem sie während eines Prozesses immer wieder Fragen nach dem eigenen Tun, der persönlichen Motivation und Sinnhaftigkeit stellen und ihr Handeln danach ausrichten. Dadurch bilden sich persönliche Strukturen.[12]

Laut Foerster können diese Strukturen von außen angestoßen, also gestört werden.

Ein denkwürdiges Beispiel für solche Störungen gibt Wilhelm Rotthaus in seinem Buch »Wozu erziehen?«, in dem er auf die besonderen Störqualitäten der Dimension Macht und Gewalt in pädagogischen Prozessen hinweist.[13]

Andererseits sind lebende Systeme laut Maturana und Varela auch *strukturell offen*, das heißt, sie können sehr wohl Materie, Energie und Informationen von außen aufnehmen und sind darauf auch angewiesen, wenn sie sich als System erhalten, also überleben wollen.

Aber die Verarbeitung alles dessen, was von extern aufgenommen wird, erfolgt nach den zutiefst individuellen Mustern der internen Struktur. Und auch diese interne Struktur oszilliert permanent zwischen unterschiedlichen Zuständen und Prozessen.

Diese Ergebnisse stützten auf unerwartete Weise die Theorien des *(radikalen) Konstruktivismus* und des *sozialen Konstruktionismus* und galten in den Achtzigerjahren als wissenschaftliche Sensation.

Für die Erziehung bedeutet dies einerseits eine programmatische Einschränkung der Möglichkeiten des Pädagogen. Denn die Entscheidung,

Stufe 3 und menschliche Gesellschaften auf Stufe 4 der Ordnungsränge stellt und veranschaulicht, weshalb Menschen nicht programmierbar sind und ihr Verhalten nicht voraussagbar sein kann.

[12] Niklas Luhmann: Einführung in die Systemtheorie (Hrsg. von Dirk Baecker), Heidelberg 1991/92.

[13] Wilhelm Rotthaus: Wozu erziehen? Entwurf einer systemischen Erziehung, Heidelberg 2002, S. 75.

lernen zu wollen oder zu können, also die internen Strukturen durch einen Einfluss von außen anzupassen oder zu verändern, bleibt immer beim Adressaten. Sogar Säuglinge wählen schon selbst, welchen Außenreizen sie welche Bedeutung geben wollen, und schirmen sich bei Reizüberflutung ab.[14]

Aber es gibt eine gesellschaftliche Rechtfertigung erzieherischen Handelns, die aus dem gemeinsamen Bedürfnis nach Erziehung entsteht: Mitglieder einer Gesellschaft sollen die Regeln für das soziale Miteinander kennen und danach zu leben imstande sein.

Da Menschen nicht über angeborene soziale Verhaltensweisen verfügen,[15] ist dieses gesellschaftliche Grundbedürfnis nach einem kleinsten gemeinsamen Nenner ein wichtiges Zugeständnis an alle im Sinn einer Gesellschaft erzieherisch aktiven Menschen.

Und für das Individuum ist dieser Anspruch nicht einfach ein »Angriff auf das System«, sondern ein wesentlicher Aspekt zur Ermöglichung der Selbsterhaltung:

»Der Mensch als sprachliches Wesen ist auf andere, ihm Ähnliche angewiesen. Sein Ich verwirklicht sich nur im Miteinander mit einem unabhängigen Du, also im Wir.«[16]

Die entsprechende erzieherische Ethik drückt sich im Foersterschen Imperativ aus:

»Handle stets so, dass die Anzahl der Möglichkeiten wächst.«[17]

Natürlich gilt dies auch in der pädagogischen Begleitung: Der Pädagoge ist verantwortlich für Impulse, die dem Adressaten Möglichkeiten eröffnen können. Er gibt Anregungen für mehr oder andere Varianten sinnvollen Handelns.

Diese Aussage begründet sich auf der Idee, dass wir ja gar nicht *nicht* handeln können, so wie wir bekannterweise auch nicht *nicht* kommunizieren können. Also: Wenn schon handeln, dann sinnvoll handeln. Sinnvoll bedeutet in diesem Zusammenhang, immer genügend Handlungsalternativen zu haben, da ansonsten nur passiv-defensives Handeln übrig bleibt. Selbst gestaltetes Handeln beinhaltet die Möglichkeit, auch anders tun zu können, um zum Beispiel denselben Effekt zu erzielen.

---

[14] Daniel W. Stern: Die Lebenserfahrung des Säuglings, Stuttgart 1994.
[15] Rotthaus, S. 146.
[16] Ders., S. 147.
[17] Heinz von Foerster / Bernhard Pörksen: Wahrheit ist die Erfindung eines Lügners. Gespräche für Skeptiker, Heidelberg 2003, S. 36.

Salopp formuliert könnte dies für einen Pädagogen heißen: Es bleibt zwar meinem Gegenüber überlassen, ob er/sie meine Anregungen zur Verhaltensänderung annehmen möchte oder nicht, aber ich kann ein erzieherisches Umfeld aufbereiten, in dem dies leichter wird.

Und vor allem: Je klarer der Auftrag des Klienten, desto größer sind die Chancen auf Erfolg. Vor diesem Hintergrund gewannen soziologische und therapeutische Ansätze, die sich seit jeher vertieft mit Kommunikation befassten, an Bedeutung. Denn neben unseren sinnlichen »Verbindungskabeln« nach außen wie Sehen, Hören, Riechen, Schmecken, Tasten kommt der Kommunikation hohe Bedeutung zu: Dank unserer Sprachfähigkeit leben wir nicht ausschließlich unter der Käseglocke unserer individuellen Autopoiese.

Wir sind grundsätzlich in der Lage, uns im Vermitteln von Botschaften auf einen gemeinsamen Sinn zu einigen und auch Vereinbarungen über gemeinsames Handeln zu treffen.

Therapeuten- und Beraterteams aus verschiedenen Teilen der Welt entwickelten konkrete und auch in der Pädagogik gut umsetzbare verbale und nonverbale konstruktivistische Techniken mit dem Ziel, den Informationsoutput eines Menschen besser verarbeitbar zu machen für die internen Strukturen des Informationsempfängers. Eine Auswahl:

- Hervorragende Bedeutung kommt hier der Universität in Palo Alto um Paul Watzlawick zu, die bereits in den Sechzigerjahren Kommunikationsgrundlagen erkannte, die heute noch als aktuell gelten.
- Milton H. Erickson zeigte einen einzigartigen Zugang durch seine Arbeit mit Menschen in Trance und Hypnosezuständen. Dieser Ansatz wurde und wird von verschiedenen »Schulen« in Nordamerika und Europa erfolgreich weiterentwickelt.
- Richard Bandler und John Grinder begründeten das Neurolinguistische Programmieren (NPL) und damit ein mittlerweile sehr bekanntes methodisches Set für Training, Pädagogik, Therapie und viele andere Bereiche.
- Das Brief Family Therapy Center in Milwaukee um Steve de Shazer, Kim Insoo Berg und Peter de Jong entwickelte differenzierte sprachliche Strategien im Kontext einer lösungsfokussierten Therapie und Sozialarbeit. Sie vertreten die theoretische Sichtweise des »sozialen Konstruktionismus«.[18]
- Thomas Gordon regte zu einer Form der gegenseitigen Rückmeldung an, die als »Feedback geben und nehmen« weite Verbreitung gefunden hat.

[18] Vgl. de Jong / Berg, a. a. O.

- Die sogenannte Mailänder Schule (Palazolli, Boscolo et al.) zeigt seit Jahrzehnten einen systemischen Ansatz, der konsequent soziale Netzwerke miteinbezieht.
- Das Gleiche tut Cloe Madanes aus New York mit der strategischen Therapie.
- Erfolgreiche Modelle kommen auch aus dem noch neueren Bereich der Mediation: Marshall B. Rosenberg, Gründer des Center for Nonviolent Communication, arbeitet mit seinem Modell der gewaltfreien Kommunikation sehr erfolgreich auch auf politischer Ebene in vielen Krisengebieten der Erde.

All diese Modelle sollen für eine bessere zwischenmenschliche Verstehbarkeit sorgen. Sie berücksichtigen die autopoietische Organisation des »Systems Mensch«, wurden und werden noch immer weiterentwickelt und vor allem: Sie beschäftigen sich mit verbaler und nonverbaler Kommunikation.

Die systemisch-konstruktivistischen Ansätze eint also die Annahme, dass unsere Wahrnehmung der Welt immer nur die Wahrnehmung eines Beobachters sein kann, der seinen eigenen internen Strukturen unterworfen ist und somit in rückbezüglicher Art zunächst nicht auf die Außenwelt, sondern auf sich selbst reagiert. Dies gilt auch für wissenschaftliche Beobachtungen.

Wir »konstruieren« unsere Welt, indem wir ihr im Rahmen unserer individuellen Bewertungen Bedeutungen zuschreiben.

Und so wie wir in diesen Wald hineinrufen, so kommt es auch zurück: Unsere Umwelt reagiert entsprechend der Wahrnehmung, die sie von uns hat. Die Wahrnehmung, die die Umwelt von uns hat, erzeugen wir aber selbst mit durch unsere Handlungen aufgrund unserer internen Bewertungen und Strukturen. Dies ist aber kein Teufelskreis, sondern ein hochkreativer Zirkel, da wir selbst entscheiden, wie wir unsere inneren Prozesse gestalten und lenken, jede Sekunde neu ...[19]

Besonderes Merkmal systemisch-konstruktivistischer Ansätze ist daher, dass die Frage nach der Entstehung von Verhalten nicht mehr gestellt werden muss, ja gar nicht gestellt werden kann, da man sich in der Komplexität der Ursachen verlieren würde. Der Fokus ist auf die Lösung gerichtet und nicht auf die Ursache eines Problems.

Die Kausalitätskette von Ursache und Wirkung wird infrage gestellt, da sie im besten Fall zu einer komplexhaften Erweiterung des Problemkreises führt

---

[19] In dieser Entscheidungsfähigkeit unterscheidet sich dieser Ansatz vom reziproken Determinismus.

und im schlechtesten Fall das Problem durch die erhöhte Aufmerksamkeit »kultiviert«.

Die Frage »Warum?« wird also durch die Frage »Wozu?« ersetzt. Grundlage dafür ist die Hypothese, dass jedes Verhalten an sich sinnvoll ist, auch wenn dies von außen nicht immer nachvollziehbar ist.

Man kann die Frage nach den Ursachen von Verhalten zwar stellen, sollte sich aber der oben genannten Konsequenzen bewusst sein. Eine Möglichkeit ist auch, die Frage »Warum?« durch die Frage »Wie?« zu ersetzen. Im Sinn von: Wie hast du geschafft, dass du aus dieser Krise wieder herauskommst?

Die konstruktivistischen Ansätze suchen nach Alternativen für unerwünschtes Verhalten, nicht in erster Linie nach dessen Beseitigung. Die individuelle Sinnhaftigkeit auch gesellschaftlich unerwünschten Verhaltens wird respektiert, auch wenn Veränderung angestrebt wird.

Die Fähigkeiten und Ressourcen, Verhalten zu ändern, werden hauptsächlich im Individuum vermutet.

Die Gestaltung von Anreizen, auf die sich ein Mensch einlassen kann, um an seinen internen Strukturen zu arbeiten, ist also Gegenstand konstruktivistischen Arbeitens.

Phänomenologische Ansätze

Den konstruktivistischen Ansätzen gegenüber steht die systemisch-phänomenologische Sichtweise. Den wissenschaftlichen Hintergrund dazu liefert unter anderen Rupert Sheldrake mit seiner Theorie der morphogenetischen Felder.[20]

Über die Frage nach der Art und Weise der Formenentwicklung (Morphogenese) in der Natur entwickelt der Biochemiker und Zellbiologe ein Hypothesengebilde mit beinahe unvorstellbaren Folgen für Wissenschaft und Alltag: Er geht davon aus, dass die viel diskutierten »inneren Strukturen«[21] von biologischen und kognitiven Verarbeitungsprozessen gar nicht im »Inneren« eines menschlichen Organismus zu finden sind, sondern lediglich erstere, also die biologisch-organischen Prozesse.

Er vermutet die kognitiven Prozesse und auch die Formenentstehung als in nicht materiellen Feldern und nicht im Nervensystem organisiert und zieht folgenden Vergleich: Wir verwechseln ja auch nicht das Fernsehgerät mit dem

[20] Rupert Sheldrake: Das Gedächtnis der Natur. Das Geheimnis der Entstehung der Formen in der Natur, Frankfurt 2002.
[21] Wir sind bereits beim System Mensch und haben schon seine ganzen Untersuchungen im Bereich des Nichtorganischen und weniger komplexen Organischen übersprungen.

Fernsehprogramm. Wenn ich umschalte, empfange ich einen anderen Sender und sehe eine andere Sendung. Das beweist aber nicht, dass die Inhalte des Übertragenen im Fernsehgerät gespeichert sind.

Wir wissen selbstverständlich, dass die Übertragung mittels Wellen oder Impulsen über einen Sender erfolgt. Mit unserem Gedächtnis verhält es sich ähnlich, es ist nicht im Gehirn gespeichert, auch unsere Emotionen sind es nicht.

Sheldrake verweist darauf, dass wissenschaftlich bisher noch nicht nachgewiesen werden konnte, wo Gedächtnisspuren im menschlichen Gehirn repräsentiert sind. Es gibt darüber nur Theorien. Er wendet sich darüber hinaus gegen die verbreitete Hypothese, dass Verhaltensdispositionen in den Genen »programmiert« sind, und verlangt den wissenschaftlichen Beweis, dass Gene etwas anderes leisten als die Weitergabe von biochemischem Potenzial. Er behauptet also, dass auch die Gene nur einen Teil zur Merkmalsausprägung beitragen, nämlich den Eiweißaustausch, den anderen Teil, die »Informationsquelle«, bilden die Felder.

Diese Felder versteht er als nicht materielle Einflusszonen auf physikalische Größen. Allerdings sind sie abhängig vom Vorhandensein der »richtigen« Gene, Proteine und der elektrochemischen Aktivität im Zusammenhang mit unserem Nervensystem. Felder koordinieren nach seinem Standpunkt diese »materiellen« Größen, sind also das übergeordnete Prinzip.[22]

Zurück zur Pädagogik: Die Theorie der morphogenetischen Felder wird zum Beispiel zur Erklärung für die Phänomene in der systemischen Aufstellungsarbeit herangezogen. Sie kann helfen zu verstehen, wie emotionale und gesellschaftliche Bindungen über Generationen das Verhalten von Menschen mitprägen, wie Lernen funktioniert oder wie Trends entstehen.

Sie beschreibt aber auch die Möglichkeit des Individuums, seine »Antennen« in Richtung auf ein bestimmtes Feld auszurichten. Ein Mensch entscheidet also möglicherweise selbst, ob er sich an ein »problemorientiertes« oder ein »lösungsorientiertes« Feld ankoppelt. In dieser Betonung der Selbstverantwortung kann auch die Verbindung zu den konstruktivistischen Ansätzen gefunden werden.[23]

Aus der Sicht des phänomenologischen Ansatzes relativiert sich das Bild des Menschen als Black Box, denn die kognitiven Prozesse werden nicht mehr in biologischen Strukturen vermutet, sondern eben in Feldern.

[22] Er geht allerdings in seiner Argumentation noch weiter, indem er sich auf die Quantenphysik bezieht, und beschreibt auch Materieteilchen als Energiequanten in Feldern.

[23] Verbindung wird zum Beispiel von Matthias Varga von Kibèd und Insa Sparrer beschrieben.

Für die Pädagogik liegt die Chance des systemisch-phänomenologischen Ansatzes darin, dass die Phänomene oder das, »was sich zeigt«, aktiv und jeweils aktuell in den Lernprozess miteinbezogen werden können.

Der Ansatz lehrt uns zu schauen, worauf wir unsere Aufmerksamkeit ausrichten, und bewusster auszuwählen, wofür wir Interventionen setzen.

Er zeigt auch die umfassende Bedeutung der sozialen (familiären, gesellschaftlichen, kulturellen, religiösen etc.) Felder, an die wir gekoppelt sind. Dies schließt einerseits belastende Ereignisse und Personen ein, andererseits bekommen Kraft gebende neue Aspekte ihren Raum.

Der phänomenologische Ansatz geht davon aus, dass das »System Mensch« in übergeordnete Systeme eingeflochten ist. Daraus kann auch die Annahme abgeleitet werden, dass das kleinere System Mensch im größeren System eine Aufgabe erfüllt. Geht man noch weiter, kann man daraus eine individuelle Lebensaufgabe für jeden Menschen ableiten.

Eine phänomenologische Haltung ist dadurch gekennzeichnet, dass sie das Vorhandensein dieser Lebensaufgabe bejaht. In der phänomenologischen Variante der systemischen Prozessbegleitung kann der Pädagoge auch die Rolle des Begleiters auf der Suche nach individuellen Aufgaben übernehmen.

Auch in diesem Ansatz führt die Suche über Ressourcen und Möglichkeiten, aber auch Rückblicke sind Teil der Arbeit.

Was macht nun einen systemischen Ansatz in der Praxis aus? Versucht man aus dem überaus umfangreichen und ebenso spannenden Theoriefundus[24] brauchbare Implikationen für die pädagogische und vor allem die erlebnispädagogische Praxis herauszufiltern, kommt man auf einige grundlegende Themen:

Das Selbstverständnis der Pädagogen

Den Klienten wird Lösungskompetenz zugetraut. So liegt die Verantwortung des Pädagogen vor allem in der Erzeugung des Lernrahmens, der Wahl der Methoden, der konsequent ressourcenfördernden Begleitung und in der Förderung von gesellschaftlich akzeptierten Werten.

Diese Haltung in konsequenter Ausprägung bildet einen wesentlichen Unterschied zu den meisten pädagogischen Theorien, die eine direkte Möglichkeit der Einflussnahme von Person zu Person zugrunde legen.[25] Damit einher geht eine Verantwortung zur permanenten Weiterentwicklung der

---

[24] Die obige Darstellung erhebt keinen Anspruch auf Vollständigkeit, sie möchte nur eine grobe Linie ziehen. Zur Vertiefung siehe Literaturliste auf S. 275.

[25] Ausnahmen sind die Bewegung der antiautoritären Erziehung oder die Antipädagogik. Diese unterscheiden sich aber in anderen wesentlichen Aspekten von einem systemischen Ansatz. Näheres dazu in: Rotthaus, a.a.O.

sozialen Kompetenzen der Pädagogen und die immer neue Bereitschaft, sich in eine Haltung des Nichtwissens zu begeben.[26]

Die Teilnehmer verfügen also über eine spezielle Art des Expertenwissens über sich selbst, das essentiell zum Erreichen von Zielen beiträgt. Pädagogen wissen nicht besser, wie die Ziele zu erreichen wären, aber sie haben Know-how über das Herstellen von Rahmenbedingungen (Lernsetting), das helfen kann, Entdeckungen zu machen. Die Verantwortung liegt darin, dieses Wissen so gezielt wie möglich einzusetzen.

Warum nur so gezielt wie möglich? Weil in der Erlebnispädagogik größtenteils mit Gruppen gearbeitet wird und individuelle Ziele und Gruppenziele nicht immer passgenau aufeinander abgestimmt sein können. Eine gewisse Invarianz der Ziele ist also meist auch pädagogische Realität. Der Spannungsbogen zwischen Einzelbegleitung und Gruppenleitung ist tägliche Herausforderung (dazu noch mehr im Kapitel »Gruppendynamik systemisch betrachtet«, ab S. 113).

Systemische Erlebnispädagogen achten ferner darauf, konkrete Beobachtung von Verhalten und die persönliche Bewertung dieser Beobachtung zu trennen. Diese Kunst wird in der systemischen Therapie und Beratung schon seit Jahrzehnten gelehrt (manchmal sogar gepredigt) und sie bietet tatsächlich lebenslängliche Möglichkeiten zum Feinschliff: Es ist eine sehr anspruchsvolle Aufgabe, das, was man beobachtet, nicht sofort zu bewerten, sondern einfach einmal als »Beobachtung« einzustufen. Wir sind der Meinung, dass es hierfür auch ein gerüttelt Maß an Selbstdisziplin braucht: Zu verlockend ist die Genugtuung, die sich einstellt, wenn wir in der Leitung beobachten, dass jemand aufgrund seines Verhaltens gerade dabei ist, sich eine »natürliche Konsequenz« einzuhandeln. Genugtuung deswegen, weil wir ja schon so oft erlebt haben, dass jemand, der sein Planendach nicht konsequent ordentlich spannt, bei Regen eine unangenehme Nacht verbringen wird. Wir wissen also etwas, und sei es etwas scheinbar noch so Banales, und werten dieses Wissen auf, indem wir das Nichtwissen des anderen abwerten. Die Bewertung in diesem Fall geht in Richtung Überheblichkeit: »Ich wüsste es besser, der Teilnehmer ist unwissend.«

Nun ist eine Art von »Besserwissen« aufgrund von Erfahrung ja nicht zu vermeiden, es ist ja positives Ziel jedes Lernprozesses. Wenn die Beobachtung aber – anstatt den Teilnehmenden negativ zu bewerten – dem Prozessbegleiter dazu dient, am persönlichen Feinschliff zu arbeiten und das Prinzip »Trennen von Beobachtung und Bewertung« übend zu vertiefen, ist sozusagen beiden geholfen.

---

[26] Die Haltung des Nichtwissens wird von Insoo Kim Berg und Peter de Jong als zentrale Fertigkeit beschrieben, vgl. De Jong / Berg, a. a. O., S. 46ff.

Erlebnispädagogik als systemische »Paradedisziplin«?

Pädagogik findet über die Sprache und über Handlungen statt.

Dass das Transportieren über die Sprache nur fehlerhaft funktioniert, wurde schon gezeigt. Aber es bleibt noch herauszustreichen, dass die Erlebnispädagogik auf dem Gebiet der Handlung ihre Stärken entfalten könnte. Hier wird schon lange vom Lernen über Kopf, Herz und Hand gesprochen und vieltausendfach erlebt, wie wirkungsvoll und nachhaltig dieses Zusammenspiel besonders im Bereich sozialen Lernens ist.

Lernen in unbekannten Situationen ist Grundbestandteil im erlebnispädagogischen Setting und stellt eine Art »Entwicklungszone« dar, die hilfreich sein kann, festgefahrene Muster zu entdecken und zu verändern. Erlebnispädagogik arbeitet teilweise bewusst mit subjektivem, manchmal sogar objektivem Risiko, um Anstöße zu geben. Dies folgt auch der Grundannahme, dass Lernen durch »Störung« funktionieren kann.[27] Gemeint ist damit, dass Lernsituationen hergestellt werden, für die es andere Bewältigungsstrategien braucht als jene, die ohnehin meistens eingesetzt werden. Die gewohnten Bewältigungsstrategien, die im Fall einer angestrebten Verhaltensänderung ja die unerwünschten sind, müssen also, zumindest in der Lernsituation selbst, verändert oder aufgegeben werden. Jedoch steht das »Herstellen« von Grenzerfahrungen nicht im Zentrum der Prozessbegleitung in der Natur. Grenzerfahrungen entstehen vielmehr oft von selbst und selbst dann, wenn sie gar nicht geplant sind.

Wir haben schon oft gesehen, dass es für manche Menschen schon ein Grenzerleben darstellt, bei jedem Wetter draußen zu sein und dazu noch Aufgabenstellungen erfüllen zu müssen. Andere wiederum suchen das Außergewöhnliche und finden das Arbeiten mit einfachen Mitteln im Wald eher langweilig, auch wenn es hagelt. Ein gutes Lernkonzept berücksichtigt beide Pole. Aber: Es braucht nicht immer spektakuläre Methoden, um ein entwicklungsförderndes Terrain aufzubereiten! Scheinbar einfache Aufgabenstellungen können bereits wirkungsvolle Interventionen sein. So arbeiteten wir einmal mit einem Team von Managern, denen vom Unternehmen in Bezug auf die Entwicklung ihrer kooperativen Fähigkeiten schon alles geboten worden war – von den Mitteln des klassischen Outdoortrainings bis zum Fallschirmspringen in Spanien. Sie hatten sozusagen schon alles durchkonsumiert. Der Haken war allerdings, dass sie zwar gern zu einem weiteren Training bereit waren, das ihnen die Personalabteilung vorschlagen wollte (weil es natürlich Spaß machte), sich aber

---

[27] Vgl. Humberto R. Maturana / Francisco R. Varela: Der Baum der Erkenntnis. Die biologischen Wurzeln des menschlichen Erkennens, München 1984, S. 256ff.

an der Struktur ihrer Zusammenarbeit seit Jahren nichts geändert hatte: Einzelkämpfertum und persönliche Karriereorientierung bildeten weiterhin die oberste Maxime, und synergetische Effekte für alle durch Verfeinerung der kooperativen Strategien wurden nicht festgestellt. Wir setzten als Trainingsmittel für diese Gruppe lediglich ein: Steinofenbau und Brotbacken, anschließende Auswertung des Prozesses mithilfe von Naturmaterialien. Bewusst hatten wir ein Trainingsmittel gewählt, das relativ unspektakulär ist, noch dazu für diese Zielgruppe, die ausschließlich aus Männern bestand.

Wir waren erstaunt, dass ein Nachmittag mit diesen einfachen Mitteln genügte, um Tränen der Rührung, des Erstaunens und des Angetanseins hervorzurufen! Ein Großteil der teilnehmenden Männer fühlte sich durch die archaische Tätigkeit des Hirtenofenbaus derart an kindliche Erfahrungswelten erinnert, dass sie scheinbar problemlos auch im gegenseitigen Umgang auf eine andere Ebene gelangten. Firmeninterne Probleme in der Kommunikation und bei technischen Abläufen, die man beheben könnte, wurden quasi beiläufig besprochen, während »Mann« mit den Händen im Lehm quatschte, schwere Steine trug, Feuer heizte und darauf achtete, dass der Teig auch die richtige Konsistenz hatte. Der Nachmittag motivierte die Teilnehmer, etwas zu verändern, sie hatten erlebt, dass es lustvoll sein kann, ein wenig aufeinander angewiesen zu sein, zu kommunizieren und auf ein gemeinsames Ergebnis stolz zu sein.

Beim Training im Folgejahr ging es bereits um andere Themen …

Erfahrungen dieser Art bestärkten uns, zuerst einmal eher einfache, archaische und wenig materialaufwendige Methoden als Trainingsmittel einzusetzen, da gerade diese eine Art Gegenbewegung zu unserer auf das Spektakuläre ausgerichteten Lebenswelt bilden. Wir neigen zu der Auffassung, dass es sogar einen Trend innerhalb der Erlebnispädagogik gibt, der mit »slow down« oder »back to basics« beschrieben werden könnte. In jedem Fall bietet allein schon die Natur als Lernumgebung jenes unbekannte Terrain, das zu alternativem Handeln einlädt.

Menschen sind Natur

Menschen leben nicht nur in einer »natürlichen Umwelt«, sie sind Natur. Die Natur als Lernraum für persönlichkeitsbildende Prozesse hilft, zu einer Intensivierung von Erfahrungen zu gelangen. Das spontane Auftauchen von Metaphern und Gegebenheiten im Freien hilft auch bei der Bewusstmachung und Verankerung der Trainingserfahrungen. So hatte eine Teilnehmerin im Rahmen einer Führungssequenz mit einem Ausbildungskollegen zusammen eine Trainingssequenz geplant, die sich über den gesamten Tag ziehen sollte. Es ging um Achtsamkeit, um das Wahrnehmen, an welchem Platz wir uns befinden, und das Entdecken von Zusammenhängen mit der eigenen Lerngeschichte. Die Teilnehmerin, nennen wir sie Anita, hatte sich viele Gedanken gemacht und war gut vorbereitet. Sie hatte einen guten persönlichen Bezug zum Thema und zeigte eine Tendenz zum »Tiefen von Prozessen«, was sich auch schon im Frontloading[28] zu Beginn zeigte. Die Gruppe machte sich also auf, ihren Anweisungen zu folgen, und jeder Teilnehmer begann, am weiten Strand Plätze zu suchen, die ihn besonders ansprachen, um dort Entsprechungen zu inneren Prozessen zu suchen.

Nach einer Zeit der persönlichen Auseinandersetzung kamen alle wieder zusammen und gingen gemeinsam die individuellen Plätze besuchen, um die Erfahrungen mit den anderen zu teilen. Während dieses Gangs kam allerdings ein steifer Wind auf. Bei der ersten Station wurde das noch lachend zur Kenntnis genommen. Die Teilnehmer lehnten sich gegen die Luftmauer oder versuchten, sich von ihr anschieben zu lassen. Der Wind wurde allerdings so stark, dass er schließlich die kleinen Steinchen vom Boden aufnahm und uns um den Kopf blies. Ein schmerzhaftes Peeling, wenn man nicht etwas »Stoffliches« dabei hatte, sich zu schützen. Anita fragte weiter die Tiefe von Prozessen ab. Der Wind schickte uns weiter Steine um die Ohren. Anita hörte nicht auf, sie führte ihre Aufgabe konsequent zu Ende. Die anderen Teilnehmer beantworteten ihre gut gemeinten Fragen, aber der Wind stoppte auch nicht. Er war zum Schluss so laut, dass man kaum noch ein Wort verstehen konnte. Es war, als ob er sagen wollte: Kümmert euch ums Physische! Anita kümmerte sich ums Seelische. Wir in der Leitung hatten das Gefühl, dass sich Anita zu sehr den seelisch-psychischen Belangen zuwandte und darüber die konkret-materiellen Erfordernisse zu kurz kamen. Auch wenn sie immer wieder mit ganzer Kraft versuchte, einen Ausgleich herzustellen.

In der abendlichen Reflexion des Prozesses sprachen wir unsere Wahrnehmungen aus und Anita bestätigte, dass dies ein vertrautes Thema für sie sei.

Wir glauben nicht, dass die Natur damit Absichten verfolgt. Aber systemische Prozessbegleiter in der Natur vertrauen und achten auf diese Phänomene. Es ist möglich, ein gutes Gespür dafür zu entwickeln, wann Phänomene mit den pädagogischen Prozessen zu tun haben könnten, und wann es besser ist, sie einfach Phänomene sein zu lassen.

An dieser Stelle noch: Elementare Erfahrungen in der Natur im Zusammenhang mit persönlichen, beruflichen oder gruppenspezifischen Fragestellungen haben oft eine lange »Nachwirkdauer«.

---

[28] Frontloading: Fachbezeichnung für ein Trainingskonzept, das die während des Trainings zu erzielenden Lernerfahrungen oder Effekte in einer verbalen Aufbereitung zu Beginn des Trainings schon erklärt beziehungsweise vorwegnimmt.

Persönliche Erfahrungen mit Naturkräften sind manchmal auch mit Flow-Erfahrungen zu vergleichen.[29] Menschen, die von Flow-Erfahrungen in der Natur erzählen können, berichten, dass sie zu den eindrücklichsten und prägendsten Lebenserfahrungen überhaupt zählen. Eine Teilnehmerin berichtete Folgendes: Sie hatte den Verlust eines Menschen zu betrauern und verbrachte einen Urlaub in Norwegen. Sie bewegte sich dort aus innerem Antrieb heraus viel in der Natur. Eines Tages kam sie in einen Wald, in dem herumliegende Findlinge regelrecht einluden, auf ihnen zu sitzen. Sie nahm die Einladung an und setzte sich auf einen großen flachen Granitfelsen. Sie verlor nach kurzer Zeit das Zeitgefühl und verschmolz derartig mit ihrer eigenen Gegenwart, dem Sitzen auf dem Felsen, dass sie wie zu einem Gefäß wurde, in das tröstende Gefühle einfließen konnten, so ihre Schilderung. Sie berichtete Jahre später von diesem Erlebnis und dass sie sicher sei, ihr ganzes Leben lang diese stärkende Naturerfahrung nützen zu können, da allein die Erinnerung daran die tröstenden Energien wieder wachrief und so eine große Nachhaltigkeit entfaltete (siehe auch Unterkapitel »Naturerfahrung und Spiritualität«, S. 187).

Die Erlebnispädagogik verlegt schon seit Beginn an die Lernprozesse in die Natur, für uns ist dieser Lernraum ebenfalls unverzichtbar und überaus kostbar. Einer der Gründe, warum wir manchmal lieber von Prozessbegleitung in der Natur als von Erlebnispädagogik sprechen, ist auch, dass die Erlebnispädagogik zunehmend in naturfernen Erlebnisräumen angesiedelt ist. Die Fachrichtung impliziert ja nicht von vornherein, dass erfahrungsorientiertes Lernen in der Natur stattfinden muss. Es kann auch in Turnsälen, künstlich geschaffenen Parcours, in Seminarräumen, Städten oder Kanalsystemen stattfinden, was es auch tut. Der hier beschriebene Ansatz versteht sich jedoch ausdrücklich als naturbezogene, handlungsorientierte Pädagogik. In der Naturerfahrung werden manche, aber nicht alle Erfahrungen als Bilder, Hinweise und Impulse für persönliche Fragen beziehungsweise für den Alltag erlebt und genützt. Die Naturerfahrung ist ein zentraler Teil einer Erlebnispädagogik, wie wir sie verstehen. Wir setzen uns mit verschiedenen Arten der Naturerfahrung auseinander: Naturerfahrungen mit »sportlichem« Charakter, Naturerfahrung über die Arbeit mit Symbolen, Naturerfahrung über das Wahrnehmen von Plätzen und Gegebenheiten, die sich aus dem Aufenthalt im Freien ergeben. Naturerfahrungen, die uns als spirituelle Wesen betreffen.

---

[29] Mihaly Cziskzentmihalyi: Das flow-Erlebnis. Jenseits von Angst und Langeweile: Im Tun aufgehen, Stuttgart 2010.

Menschen lernen durch Tun

Die Entwicklung des Menschen vollzieht sich durch Handlung und Bewusstseinsbildung in körperlichen, emotionalen und mentalen Ebenen und ist dann besonders anhaltend, wenn das Lernsetting für möglichst viele dieser Ebenen Erfahrungen, Impulse und Aufgabenstellungen bereitstellt. In der naturbezogenen Prozessbegleitung werden also Medien eingesetzt, die eine aktive Beteiligung der Adressaten fördern. Lerninhalte werden auf diese Weise körperlich, emotional und kognitiv erfasst und weiterverarbeitet. »Erkennen ist Tun«[30] ist auch das Substrat der Forschungsergebnisse von Maturana und Varela. Hiermit handelt es sich unserer Überzeugung nach um eine Gleichung, die auch umkehrbar ist: Tun ist Erkennen. Hierin liegt auch eine Rechtfertigung des handlungsorientierten Ansatzes. Wie die Verknüpfungen zwischen Handlung, dabei gemachter Erfahrung, Bewertung, Erkenntnis und Weiterverarbeitung funktionieren, wissen wir nicht genau. Tröstlicherweise sind wir mit diesem Nichtwissen nicht alleine.

Immerhin aber erleben wir fast täglich Situationen wie diese: Ein Jugendlicher richtet sich seinen Schlafplatz auf einem unbequemen, abschüssigen und kantigen Felsen ein. Den Hinweis, dass er darauf achten solle, dass er in der Nacht mit dem Schlafsack nicht abrutsche, weist er aggressiv zurück. Auch in den beiden folgenden Nächten sucht er sich Schlafplätze, die äußerst unbequem aussehen. Wir intervenieren nicht mehr. In der vierten Nacht bettet er sich auf weiches Moos, mit genügend Raum für seine Habseligkeiten um sich, unter Bäumen, die einladen, sie als gutmütige Wächter eines geruhsamen Schlafs zu sehen. Er zwinkert uns zu, wir deuten dieses Zwinkern so: »Ich habe von vornherein gewusst, dass meine Plätze unbequem waren. Ich musste dennoch dort die Nacht verbringen, ich weiß nicht warum. Ich weiß, dass mein jetziger Platz weich und gut ist, und konnte dennoch nicht gleich einen solchen Platz nützen. Ich musste es tun, nicht, um zu erkennen, dass ein weicher, ebener Platz besser ist, sondern um zu erkennen, dass ich keinen unbequemen Platz mehr brauche. Dazu brauchte ich das Tun.«

In der Abschlussreflexion bestätigte der Jugendliche unsere Deutung.

Vernetzungsarbeit

Systemische Pädagogen denken in sozialen Netzwerken: Der Vernetzungsgedanke ist konstruktivistischen und phänomenologischen Ansätzen gemeinsam. Vernetztes Denken und Arbeiten allein macht aber auch noch kein

---

[30] Maturana / Varela, a. a. O., S. 182.

systemisches Konzept aus. Systemisches Denken geht ja von der Annahme aus, dass eine Veränderung in einem Teil eines Systems Veränderungen im gesamten System nach sich ziehen. Zum Beispiel beeinflusst die Veränderung des Verhaltens des Kindes das gesamte System Familie. Es ist also nicht immer die Arbeit mit dem gesamten System nötig, ja auch gar nicht möglich.

Phänomenologische Ansätze zeigen auf die Möglichkeit, Menschen oder Ereignisse, die in einem System wirksam werden, aber nicht anwesend sind, durch Anerkennung oder andere Formen der bewussten Zuwendung einen guten Platz zu geben und dadurch konstruktive, lebens- und entwicklungsbejahende Energien freizusetzen.

Vorsichtig und etwas großzügig formuliert könnte man sagen:

Die strukturalistische Auffassung von Vernetzung setzt tatsächliche Vernetzungsstrategien ein, systemische Vernetzung versucht eher, die Klienten so zu begleiten, dass sie ihre eigenen – auch emotionalen – Auffangnetze und damit auch ihre sozialen Ressourcen wieder besser wahrnehmen können.

Quellen der Veränderung: Ressourcen

Probleme erfüllen zahlreiche Funktionen, nützliche wie weniger nützliche. Sie lenken über ihre Funktionen hinaus viel Aufmerksamkeit auf sich und binden Energien langfristig an sich und damit auch an ihre Aufrechterhaltung. Energien, die eventuell anders besser eingesetzt gewesen wären. Über das Phänomen von Problemtrance, Verstrickung und Problemorientierung ist viel geschrieben worden. Es handelt sich hierbei wohl um das Thema, welches klassische Therapie und Beratungsformen am ehesten von systemischen unterscheidet.[31]

Das »gute Ergebnis« eines Trainings oder einer Lerneinheit wird nicht durch die Analyse von Problemursachen, sondern durch die konsequente Einbeziehung von förderlichen Gegebenheiten und das Sichtbarmachen von Ressourcen erzielt. Menschen als Ressourcenbündel zu sehen, verändert den pädagogischen Blickwinkel radikal – auch wenn manche Ressourcen gar nicht auf den ersten Blick als solche erkennbar sind oder sich vielleicht sogar das Problem als Ressource entpuppt. Eine ressourcenorientierte Haltung in Bezug auf die Menschen, die wir begleiten, ist so sehr zum Bestandteil unserer Philosophie geworden, dass wir sogar sehr interessante Phänomene beobachten konnten: Unter schwierigen Bedingungen im Seekajak, starken Winden ausgesetzt, verhielten sich Menschen, die über nicht viel Seekajakerfahrung verfügten, technisch und kommunikativ »richtig«. Das physische Gespür für das Kanu und das emotionale Gespür für die Aufrechterhaltung einer ziel

---

[31] Siehe Literaturliste.

führenden Kommunikation zwischen den Kanuten funktionierten so gut, als ob die ganze Gruppe intensive Schulungen diesbezüglich durchlaufen hätte. Die Teilnehmer zeigten in dieser Situation Ressourcen, die offensichtlich da waren, sonst wären sie nicht sichtbar geworden. Zudem konzentrierten sich die Menschen in dieser Situation intensiv spürbar auf die Lösung: die Kanus sicher ans Ufer zu steuern. Vielleicht waren sie ja in einer Art »Lösungstrance« und konnten dadurch die konstruktiven Fähigkeiten so gut mobilisieren.

Auch in weniger spektakulären Prozessen spielen Ressourcen die Hauptrolle: R., eine fünfzehnjährige Projektteilnehmerin (laut Diagnose litt sie an einer »schizoiden Persönlichkeitsstörung«), konnte keiner auch noch so einfachen Aufgabe länger als ein paar Minuten nachgehen, da sie dann das Interesse daran verlor beziehungsweise ihre Aufmerksamkeit nicht mehr darauf richten konnte. Im Rahmen eines erlebnispädagogischen Projektes bekam sie eines Abends die Aufgabe, den Brotteig zu kneten. Die anderen Teilnehmenden sowie die Leitung waren eine Zeit lang so mit anderen Aufgaben beschäftigt, dass sie zunächst gar nicht merkten, dass R. schon seit über einer Stunde nur knetete. Ihre Konzentration war voll und ganz auf ihre Aufgabe gerichtet. So sehr, dass es schien, sie wolle gar nicht zum Ende kommen. Nicht der fertige Teig war anscheinend wichtig, sondern der Augenblick, das Kneten, und was immer diese Tätigkeit in ihr bewirkte. Wir ließen sie gewähren und nahmen es in Kauf, dass es eben zur Mahlzeit kein Brot geben würde, sondern erst später. Tatsächlich knetete sie den Teig vier Stunden lang. Wir sprachen nicht darüber. An den folgenden Tagen nahm sie an jeder Aktivität teil, zwar mit unterschiedlicher, aber doch deutlich erhöhter Intensität und Konzentration als vorher. Sie konnte nun Ressourcen zeigen, die sie vorher nicht zeigen konnte. Wieder können wir die Ursachen nicht nachvollziehen, sind aber in unserer Anschauung, dass es sich beim stundenlangen Teigkneten um eine ressourcenfördernde Handlung handeln könnte, bestätigt worden. Möglicherweise bot ihr diese Aufgabe eine Art meditative Beschäftigung, die ihr ermöglichte, sich mit etwas auseinanderzusetzen, das sie nicht verbalisieren wollte oder konnte. Für uns zählte das Ergebnis, das auch die darauffolgenden Tage zeigten, auch wenn wir am weiteren Verlauf ihrer Lernprozesse später nicht mehr Anteil haben konnten.

Das Suchen nach Lösungen

Die starke Konzentration auf Ressourcen heißt aber nicht, dass Probleme keinen Raum bekommen. Das Sprechen über Probleme gewinnt dann besondere Bedeutung, wenn zum Beispiel ein Klient noch nie Gelegenheit hatte, von seinem Problem zu berichten, oder wenn er bisher noch nie über das Problem sprechen *wollte*, denn das bedeutet, dass er jetzt etwas *anders* macht als bisher und zeugt schon von einem Schritt.[32]

Im Suchen nach Lösungen zeigen systemische Ansätze einen der deutlichsten Unterschiede zu tiefenpsychologischen Ansätzen, wo es vor der Lösung um die Erkenntnis von Problemursachen geht. Hier ist auch die Abgrenzung zu verhaltensmodifikatorischen Konzepten zu ziehen, die sich eher auf Techniken der Herstellung oder Beseitigung von Verhalten konzentrieren. Allerdings sei an dieser Stelle bemerkt, dass die großen psychologischen Theorielinien des 20. Jahrhunderts eine unverzichtbare Grundlage für die Entwicklung systemischer Konzepte bilden.[33]

Aber: Ein systemischer Pädagoge verzichtet weitgehend auf Diagnosen und Klassifikationssysteme. Er sucht gemeinsam mit dem Klienten nach Ordnungen, die subjektiv mehr Harmonie erzeugen. Diagnosen suggerieren ja, dass ein Mensch »etwas hat«, einen Zustand oder gar eine Krankheit. Systemische Ansätze sehen den Menschen als ein sich ständig änderndes und sich neu erzeugendes System, sodass es gar nicht möglich ist, einen Zustand zu »haben«. Im Sinne von: Ich kann ein Fahrrad haben, aber keine Psychose.[34]

Manchmal werden Lösungen auch ganz einfach gefunden: Im Kapitel »Erlebnispädagogik und Supervision« berichten wir von einer Lösungsfindung, die quasi »von den Bäumen fiel«.

Das Begleiten von Prozessen

Systemische Pädagogen haben keine Vorstellung von einem erzieherischen »Fertigprodukt«. Das Zentrale in der Begleitung von Menschen sind Prozesse. Das Erreichen von Zielen steht nicht im Zentrum systemischer Pädagogik, es ist eine Hilfe, Prozesse anzuregen oder zu fördern, und dient selbst nur dem Prozess Leben, einem übergeordneten System.

---

[32] Vgl. Steve de Shazer: »… Worte waren ursprünglich Zauber«: Lösungsorientierte Therapie in Theorie und Praxis, Dortmund 1998, S. 100.

[33] Besonders deutlich zeigt sich diese Verbindungslinie an der umfassenden Arbeit Ruth Cohns, die vor einem persönlichen psychoanalytischen Hintergrund die TZI entwickelte. Aber auch Albert Bandura mit der sozial-kognitiven Theorie des Lernens, Bernard Weiner mit der kognitivistischen Theorie des Lernens. Man könnte aber auch eine systemische Erklärung für topografische Ausdrücke aus der Psychoanalyse finden: Das Unbewusste wäre somit einfach ein Feld, zu dem schon einmal Kontakt bestand, der aber abgebrochen ist.

[34] Mehr Interessantes dazu in: Fritz B. Simon: Meine Psychose, mein Fahrrad und ich. Zur Selbstorganisation der Verrücktheit, Heidelberg 1993.

Der Anspruch, dass *etwas anders* werden soll, steht aber sehr wohl im Zentrum einer systemischen Pädagogik

Auf den ersten Blick klingt diese Aussage schwammig. Wenn man jedoch davon ausgeht, dass Menschen sehr häufig immer wieder dieselben Bewältigungsstrategien für Probleme einsetzen und nicht selten immer wieder daran scheitern, ist ein konsequenter Blick darauf, einmal *etwas anders* zu machen, bedeutungsvoll. Das BFTC[35] arbeitet unter anderem mit Aufgabenstellungen an die Klienten, in denen es ausschließlich darum geht, etwas anders zu machen als bisher, und zielt darauf ab, dass dieses Andere eingefahrene Prozesse aus der Bahn wirft. Lernen wird durch Störung von Gewohnheiten gefördert.

Die Erlebnispädagogik nützt dies in der Bereitstellung von ungewöhnlichen Lernsituationen und arbeitet bisweilen auch mit Risiken als Störungshilfen. Prozessorientierung meint aber keineswegs, dass es keine Strukturen in der Prozessplanung gibt. Im Gegenteil: Wenn die Symptomatik es erfordert, müssen sogar manchmal sehr straffe Strukturen geschaffen werden. Besonders wichtig ist dies in der Arbeit mit Menschen mit Behinderung, psychischer Beeinträchtigung oder mit Suchtklienten. Aber auch in Gruppen, die sich eben neu gebildet haben, oder im Rahmen von Outdoortrainings, um nur einiges zu nennen, sind klare Programmstrukturen unumgänglich.

Trainings und Projekte werden vorerst nach den Voraussetzungen und Bedürfnissen von Klienten ausgerichtet und geplant. Aktuelle Vorkommnisse und Äußerungen werden aber berücksichtigt und in den Arbeitsablauf mit einbezogen. Ein konzentrierter Prozess zeichnet daher durch einen hohen aktiven Beteiligungsgrad und emotionale Präsenz der Teilnehmenden aus. Prozessorientierung ist aber nicht gleichbedeutend mit Bedürfnisorientierung. Der TZI-Grundsatz »Störungen haben Vorrang«[36] gilt nur bedingt oder nicht mehr ganz in diesem Sinn: So gibt es auch Teilnehmer, die wahre Profis darin sind, Störungen zu empfinden und einzubringen, die spürbare Entwicklungsschritte verhindern helfen. Vollkommen verständlich, denn Veränderungen schaffen auch Druck. Einerseits weil Veränderungen ein »Mehr des Alten« nicht mehr so ohne Weiteres zulassen, andererseits weil sich manche Entwicklungsschritte schon vorher durch Versuche, sie zu vermeiden, ankündigen. Prozessorientierung meint vor allem, eine Schleife ziehen zu dürfen, wenn sich anzeigt, dass ohne diese Schleife eine Annäherung an das Ziel nicht möglich wäre. Dass die Teilnehmer mit kleinen oder größeren Zumutungen umgehen müssen, gehört hier auch dazu.

---

[35] Brief Family Therapy Center, Milwaukee.
[36] Ruth Cohn: Gelebte Geschichte der Psychotherapie. Zwei Perspektiven, Stuttgart 2008, S. 359

Zielanamnese und Zielformulierungen

Ziele werden als Attraktoren – wie Magneten – in der Zukunft gesehen, die aufgrund ihrer Anziehungskraft handlungsweisend für gegenwärtige Prozesse werden können. Die rein kognitive Erarbeitung von Zielen (wie sie oft in Seminarräumen oder in Schulen stattfindet) weicht in der systemischen Erlebnispädagogik einer Form, die alle Sinneskanäle, Felder und emotionalen Qualitäten berücksichtigt, um somit eine gute, körperlich spürbare Ausrichtung auf das Ziel zu unterstützen.

Wenn diese Energie spürbar ist, kann ein Klient auch »dranbleiben«. Ziele, die diese Merkmale tragen, erweisen sich als Attraktoren mit hoher Anziehungskraft. Zielearbeit kann auf der Basis der Skalierungstechnik aufbauen, es können Naturräume und Materialien zu Hilfe genommen werden, aber auch elementares Arbeiten.

Weitere Folgen systemischer Denkweise für die Erlebnispädagogik

Das Bild einer Erlebnispädagogik, die sich vor allem für jene Klienten zuständig fühlt, die von anderen Betreuungsformen schon aufgegeben wurden, rückt aus systemischer Perspektive in den Hintergrund, da die Möglichkeit pädagogischer Einwirkung von außen stärker angezweifelt wird. Die Erlebnispädagogik als finales Rettungskonzept erscheint also als überkommen.

Dies eröffnet aber neue Chancen:

- Projekte können im integrativen Sinn angelegt werden: Kürzere, dafür häufigere Einheiten, näher am alltäglichen pädagogischen Setting, erzeugen einen geringeren Durchführungsaufwand. Sie bieten aber nicht nur organisatorische Vorteile, sondern ermöglichen auch, besser auf die Zyklen individueller Prozesse einzugehen.
- Das Modell einer längerfristigen Auszeit beziehungsweise die Reise als erlebnispädagogisches Mittel verlieren dadurch nicht ihre Bedeutung, sie bekommen lediglich ein Pendant.

Qualitätssicherung

Für die Nachvollziehbarkeit von Prozessen bleibt auch im systemischen Ansatz die bewährte Form der schriftlichen und bildlichen Dokumentation erhalten. Es kann aber keine Standardisierung von Auswertungen geben, wenn der Mensch als »nicht triviale Maschine« und weitgehend geschlossenes Lernsystem ernst genommen wird. Bestehende Auswertungsmodelle, die offen für individuelle Abweichungen sind, verlieren dadurch nicht an Bedeutung.

Die systemische Sichtweise gibt qualitativen Forschungs- und Evaluationsmethoden den Vorrang vor quantitativen Instrumentarien. Entscheidend ist vor allem die Selbsteinschätzung einer Person über die erfolgten Lernschritte.

Auch die vielgestellte Frage nach dem Transfer von Trainingsinhalten in den »Alltag« stellt sich aus systemischer Perspektive anders: Indem so großer Wert auf die Auftragsklärung und Zielearbeit gelegt wird, wird Veränderung schon dadurch wirksam, dass sich ein Klient überhaupt auf die pädagogische Maßnahme einlässt. Wenn er den Auftrag erteilt, sich sozusagen »verändern zu lassen«, hat sich schon etwas verändert.

Hier wird auch deutlich, dass ohne Freiwilligkeit des Adressaten keine gesellschaftlich gewünschten Ergebnisse zu erwarten sind.[37] Die Herausforderung für die Pädagogik besteht darin, aus »Besuchern« »Klienten«[38] zu machen. Der Transfer wird dann nicht in erster Linie durch spezielle Methoden oder Nachbearbeitungsprozesse unterstützt – obschon diese immer noch große Bedeutung haben –, sondern über die Antriebskräfte, die schon zu Beginn der Arbeit freigesetzt werden. Eine Auswahl von Feedback und Auswertungsmethoden geben wir im entsprechenden Kapitel.

Zusammenfassung

Klassische pädagogische Konzepte sind nach dem Modell Problem – Diagnose – Intervention – Lösung aufgebaut. Die dahinterliegende Denkweise folgt dem Ursache-Wirkungs-Prinzip.

Systemische Ansätze stellen dieses Kausalitätsprinzip infrage. Vergleichbar mit interaktionistischen Ansätzen wird eine Wechselwirkung zwischen personinternen und externen Vorgängen angenommen, aber der Funktion »Selbstorganisation« wird große Bedeutung eingeräumt: Ein Mensch entscheidet auch zu jedem Zeitpunkt selbst, ob und auf welche Wechselwirkungen er sich einlässt. Die wichtigsten Auswirkungen dieser Annahme auf die Pädagogik sind:

Klienten als Experten in eigener Sache

Nicht mehr die Pädagogen kennen den Weg zur Lösung, sondern die Adressaten pädagogischer Angebote selbst. Nur sie wissen (wenn auch meistens

---

[37] Widerspruch dazu liefert die Mailänder Gruppe, siehe Stefano Cirillo / Paola di Blasio: Familiengewalt. Ein systemischer Ansatz, Stuttgart 1992.
[38] De Jong / Berg, a. a. O, S. 185ff.

nicht bewusst) um die Sinnhaftigkeit des eigenen Handelns, auch wenn es sich aus gesellschaftlicher Perspektive um fehlgeleitetes Verhalten handelt. Sie tragen die Lösung und die Ressourcen zur Veränderung in sich.

Die Aufgabe des Pädagogen ist nicht, einen Schlüssel für diese Lösung zu finden, sondern einen Rahmen zu schaffen, der dem Klienten ermöglicht, sich auf Veränderungen einzulassen.[39] Die Ursachendiagnostik von Verhalten bekommt eine nachrangige Bedeutung.

Grundsätzlich beobachten wir einen Trend in Richtung systemisches Arbeiten. Systemische Modelle sind vor allem gekennzeichnet durch folgende Aspekte:

- Dem Individuum wird eine hohe Eigenverantwortung zugeschrieben.
- Auf die Frage nach Problemursachen wird weitgehend verzichtet.
- Die Begleitung beim Finden von Ressourcen und Lösungen, also neuen Denk- und Handlungsmöglichkeiten, bildet den Kern des systemisch-erlebnispädagogischen Handelns.
- Handlungsorientiertes und naturbezogenes Lernen hat großes Gewicht.
- Eine systemisch-phänomenologische Pädagogik nützt »das, was sich zeigt«, für den pädagogischen Prozess. Beispiele dafür werden in diesem Buch gegeben.

---

[39] De Shazer spricht vom beraterischen Repertoire als methodischem »Dietrich«, in: Wege der erfolgreichen Kurztherapie, Stuttgart 1999, S. 163ff.

Setting, Medien und Methoden der systemischen Erlebnispädagogik

Die hier beschriebenen Methodenfelder beziehen sich nicht nur auf ihre Her-
kunft aus der klassischen Erlebnispädagogik, sondern auch auch auf die kre-
ativ-rituelle Prozessgestaltung (krPG), die Ende der Neunzigerjahre Jahre in
der Schweiz von Astrid Habiba Kreszmeier und Hans-Peter Hufenus entwi-
ckelt wurde. Die krPG ist das Vorläufermodell der systemischen Erlebnispä-
dagogik – auch ein Begriff, der von den beiden Autoren geprägt wurde. Auf-
grund einer mehrjährigen Kooperation der damaligen Wildnisschule Schweiz
(Hufenus, Kreszmeier) mit uns (Lindenthaler, Lindenthaler) glichen wir uns
im Methodenrepertoire und in den verwendeten Begriffen an. Die Teilneh-
mer sollten ein kompaktes Bild von der damals noch jungen systemischen Er-
lebnispädagogik bekommen. In unseren Ausbildungsgruppen tauchte immer
wieder der Wunsch nach einer neuen praxisnahen schriftlichen Bearbeitung
dieser Themen auf. Diesem Wunsch wollen wir mit diesem Kapitel entgegen-
kommen, obwohl sich die Einteilung der Methodenfelder inhaltlich teilweise
deckt mit der bereits 2002 erschienen Publikation »Wagnisse des Lernens«.[40]

Personenbezogene Aspekte

Neben Aspekten der Leitungspersönlichkeit ist die Methodenpalette entscheidend für den Erfolg pädagogischer Arbeit. Im Prinzip sind viele handlungsorientierte Methoden interessant für die Erlebnispädagogik, und je nach
persönlichen Interessen und Ressourcen eignen sich Erlebnispädagogen oft
ein sehr individuelles methodisches Repertoire an.

Entscheidend für einen systemischen Einsatz von Methoden sind aber
auf jeden Fall die im Kapitel »Grundannahmen systemischer Pädagogik«
beschriebenen Haltungen.

Die Integration einer lösungs- und ressourcenorientierten *Haltung* erfordert
die permanente Arbeit an sich selbst und erfordert viel Übung im Umgang mit
den Methoden. Auch das Entwickeln der persönlichen *Wahrnehmungs- und
Entscheidungskompetenz* in Bezug auf Prozesse gehört dazu. Die hier beschriebenen Methoden eignen sich im Hinblick auf die Gruppenmoderation als auch
auf individuelle Prozessbegleitungen. Wir unterscheiden zwischen Setting,
Medien und Methoden. Setting und Medien sind der übergreifende Aspekt, der
für eine ganze Gruppe von Teilnehmern gelten muss. Sie beziehen sich stark auf
die Naturerfahrung und einfache natursportliche Aktivitäten. Bei den eigentli-
chen Methoden handelt es sich um Vorgehensweisen, die auf bereits bestehende

---

[40] Vgl. Kreszmeier / Hufenus, a. a. O.

pädagogische Kompetenzen aufbauen. Die Anwendung der systemischen Erlebnispädagogik ist also immer im Zusammenhang mit einer pädagogischen, psychosozialen oder therapeutischen Grundausbildung der Ausübenden zu sehen.

Die Unterscheidung von Setting, Medien und Methoden kann man sich mithilfe des *Suppentopfmodells* vorstellen:

Das Setting selbst stellt den Topf dar, es drückt die Besonderheiten der Umgebung aus, die als Lernraum ausgewählt wird, und beschreibt den zeitlichen Rahmen. Das Wasser für die Suppe bilden die erlebnispädagogischen Mittel oder Medien wie: Trekking, Kanu, Klettern oder Waldleben. Die Medien (die eingesetzten Mittel) bilden einen weiteren Steuerungsaspekt in Richtung Lernziele. Zum Beispiel eignet sich das Medium Kanu gut für das Arbeiten am Thema Führen. Die Methoden schließlich sind das Salz in der Suppe, die Gewürze und das verwendete Gemüse. Sie stellen den zentralen Schritt in der Prozessführung dar, indem sie den Kern der Vermittlung der Lerninhalte bilden. Sie werden aber auch zur spontanen Bearbeitung eines Themas eingesetzt, zum Beispiel wenn die Bearbeitung eines Konflikts notwendig wird oder wenn jemand eine persönliche Krise erlebt, aber auch, wenn einfach der Zeitpunkt zur Bearbeitung eines bestimmten Themas da ist.

Methoden werden einerseits in den Projektablauf von vornherein eingeplant, aber sie werden manchmal auch erst dann eingesetzt, wenn sich im Prozess zeigt, dass es aktuell sinnvoll ist. Die Methodenpalette und das Gespür für den »richtigen« Einsatz sind sehr wichtig für die Prozessbegleitung. Oft wird ja die Erlebnispädagogik reduziert auf den Einsatz eines Mediums, zum Beispiel Kanu. Man ist dann mit dem Medium beschäftigt und diese Beschäftigung löst unterschiedliche Prozesse in den einzelnen Gruppenmitgliedern aus. Durch das Reflektieren der Prozesse soll der Lerntransfer bewerkstelligt werden. Manchmal genügt aber die Reflexion als alleinige Transferhilfe nicht, es kann wichtig sein, an den aufgetauchten Themen zusätzlich unter Einbezug der systemisch-pädagogischen Methoden zu arbeiten.

Setting und Medium Natur

Die Naturerfahrung gehört laut oben beschriebenen Aspekten zum erlebnispädagogischen Setting, sie dient aber auch als Medium, es können unterschiedliche Dimensionen beobachtet werden:

Konkrete Naturerfahrung

Bei der konkreten Naturerfahrung handelt es sich um die sinnlich wahrnehmbare Komponente von Naturerfahrung. Alle darauf aufbauenden Naturerfahrungen haben die konkrete Naturerfahrung zur Grundlage. Mittels der physischen Wahrnehmungsorgane empfinden wir etwas und interpretieren diese Empfindungen im Sinne unseres individuellen Bewertungssystems. Neuartige Empfindungen, die durch eine konkrete Naturerfahrung hervorgerufen werden, bieten die Chance zur Neuinterpretation von alten Bewertungen. Ein einfaches Beispiel: Wir kennen die Empfindung von Kälte und bezeichnen sie meistens als nicht angenehm, aber verbunden mit einer konstruktiven Gruppenerfahrung, in der es um die Herstellung eines wärmenden Feuerplatzes im Winter geht, oder wenn gemeinsam ein wärmendes Iglu gebaut wird, bringt das Kälteerlebnis eine soziale Erfahrung mit sich, die als wertvoll erlebt wird. Die konkrete Naturerfahrung (Kälte und andere sinnliche Eindrücke) dient als Grundlage für solche Prozesse. Dabei sind natürlich nicht alle konkreten Naturerfahrungen mit unangenehmen Empfindungen verbunden. Als konkrete Naturerfahrung bezeichnen wir die Summe aller über die Sinne wahrnehmbaren Erfahrungen, die wir im Rahmen eines Naturerlebnisses haben.

Natursportliche Aktivitäten und Konstruktionsaufgaben

Die Medien Trekking, Kanu und der Einsatz von Konstruktionsaufgaben sind klassisch in der Erlebnispädagogik. Sie gehören einerseits zu den konkreten Naturerfahrungen, haben aber auch immanenten metaphorischen Charakter. Deshalb werden sie je nach Zielsetzung eines Projekts eingeplant. Mit Trekking ist Sommer- und Wintertrekking (mit Schneeschuhen) gemeint, im Bereich Kanu haben sich der Einsatz von Tandemkanadier und Seekajak bestens bewährt.

Unter den vielen Konstruktionsaufgaben bevorzugen wir archaische Aufgabenstellungen wie etwa den Bau von Hirtenöfen aus Stein, den Bau von Unterkünften aus Naturmaterialien oder Floßbau.

Die Auswahl der natursportlichen Aktivitäten ist bewusst eng gehalten, um nicht das Medium in den Vordergrund zu rücken, sondern den Blick auf den Prozess zu halten. Eher technische Medien wie Skitourengehen, Wildwasserkajak, Klettern oder das Arbeiten mit Seilaufbauten halten wir für verzichtbar in der systemischen Erlebnispädagogik. Auch wenn gerade das Klettern sehr lange (auch für uns) im Zentrum der Aufmerksamkeit gestanden ist. Wir setzen uns bewusst für den Einsatz von Medien ein, die wenig material- und kostenintensiv sind und die wenig körperliche Fitness von den Teilnehmern voraussetzen.

Metaphorische Naturerfahrung

In der metaphorischen Erfahrung wird ein sinnlicher Eindruck mit einer analogen Vorstellung verknüpft. Die Arbeit mit Metaphern ist schon sehr lange Bestandteil erlebnispädagogischer Arbeit. Die metaphorische Naturerfahrung ist nicht immer leicht nachvollziehbar, da sie sehr individuell gefärbt sein kann. Die Wahrnehmung eines verkrüppelten Baums kann für jemanden ein Bild für Niedergang sein, jemand anders sieht denselben Baum als Sinnbild für Zähigkeit. Metaphorische Naturerfahrung kann aber auch geplant werden, dann sprechen wir von einer Trainingsmetapher: Es gibt zwar keine exakte Zuordnung von bestimmten Metaphern zu besonderen pädagogischen Effekten, aber es gibt viele Berichte, wie bestimmte Medien in Bezug auf ihre Metaphorik wirken: Beim Klettern beispielsweise wird das Thema Selbst- und Fremdvertrauen relevant. Klettern kann daher als Medium eingesetzt werden, wenn es um dieses Thema geht. Wenn eine metaphorische Naturerfahrung spontan entsteht, kann sie ebenso spontan und individuell begleitet werden. Wir sprechen dann von einer Impulsmetapher.

Ein Beispiel dafür:

Eine Teilnehmerin nimmt an einem erlebnispädagogischen Projekt teil, das unter anderem auch die Auseinandersetzung mit der eigenen Biografie fördern soll. Gleich am ersten Tag findet sie an einem Strand ein Stück Holz, das sie zuerst für eine Schlange hält. Bei näherer Betrachtung kann sie es als Holzstück identifizieren. Sie wird jedoch den Gedanken nicht los, dass dieses Holzstück ein Sinnbild für ihre Sicht von ihrer Mutter sein könnte. Sie nimmt die »Schlange« zwar nicht mit auf die Reise, aber in Gedanken behält sie die Metapher bei: »Meine Mutter als Schlange«. Zunächst ist dieses Bild für sie negativ gefärbt. Aber im Verlauf des Projektes befasst sie sich intensiver mit der Metapher. Sie beginnt, Seiten an ihrer Mutter wahrzunehmen, die sie auch positiv mit dem Bild der Schlange in Einklang bringen kann. Eine Schlange ist sehr zäh, sie ist auch immer wieder bereit, die alte Haut abzuwerfen und ein Leben in neuer Haut zu beginnen. Die Zeit der Häutung nimmt sie geduldig hin. Und Schlange steht seit jeher auch für Weisheit. Mit diesen positiven Assoziationen gelingt es der Teilnehmerin langsam, ein Bild ihrer Mutter aufzubauen, das auch gute Seiten hat. Ein sehr eindrücklicher Auslöser dafür war für sie das Finden dieses »Schlangenholzstückes«. Jahre später berichtet sie, dass es ihr leid tue, dass sie das Holzstück nicht mitgenommen habe. Aber vielleicht sei ja sogar dieses Verhalten eine Metapher: Sie könne ihre Mutter lassen, wie (und wo) sie sei.

Energetische Naturerfahrung

Hierbei geht es um die Wahrnehmung von bestimmten Stimmungen, sehr oft verbunden mit Plätzen oder Orten. An so bezeichneten »Kraftorten« scheint es fast kollektiv wahrnehmbare Atmosphären zu geben.[41] Häufig sind energetische Naturerfahrungen mit markanten landschaftlichen Erscheinungsbildern verbunden.

Es ist sehr reizvoll, eine Wahrnehmung dafür zu entwickeln, welche Art von Gruppen- oder Einzelaufgaben an welchen Plätzen möglich sind oder ob die »Energie« eines Orts für bestimmte Übungen nicht dienlich ist. Wir beobachten öfter, dass Küstenlandschaften die Auseinandersetzung mit Themen aus der Kindheit fördern. Möglicherweise bestärkt das Meer als unsere »Große Mutter« diese Tendenz.

In der Wüste erleben wir eine besondere Energie für die Themen »Wer bin ich, wo gehe ich hin?« oder für spirituelle Themen und Sinnsuchen.

Waldgegenden eignen sich gut für aktuelle persönliche und soziale Themen. Durch die Vielfalt der Eindrücke im Wald wird ein Erleben gefördert, dass zum »Dramatisieren« einlädt. Bäume, Felsen, Pflanzen, Gräben, Lichteinfälle, Tiere und Wasserläufe können als Darsteller und Bilder für innere Gegebenheiten oder Abläufe gesehen werden. Tierbegegnungen sind im Wald häufig und regen dazu an, diese in Bezug zu sich selbst zu setzen. So verwundert es nicht, dass der Wald als gute – und meist nahe – Umgebung dient, inneres Erleben nach außen zu projizieren. Daher ist er als erlebnispädagogischer Lernort sehr wertvoll. Vielfältig zu spürende Energien können persönliche Prozesse auslösen, die in einem abgeschlossenen Raum durch pädagogische Interventionen niemals zu erreichen wären. Diese Prozesse schreiben wir auch der energetischen Ebene der Naturerfahrung zu.

Beispiel: Der gute Platz
Eine Teilnehmerin, S., war mit der Suche nach einem guten Schlafplatz beschäftigt. Dort sollte sie – wie alle anderen auch – ihre Plane aufziehen und sich einrichten. Wir gaben zwei Stunden Zeit dafür, dann sollten sich alle wieder am Gruppenplatz einfinden. S. tauchte stundenlang nicht auf. Sorgen brauchten wir uns keine zu machen, denn sie hatte schon während des Suchens eine Gruppenkollegin, H., getroffen und angedeutet, dass es schwierig für sie sei und sie mehr Zeit brauche, H. solle uns das ausrichten.

Als S. wieder zur Gruppe kam, war sie aufgelöst. Sie hatte noch immer keinen Platz gefunden. Sie richtete ihn sich zwar dann irgendwo ein, aber es war nicht dieser Platz, den sie sich erwünscht hatte, und sie setzte diese Suche mit ihrer aktuellen Lebenssituation in Verbindung. Auch dort gestalteten sich

[41] Stefan Brönnle setzt sich in seinem Buch »Landschaften der Seele. Landschaften, Geomantie und ihre Auswirkungen auf die menschliche Psyche« (München 1994) fundiert mit diesem Thema auseinander.

die Entscheidungen für Wohnorte schwierig, kein Platz schien der richtige zu sein. Die nächsten Tage gelang es ihr besser, Zufriedenheit mit der Auswahl ihrer Schlaforte zu empfinden. Am Ende des Reise berichtete sie, sie hätte nun zu mehr innerer Klarheit gefunden, was sie an einem Platz empfinden müsse, damit sie es als Wohlempfinden bezeichnen könne. Wenige Wochen nach dem Projekt übersiedelte sie ins Ausland. Der Weg der Entscheidung dafür war lange gewesen und die Entscheidung selbst wurde erst nach Beendigung der intensiven Zweifel möglich. In dieser Phase hatten ihr die Erinnerungen an ihre Projektplätze und die dort empfundenen Energien geholfen.

Spirituelle Naturerfahrung

Von Flow-Erlebnissen im Rahmen von Naturaufenthalten wird uns immer wieder berichtet. Es handelt sich dabei um Erfahrungen eines oft lang andauernden und sehr nachhaltig wirkenden Hochgefühls und die Erfahrung des Eingebundenseins in ein größeres Ganzes, hervorgerufen durch besondere Gegebenheiten in der Natur oder auch durch entsprechende Handlungen. Eine spirituelle Naturerfahrung kann nicht gezielt hervorgerufen werden, wird aber durch bestimmte Medien und entsprechende Rahmenbedingungen begünstigt (zum Beispiel Schwitzhütte, Solo oder Visionssuche). Es ist zwar keine prioritäre Aufgabe der Erlebnispädagogik, spirituelle Naturerfahrungen zu fördern, die kreativen und handlungsorientierten systemischen Methoden bieten aber gute Werkzeuge, solche Ereignisse auf- und nachzubearbeiten, wenn sie auftreten und sofern dies notwendig erscheint. Mehr zu diesem Thema findet sich auch im Unterkapitel »Naturerfahrung und Spiritualität« (S. 187).

Beispiel:
Oben bereits erwähnte Teilnehmerin mit dem »Schlangenholzstück« war während eines Seekajaktrekkings in Griechenland nicht nur mit ihren eigenen, sondern auch mit den Themen der anderen Teilnehmer stark beschäftigt und sowohl physisch als auch emotional stark mit den Prozessen und den sich zeigenden Phänomenen verbunden.
Eines Tages hatte die Gruppe an einem Strand ihr Nachtlager aufgeschlagen, wo sich auch eine Höhle befand, die als Gruppenraum genützt wurde. Nach dem Abendessen gab es noch eine Runde, in der viele aus der Gruppe gesanglich etwas zum Besten gaben, das auch einen Bezug zu ihrer Biografie hatte. Die Teilnehmerin sang ein Lied aus ihrer Heimatregion, das sie selbst sehr gerne mochte, es schien auch den anderen zu gefallen, jedenfalls bekam sie eine positive Rückmeldung der Seminarleiterin zu ihrem Beitrag und ihrer Stimme.
Ausgefüllt von den vielen Ereignissen der vergangenen Tage, entschloss sie

sich nach Beendigung der Gruppenphase, noch einen kleinen Strandspaziergang in der Dunkelheit zu machen.

Sie wanderte dabei so am Wasser entlang, dass die leicht spielenden Wellen gerade ihre Füße nicht erreichten. Nach sehr kurzer Zeit wurde sie von intensiven Gefühlen förmlich überspült. Sie begann sich hineingenommen zu fühlen, wie in eine »kommunikative und gefühlerfüllte Wolke«. Das Meer »signalisierte« ihr, einen Dialog aufnehmen zu wollen, und lud sie ein, doch ihre Füße nass zu machen. Während sie also ihren Pfad ins Wasser verlegte, kamen ihr unbekannte Melodien und Texte in den Sinn, die sie zu singen begann. Das Meer schien sich teilweise zu personifizieren und in den Texten, die sie sang, hielt sie den Kontakt zu dieser Energie. Niemand konnte sie hören, aber sie befand sich mehrere Stunden in diesem Zustand intensiver Verbundenheit und dem Glück, »dazuzugehören« und »mehr wahrzunehmen als ihr persönliches Ich«. Sie konnte sehr lange nicht aufhören zu singen und nahm eine Fülle von stärkenden Kräften aus dieser Erfahrung mit, die sich äußerst nachhaltig und intensiv in ihrer Erinnerung einprägten.

Themenbezogenes Arbeiten mit Naturmaterialien

Mit diesem Arbeitsfeld befinden wir uns im Bereich der Methoden.

Unter dem themenbezogenen Arbeiten mit Naturmaterialien verstehen wir die Sichtbarmachung von Fragestellungen beziehungsweise Szenen mittels Naturmaterialien. Wir arbeiten mit der Grundannahme, dass das Unbewusste mitgestaltet, wenn wir Themen bildlich oder mithilfe von Gestaltungsmaterialien darstellen. Es macht einen großen Unterschied, ob wir zum Beispiel eine Erinnerung erzählen oder ob wir eine Erinnerung mithilfe von Materialien darstellen. Im Vorgang der Darstellung verlassen wir logisch-rationale Denkmuster und aktivieren einen Bewusstseinsmodus, der assoziativ verläuft und dadurch neue Ideen liefern kann. Peter Nemetschek, der Erfinder des »Lebensfluss-Modells«, bezeichnet dieses Bewusstsein als »analoges Bewusstsein« im Kontrast zum »digitalen Bewusstsein« des logischen Alltagsdenkens.[42] So kann es auch sein, dass die Darstellung einer Erinnerung von dem abweicht, wie wir die Erinnerung bisher »gesehen« haben. Dies würde den bekannten »Unterschied, der einen Unterschied macht«, erzeugen und ist an sich schon eine Lernerfahrung. Denn eine objektive Darstellung eines Ereignisverlaufs gibt es höchst selten, wenn überhaupt. Auch

---

[42] Klaus Theuretzbacher/Peter Nemetschek: Coaching und systemische Supervision mit Herz, Hand und Verstand. Handlungsorientiert arbeiten, Systeme aufbauen, Stuttgart 2009.

Erinnerungen sind abhängig von der Qualität des Augenblicks, in dem wir uns erinnern.

Prinzipiell soll mit dem Methodenfeld »Themenbezogenes Arbeiten mit Naturmaterialien« die Bewusstwerdung und Integration von persönlichen Anteilen – auch von ungeliebten – gefördert werden. Meist dient das kreative Arbeiten dazu, Ressourcen zu entdecken, die vorher nicht wahrgenommen wurden, oder Bewältigungsstrategien bewusst zu machen, die in der Vergangenheit schon eingesetzt wurden und auf die der Zugriff »verschüttet« war.

Symbolarbeit

Ein Gegenstand wird zum Symbol, wenn ihm eine bestimmte Bedeutung gegeben wird. Im Grunde kann man Symbole nicht nur suchen, man kann sie auch finden. Gut geeignete Themen für eine Symbolarbeit sind: der momentane innere Zustand, Ziele, Personen, die Arbeit und Lebensthemen wie: Beziehungen, Lebensgestaltung, die Bedeutung von jemandem oder etwas. Symbole eignen sich gut, um etwas zu vergegenwärtigen oder einen Prozess auszuwerten: Durch das Symbol kann man den *Transfer* von Erfahrungen unterstützen, indem es – sofern es mitgenommen wird – an seine Bedeutung, an den Inhalt, erinnert. Ein Symbol kann an einem speziellen Ort aufbewahrt und zu einem anderen Zeitpunkt hervorgeholt oder »aktiviert« werden.

Symbole eignen sich aber auch, um etwas zu verabschieden: Sie können verbrannt, zu Wasser gelassen oder bewusst weggeworfen werden. Um etwas wirklich weghaben zu wollen, eignet sich die Verbrennung am besten, da hier die stärkste materielle und damit auch metaphorische Verwandlung stattfindet. Etwas nur zu vergraben kann unter Umständen nicht ausreichen oder ungeeignet sein, denn vergraben kommt in seiner analogen Bedeutung einer Verdrängung gleich.

Raum- und Objektgestaltung

Räume müssen manchmal erst aufbereitet werden, um den geeigneten Lernrahmen zu bieten. Besonders in der Natur braucht es manchmal einigen Aufwand, um zum Beispiel einen Platz im Wald zu einem geeigneten Lager zu machen. Wenn der Platz verlassen wird, sollten jedoch möglichst wenig Spuren hinterlassen werden. Auch die oft sehr ästhetisch wirkenden themenbezogenen Arbeiten mit Naturmaterialien müssen nicht unbedingt in jedem Fall bleibende Spuren hinterlassen. Dabei spielen vor allem ästhetische Kriterien eine Rolle: Der aufgesuchte Naturraum sollte in der natürlichen, nicht in der menschlichen Ordnung hinterlassen werden.

Ein Ort, in den Zeit und Energie investiert werden, um ihm eine spezielle Note zu verleihen, bekommt allerdings für den Zeitrahmen des Aufenthalts durch die Gestaltung eine andere Qualität. Die besondere Aufbereitung eines Buffets am Strand zum Beispiel gibt der Mahlzeit eine völlig andere Note, als wenn das Essen einfach hingestellt wird. Dies kann sich auch auf das Essverhalten und die soziale Kultur in der Gruppe auswirken.

Zur Raumgestaltung gehört auch die Raumwahrnehmung. Nicht jede Übung ist an jedem Ort gleich gut geeignet. Für die Wahrnehmung dieser Qualitäten ist es hilfreich, fokussiert aufmerksam zu sein, was an dem Ort empfunden wird (siehe energetische Naturerfahrung).

Sozialer Kosmos

Soziale Netze, Zugehörigkeiten und die Qualität von Beziehungen werden mittels Naturmaterialien in annähernd kreisförmiger Form zum Ausdruck gebracht. Die Übung entspricht dem sozialen Atom aus dem Psychodrama[43], das Setting und die Materialien unterscheiden sich aber von dieser ursprünglichen Form. Thema des sozialen Kosmos kann aber auch ein Projekt sein, das mithilfe eines »Projektkosmos« vor- oder nachbereitet wird, oder eine spezielle Lebenssituation eines Menschen. Zuerst wird ein Symbol für das Zentrum gefunden, das je nach Zusammenhang die Person selbst darstellt oder das Projekt. Für Personen, Situationen, Ressourcen und andere Aspekte werden jeweils auch Symbole gesucht und so gelegt, dass ihr Abstand zum Zentrum zum Ausdruck bringt, wie nahe sie stehen. Im nächsten Schritt wird die subjektiv erlebte Qualität der Beziehung der einzelnen Elemente untereinander zum Ausdruck gebracht (zum Beispiel mit Stöcken oder Halmen).

Unsere Erfahrung: nicht zu groß anlegen, damit man den »Überblick« bewahren kann. Wenn die Symbole sehr nahe aneinandergelegt werden, hilft der Hinweis, das Ganze wie »unter einem Vergrößerungsglas« zu betrachten.

Die Leitung begleitet den Prozess von Beginn an und stellt Fragen: Was kommt als Nächstes? Was oder wer fehlt noch? Gibt es noch etwas oder jemanden, das oder der vielleicht nicht so nahe steht, aber dennoch eine Rolle spielt? Diese Frage ist bedeutsam, da sehr oft Personen, die nicht im unmittelbaren engen sozialen Bezug zu einem Menschen stehen, für eine bestimmte Situation viel hilfreichere Ressourcen sein können als Personen, die sehr nahe stehen beziehungsweise als präsent erlebt werden. Diese Annahme bezieht sich auf die Theorie von Putnam, nach der soziale Netze anlassbezogen wahrgenommen werden: Ist mein Auto kaputt, kommen mir andere »Helfer« in

---

[43] Entwickelt von Jacob Moreno.

den Sinn, als wenn ich Beziehungsprobleme habe. Die Bedeutung und Größe der sozialen Netzwerke wird in der Regel grob unterschätzt: So verfügt ein Durchschnittsbürger in Deutschland über ca. 1000 Personen in seinem sozialen Netzwerk zweiter Ordnung, könnte also jederzeit eine stattliche Demonstration auf die Beine stellen.[44] Der Soziologe Mark Granovetter stellt dar, dass im Übrigen die Bedeutung der starken sozialen Beziehungen (Personen, die uns nahestehen) im Vergleich zu den schwachen sozialen Beziehungen (Personen, die uns ferner stehen) viel zu wenig beachtet wird. Wir sind der Meinung, dass uns nahestehende Personen uns beistehen müssen, wenn wir in Schwierigkeiten sind, was aber nicht immer möglich ist, auch wenn das gewollt wäre: »Starke Beziehungen bringen uns, wenn nötig, den Kamillentee ans Bett, über schwache Beziehungen hingegen kriegen wir einen neuen Job.«[45] Die Schnittmenge aus den sozialen Kontakten der uns nahestehenden Personen und unseren eigenen sozialen Kontakten ist bereits relativ groß, bringt also weniger »Neues« ins System.

»Schwache Beziehungen« sind daher auch besser geeignet, Menschen aus verschiedenen Gruppen und Milieus zu verbinden. Deshalb kann es während der Anleitung eines sozialen Kosmos hilfreich sein zu fragen: Wer fällt dir noch ein? Wer oder was würde jemandem aus deinem persönlichen Umkreis zu dieser Sache noch einfallen? Wie würde ein Freund oder jemand anderes diese Situation sehen (zirkuläre Fragen)?

Wenn aus dem entstandenen Bild starke Betroffenheit entsteht, kann es nützen, aus dem Ist-Bild ein Lösungsbild zu machen.

Die Fragen »Was würdest du gerne verändern?«, »Möchtest du das Ganze von einer anderen Seite betrachten?«, »Was nimmst du wahr?« können in dieser Situation hilfreich durch den Prozess leiten.

Erfolgt die Arbeit am sozialen Kosmos in einer Gruppe, können auch die Wahrnehmungen anderer Gruppenmitglieder einen guten Beitrag leisten. Eine Gruppe (zum Beispiel ein Team) kann jedoch nicht gemeinsam an »einem Kosmos« arbeiten, da jede Person einen anderen Blickwinkel hat. In diesem Fall würde die Leitung jedes Teammitglied bei der Erstellung des sozialen Kosmos begleiten, und alle anderen Teammitglieder wären jeweils dabei, wie jemand seine/ihre Sichtweise darstellt. Dies ist aber nur bei relativ kleinen Teams sinnvoll, unsere Erfahrung zeigt, dass eine Teamkosmos-Arbeit mit bis zu sechs Personen realistisch ist, da ja auch die zentrierte

---

[44] Vgl. Wolfgang Budde / Frank Früchtel: Fall und Feld. Oder was in der sozialraumorientierten Sozialarbeit mit Netzwerken zu machen ist. Erschienen in: Sozialmagazin 6/2005, S. 14–23.
[45] Ebd., S. 6.

Aufmerksamkeit in der Phase der Begleitung durch alle Teilnehmenden gebraucht wird.

Ziele des sozialen Kosmos können sein:

- Etwas wahrzunehmen, das bisher so nicht sichtbar war, wie etwa: Stärken, Ressourcen, Personen oder Möglichkeiten
- Einen nächsten Schritt aus einer Situation zu sehen
- Einen anderen Blickwinkel zu bekommen
- Mögliche neue Ziele zu entdecken

Biografiearbeit

Biografiearbeit nennen wir die Darstellung von Lebensläufen mittels Naturmaterialien.[46] Sie dient ähnlichen Zielen wie den oben im Zusammenhang mit dem sozialen Kosmos erwähnten, allerdings ist sie völlig anders angelegt.

Es gibt keine gestalterische Vorgabe für Biografiearbeiten, die Zeit zum Erstellen sollte jedoch nicht zu kurz bemessen sein, das heißt, mindestens zwei Stunden, im Idealfall vier Stunden bis zu einem halben Tag betragen.

Die Biografiearbeit wird im Gegensatz zum sozialen Kosmos von der betreffenden Person alleine, ohne anwesende Begleitung erstellt. Die Prozessbegleitung erfolgt erst nach der Beendigung der gestalterischen Phase. Das Begleitmuster in diesem zweiten Teil bildet eine auf Lösungen und Ressourcen zielende Gesprächsführung. Einer der Urheber der Arbeitsform »Biografiearbeit« ist Peter Nemetschek, der seine ursprüngliche »Timelinearbeit« mittlerweile in »Lebensflussmodell« umbenannt hat.[47]

Über ein Seminar bei Peter Nemetschek Anfang der Neunzigerjahre wurden wir auf diese Arbeitsform aufmerksam und setzten es zunächst in sozialpädagogischen Zusammenhängen indoor – mit unterschiedlichen Materialien – ein. Es lag nahe, im Rahmen unserer erlebnispädagogischen Projektarbeit sehr bald auch in der Natur damit zu experimentieren. Im Rahmen der Kooperation mit Kreszmeier und Hufenus begegneten wir dieser Arbeitsform wieder, sie hatten dafür den Begriff »Biografiearbeit« gefunden.

---

[46] Der Begriff wurde in den letzten Jahren in einem anderen pädagogischen Zusammenhang sehr relevant, nämlich in der Begleitung von alten Menschen beziehungsweise in der Begleitung von Menschen mit Behinderung. Allerdings wird dort etwas anderes darunter verstanden als in der systemischen Erlebnispädagogik.

[47] Diese Arbeitsform, allerdings »indoor«, wird beschrieben in: Theuretzbacher / Nemetschek, a.a.O.

In der Begleitungsphase können auch Stelltechniken eingesetzt werden, das heißt, die begleitete Person kann an den Orten der Gestaltung, die mit positiven Erinnerungen besetzt sind, »Energien« tanken oder an Orten, die traumatische Ereignisse repräsentieren, etwas loswerden oder sich erinnern, welche Ressourcen ihr geholfen haben, nächste Schritte aus dieser Krise herauszumachen. Zunächst geht die Prozessbegleiterin einfach die Gestaltung mit der zu begleitenden Person durch und nimmt deren Schilderungen entgegen. Eine mitgehende, Aufmerksamkeit signalisierende Körperhaltung und Positionierung des Prozessbegleiters ist dabei ebenso wichtig wie ein angemessener Abstand, welcher von der begleiteten Person eingenommen wird. An markanten Orten werden lösungsfokussierte Fragestellungen eingeflochten oder bestimmte Handlungen gesetzt, die nicht geplant werden können, sondern aus dem Prozess entstehen:

Ein Teilnehmer hatte in seiner Biografiearbeit »Strandgut« eingebaut, das heißt, Dinge verwendet, die als Müll herumlagen, unter anderem eine zerbrochene Puppe. Während der Begleitphase fiel ihm auf, dass relativ »viel Müll« in seiner Biografie herumliegt. Er zog auch Vergleiche zu den Arbeiten anderer Gruppenteilnehmer, die teilweise um einiges »ästhetischer« aussahen. Er selbst gab folgenden Hinweis für eine Intervention: »Ich sollte mal durchgehen und entsorgen, was ich nicht mehr brauche.« Dies tat er dann auch, allerdings erst nach Beendigung der Begleitphase: In einer individuellen Nachbearbeitungssequenz begann er jene Dinge aufzusammeln und aus seiner Gestaltung zu entfernen, die er laut eigener Definition nicht mehr nötig hatte.

Eine andere Teilnehmerin warf einen Stein, der für ihren Vater stand, ganz weit weg. Auf unsere Frage hin, ob der Stein dort auch gut aufgehoben sei, überlegte sie ein Weilchen, ging dann hin und legte ihn wieder ein Stück weit an die Gestaltung heran. Sie meinte, nun sei es vorerst der richtige Platz.

Ein anderes Mal begleiteten wir eine Gestaltung in einem Bachbett. Wir konnten – unter anderem – eine sich drei Mal auf ähnliche Art wiederholende bestimmte Anordnung von Blättern sehen, die die Teilnehmerin – mit Steinen beschwert – in den Fluss gelegt hatte, um herausfordernde Lebenssituationen darzustellen. Ihr selbst fiel nicht auf, dass jedes Mal nach einer solchen Anordnung Gegenstände im Bachbett lagen, die für persönliche Entscheidungen standen. Wir machten sie darauf aufmerksam und sie zeigte sich äußerst überrascht. Sie hatte vorher nicht wahrgenommen, dass sie selbst durch ihre Entscheidungen so konstruktiv steuernd auf ihre Biografie Einfluss genommen hatte. Als Akt der Erleichterung durch diese Erkenntnis entfernte sie einige der »festgeklemmten« Blätter und entließ sie auf dem Wasserweg.

Bei einer anderen Gelegenheit legte ein Teilnehmer das Symbol für einen außerehelich gezeugten Sohn auf einen Stein mitten im relativ stark reißenden Wasser eines Baches. Die Verbindung zu diesem Sohn stellte er mittels eines brüchigen Astes dar. Die Symbole für seine anderen Kinder platzierte er gleich neben dem Symbol für sich. Auf die Frage, ob denn der Weg zum außerehelichen Sohn in Wirklichkeit auch so gefährlich und weit sei, wie er in der Darstellung wirke, bejahte er dies vorerst. Aber es kam ihm nach kurzem gedanklichem Versinken in den Sinn, dass er das Symbol für diesen Sohn auch näher an »sich« heranlegen könne. Er gewann auch die Einsicht, dass diese Nähe ihm auch die Verwirklichung seiner beruflichen Ziele erleichtern könne, da er sich befreiter fühlen würde.

Entscheidend ist, dass die Begleitungsphase an einem Platz in der Gestaltung der Biografie beendet wird, der kräftigend ist, das muss nicht unbedingt die Gegenwart sein. Die Zukunft wird im Rahmen der Biografiearbeit oft als Orientierung in eine bestimmte Richtung oder auch als bestimmter Platz in der Landschaft wahrgenommen. Zukunftsaspekte können auch mithilfe von Symbolen markiert und besprochen werden.

Die Technik kann auch abgewandelt werden, indem zum Beispiel eine Berufs, eine Team- oder Organisationsbiografie erstellt wird. In letzteren Beispielen wirken mehrere Menschen an der Gestaltung mit und wir verwenden gerne bunte Seile zur Darstellung der Wege unterschiedlicher Menschen in der Organisation.

Biografiearbeiten können physisch sehr klein ausfallen oder sich über mehrere Kilometer erstrecken, wie wir schon gesehen haben. Manchmal werden zugehörige »Bestandteile« in natürlichen Formationen gesehen, aber es kommt auch vor, dass Teilnehmer gar nichts gestalten, sondern den gesamten Weg in der Natur bereits »aufgezeichnet« finden. Besonders Menschen, die sich nicht so leicht auf eine gestalterische Aufgabenstellung einlassen können, finden manchmal »ihren Weg« schon vor.

Die Abgrenzungsfrage zwischen Pädagogik und Therapie taucht verständlicherweise im Zusammenhang mit der Biografiearbeit am häufigsten auf. Im Kapitel »Grenzland Prozessbegleitung« geben wir eine Argumentationslinie bezüglich dieser Frage.

Freies kreatives Arbeiten

Beim freien kreativen Arbeiten handelt es sich um Aufträge, bei denen es keine gestalterische Vorgabe, nur ein Thema und eine Zeitangabe gibt, zum Beispiel Skulpturenbau zum Thema »Ich baue mich«, »Mein Zuhause«, »Mein Traum« etc. Auch diese Arbeiten werden nach lösungs- und ressourcenorientiertem Muster begleitet.

Szenisches Arbeiten

Durch die freie szenische Darstellung von Situationen können Lösungsmuster erarbeitet oder andere Perspektiven eingenommen werden. Darstellungsmittel sind Körper und Sprache. Naturmaterialien können als Requisiten die Effekte steigern. Freie Szenen können auch spontan entstehen – in welcher Form die Leitung die Sequenz unterstützt, hat mit den Prozesszielen zu tun.

Rollenspiele

Rollenspiel ist eine bekannte Methode, die sehr gut geeignet ist, durch Darstellen einer realen Situation Lerneffekte zu erzielen. Situationen, die schon vergangen sind, können so aufgearbeitet und reflektiert werden, für Situationen in der Zukunft sind sie eine variantenreiche Möglichkeit der Vorbereitung.

Die Protagonisten des Rollenspiels müssen nicht immer, können aber die Personen sein, die das Thema einbringen. Möglich sind auch beide Varianten: Die Person, die ein Thema einbringt, spielt zuerst selbst mit und wird dann von einem Kollegen ersetzt oder umgekehrt.

Sculpting

Beim Sculpting handelt es sich um Momentaufnahmen, zum Beispiel einer Gruppe. Eine Person gestaltet mittels der Körper der anderen Gruppenmitglieder eine Skulptur. Die Lernmöglichkeiten liegen in den Wahrnehmungen der gestellten Personen in der ihnen zugewiesenen Position und in der zum Bild gewordenen Sicht eines Gruppenmitgliedes. Auch beim Sculpting kann man im Falle eines sehr problembesetzten Bildes ein Lösungsbild entwerfen. Im Unterschied zur Aufstellungsarbeit werden hier spezielle Aspekte auch durch spezielle Körperhaltungen zum Ausdruck gebracht.

Spotting

Spotting ist eine Möglichkeit der Konfliktbearbeitung beziehungsweise einfach der Gegenüberstellung von Meinungen, Ansätzen oder sich widersprechenden Gefühlen. Antagonistische Standpunkte werden bewusst polarisiert, indem Plätze markiert werden, an denen diese Standpunkte, Meinungen, Emotionen oder Tabuisiertes abgeladen werden können. Alle Gruppenmitglieder können, je nach persönlichem Verständnis, die eine oder die andere Position unterstützen, indem sie sich an den jeweiligen Platz stellen und dort hintragen, was ihrem Empfinden nach hingehört. Auch »Mehrfachabladungen« an beiden Plätzen durch ein und dieselbe Person sind natürlich möglich und kommen auch oft vor. Das Spotting gilt dann als beendet, wenn zumindest eine konkrete Botschaft der Annäherung oder Kompromissbereitschaft formuliert oder körperlich zum Ausdruck gebracht werden kann (zum Beispiel einen Schritt aufeinander zugehen, wenn es einen Konflikt zwischen zwei Personen betrifft). Im Spotting darf der Konflikt auch zu einem Höhepunkt kommen, als eine Art Ventilmöglichkeit. Der Anspruch der Begleitung liegt in der konsequenten Lösungs- und Ressourcenorientierung. Es wird vorher deutlich gemacht, dass das Ziel des Spottings ist, dass jeder seine Meinung äußern darf, dass aber danach herausgefunden werden soll, wie man sich annähern könne. Die Bereitschaft dafür muss bestehen, sonst macht das Spotting wenig Sinn. Während eines Spottings kommen manchmal Konflikte in eine »heiße Phase«. Dann ist es sinnvoll, auch lenkend zu intervenieren, indem man zum Beispiel »auf die Bremse steigt«. Das heißt, man bittet die Kontrahenten, ihre Sätze jeweils noch einmal, aber ganz langsam und leiser zu sagen.

Bremsen kann auch heißen, dass die Teilnehmer den Satz, den der Kontrahent eben gesagt hat, wiederholen, um zu überprüfen, ob dieser auch genauso rübergekommen ist. Erst dann wird der eigene Satz eingefügt, den nun wiederum das Gegenüber wiederholt. Hier muss die Leitung aber sehr konsequent vorgehen und die genaue Wiederholung kontrollieren. Sinnvoll ist diese Vorgehensweise meist gegen Ende eines Spottings für die Dauer von ein paar Sätzen, wenn es wichtig, ist, dass sich die Aussagen der anderen Person auch einprägen. Die einfachste Struktur des Spottings ist, wenn sich zwei Personen gegenüberstehen.

Ein Beispiel:
Eine Projektteilnehmerin äußerte sich sehr abfällig, aggressiv und rassistisch gegenüber einigen Bosniern, die in der Nähe der Gruppe ein Lamm am Spieß grillten. Der Projektleiter bat einen der anderen Gruppenteilnehmer, sich »als Bosnier« an eine Stelle zu stellen, und die Teilnehmerin stellte sich ihm gegenüber auf. Dann äußerte sie alle Vorwürfe noch einmal. Der »Bosnier« brachte seinen Standpunkt ein.

Schließlich nahm der Leiter einen Wechsel vor und bat die Teilnehmerin, sich an die Position des Bosniers stellen. In diesem Fall war das Spotting an diesem Punkt schon zu Ende, da sie Einsicht zeigte. Sie gab zu, dass sie die Menschen ja gar nicht persönlich kenne, und ging am nächsten Tag zu der bosnischen Gruppe und sprach ein paar Worte mit ihnen.

Es gibt aus der systemischen Beratung auch die Übung »Den Sessel tauschen«, die eine »sanftere Form« des Spottings ist. Die Konfliktparteien sitzen sich auf Sesseln gegenüber (Sitzen ist weniger dramatisch als Stehen, weil weniger Körpereinsatz mit der Rede verbunden ist), es können auch mehrere Personen im Kreis sein, und jede Person formuliert ihre Meinung beziehungsweise ihr Anliegen. Dann wird getauscht, sodass man auch auf den Sesseln der anderen zu sitzen kommt und dort auch das Anliegen der anderen Person ausspricht. Wichtig bei dieser Übung ist, dass sie nicht zu schnell gemacht wird, sodass die Personen die Gelegenheit haben, sich auch wirklich auf die Sätze des anderen einzulassen.

Ein Spotting wird erst dann beendet, wenn es Annäherungsimpulse gibt beziehungsweise wenn die Teilnehmenden bereit sind, sich auch in die Position des anderen zu begeben.

In den Vorteilen des Spottings liegen auch gleichzeitig die »Gefahren«: Indem Konflikte oder unbequeme Botschaften ausgesprochen werden, kann es geschehen, dass die Teilnehmenden in eine Art »Problemtrance« geraten. In diesem Fall ist es hilfreich, an die »Bremse« und die vorher vereinbarten Ziele zu denken.

Die Leitung eines Spottings kann nur in »Echtsituationen« geübt werden, da es sonst künstlich wird und Fragen entstehen, die in der wirklichen Situation gar nicht auftreten. Ratsam ist aber, sich über die Technik zu wagen, wenn es einen Konflikt gibt, der nicht zu tiefgreifend erscheint.

Grundsätzlich ist das Spotting eine Methode, die etwas ordnen sollte. Das Polarisieren, also das Gegenüberstellen von Meinungen und Personen, ist der Ausdruck davon, dass man zunächst einmal etwas auseinandernimmt, damit es dann wieder zusammenfinden oder sich zumindest annähern kann. Am wichtigsten beim Spotting ist jedoch die Grundhaltung der Leitung. Wenn diese problemorientiert ist, ist es besser, diese Methode nicht einzusetzen. Denn während des Spottings ist die Leitung hauptsächlich mit der Wahrnehmung von Lösungsansätzen beschäftigt und bringt diese Wahrnehmung ein, wenn sie den Beteiligten nicht selbst auffallen. So gesehen ist das Spotting auch für die Leitung eine sehr gute Übung in der Wahrnehmung von Lösungen und Ressourcen.

Aufstellungsarbeit

Einfache Aufstellungstechniken sind sehr hilfreich, wenn innerhalb kurzer Zeit möglichst viele relevante Informationen generiert werden sollen. Die Teilnehmer gruppieren sich je nach Fragestellung an bestimmten Plätzen im Raum: Auf diese Weise kann sichtbar gemacht werden, woher die Teilnehmer kommen, wer wie viele Kinder hat, welche Berufsgruppen sie vertreten, was ihre Interessen sind, welche Augenfarben in der Gruppe vorkommen und vieles mehr.

Auch Aufstellungen anhand einer Linie geben Informationen: So können Alters- oder Dienstaltersreihen gebildet werden. Wenn die Linie als Skala verstanden wird, ermöglicht es den Teilnehmern, sich nach Kompetenz und Erfahrung in Bezug auf eine Aufgabe aufzustellen.

Komplexe Aufstellungsarbeit ist nicht Teil der systemischen Erlebnispädagogik, da sie ein Arbeitsfeld darstellt, das gesonderter Ausbildung bedarf. Wohl aber werden Aufstellungen mit wenigen »Elementen« eingesetzt. Aufstellungsarbeit erfordert nicht mehr oder weniger Sensibilität als die Begleitung der kreativen Methoden. Zentral sind die systemischen Grundhaltungen, insbesondere auch die phänomenologische Wahrnehmung: Was geschieht, was ist von Bedeutung für den Prozess? Einfache Aufstellungen eignen sich sehr gut, um der Leitungsperson und auch der Gruppe in kurzer Zeit Informationen zu geben, die vorher nicht da waren und wo Frage-Antwort-Runden den zeitlichen Rahmen sprengen würden. Bedeutsam sind allerdings die Fragestellungen. Sie sollten themenrelevant sein und können auch der Auflockerung dienen.

Einer der Hintergründe der Aufstellungsarbeit ist die Annahme der Existenz von Feldern, die durch die Einnahme von bestimmten Plätzen im Rahmen der Aufstellung zu Inputs und Empfindungen bei den dort stehenden Personen führen (siehe Kapitel »Grundannahmen systemischer Pädagogik«). Wenn man einen Ort mit einer bestimmten Aussage belegt, zum Beispiel: »Hier ist der Platz, wo die stehen, die sich im Moment voll im Prozess fühlen, und dort ist der Platz, wo die stehen, die sich gerade nicht so stark präsent fühlen«, wird der bezeichnete Ort auch energetisch »behaftet«.

Bei der Zielearbeit etwa wird ein Platz gesucht, der für das Erreichen des Ziels steht, und einer, der für den Punkt steht, wo noch gar kein Schritt getan wurde (Skalierungstechnik).[48] Lässt man die Personen sich dorthin stellen, werden sehr schnell körperliche Empfindungen und Gefühle geweckt, die mit dem jeweiligen Zustand (Ziel erreicht oder Ziel noch in weiter Ferne) in Zusammenhang stehen. Systemische Aufsteller machen sich diese Effekte zunutze, weil sie davon ausgehen, dass wir uns an Empfindungen und Gefühle eher erinnern als an Worte, die wir einmal ausgesprochen haben, und dass dies hilfreich sein kann, um Lernschritte zu machen.

Wenn man an der Konkretisierung eines Ziels arbeitet, sind einfache Aufstellungsarbeiten im Rahmen einer Skalierung eine wertvolle Ergänzung zur rein sprachlichen Zielearbeit.

In der Begleitung von Aufstellungen ist besonders wichtig, dass die Leitungsperson sich gut verinnerlicht hat, dass es um Lösungen geht und nicht um das Herumwühlen in den Problemen von Protagonisten. Ängste vor dem Auftauchen von Problemen sind nicht hilfreich, denn Probleme sind immer auch Ressourcen und Botschaften. Hilfreich ist, einfache Aufstellungen mit eigenen Themen selbst erlebt und eine lösende Wirkung gespürt zu haben.

---

[48] Vgl. de Jong / Berg, a.a.O., S. 264ff.

Rituelle Gestaltung

Rituelle Gestaltungen sind Handlungsstrukturen, die alle Elemente eines Rituals enthalten, aber keine konfessionell oder religiös tradierten Rituale an sich sind. Sie werden an markanten Punkten wie etwa Anfängen, Übergängen, Abschlüssen, Bitten und als Dank eingesetzt.

Der Ablauf einer rituellen Gestaltung ist geregelt und für alle transparent. Es ist wichtig, dass alle Teilnehmenden Klarheit über das Thema und den Ablauf haben, deshalb sollte dieser auch nicht kompliziert sein. Es braucht eine Zeit der Vorbereitung und eine Zeit »danach«, es braucht Materialien und eine dem Anlass entsprechende Gestaltung des rituellen Raumes.

Rituelle Gestaltungen beinhalten immer – auch ohne religiösen Kontext – eine Art »Hinwendung zum Größeren« und sind daher nicht alltägliche Handlungen beziehungsweise Abläufe. Sie sollten und müssen aus diesem Grund auch sparsam eingesetzt werden. Rituale leben von der Wiederholung. Auch für rituelle Gestaltungen kann dies unter Umständen gelten.

Es ist wichtig, darauf zu achten, ob sich Ort, Zeitpunkt, Thema und Gruppenstimmung für die rituelle Gestaltung eignen – wenn nicht, kann der »größere Kontext« nicht wahrgenommen werden oder wirksam werden.

Rituelle Gestaltungen sind also keine Rituale im klassischen Sinn, da sie bewusst von religiösem oder konfessionellem Kontext und Paramenten befreit sind. Die Idee dahinter ist, dass ritualisierte und gemeinsame Handlungen eine Art menschliches Grundbedürfnis darstellen. Rituelle Gestaltungen sollen die Bedeutung für etwas betonen und das Gefühl stärken, in einem sozialen Verbund zu sein, in dem dieses »Etwas« (ein Thema, ein Dank, eine Bitte) gut aufgehoben ist.

Ablauf und Form von rituellen Gestaltungen:

- Es kommen universelle Elemente wie Wiederholung, Gemeinsamkeit vor, Anfang und Ende sind klar definiert.
- Es nehmen alle teil.
- Die Handlungen sind einfach und klar.
- Es wird nicht reflektiert.
- Der Sinn der rituellen Gestaltung muss allen Teilnehmern klar sein.
- Gut geeignete Materialien sind Kerzen, Wasser, Keime, Erde etc.

Reflexionsmethoden

Verbalisieren ist immer eine Art von Reflexion, da es ja um das Bewusstmachen von Erkenntnissen aus dem Prozess geht. Das Erlebte soll für die

Kognition begreifbar werden. Wichtig sind in Reflexionsphasen vor allem die Fragen:

- Wie kann ich das Erfahrene in meinem Alltag umsetzen? (Transfer)
- Wann werde ich dies das erste Mal tun? (Konkretisierung)
- Wem könnte als Erstem auffallen, dass ich diesen Schritt gemacht habe? (zirkuläre Frage)

Reflexion ist eine wichtige, aber nicht die einzige Komponente für gelingenden Transfer. Die Leitung kann auch hier noch einmal Prozesse steuern. Nach einer erfolgreich gemeisterten Aufgabe ist die emotionale Beteiligung in der Gruppe meist hoch, Reflexionen zu diesem Zeitpunkt sind günstig und oft recht differenziert, da sie noch in der unmittelbaren Erfahrung wurzeln. Die Leitung sollte natürlich keine Bewertungen vornehmen. Konkrete verbale und handlungsorientierte Reflexionsmethoden werden im Kapitel »Variationen zu Feedback und Prozessauswertung« (S. 62) beschrieben.

Interaktionsaufgaben

Interaktionsaufgaben sind in der Hauptsache Spiele, die Gruppenprozesse anregen oder verdichten sollen. Es können dabei verschiedene Stufen unterschieden werden:

Stufe 1: Wahrnehmungsspiele, Spiele, die das Selbstvertrauen stärken
Stufe 2: Vertrauensspiele, Kommunikationsspiele, Konzentrationsspiele
Stufe 3: Problemlösungsspiele, Planspiele
Stufe 4: Nachbereitungsspiele oder Spiele zur Reflexion

Grundfragen beim Einsatz von Interaktionsaufgaben:
- Welches Ziel soll erreicht werden?
- Ist das Spiel passend für die Gruppe?
- Ist das Spiel passend platziert?
- Ist genügend Zeit zur Auswertung vorhanden oder soll es lediglich der Auflockerung dienen?

Da es umfassende Literatur zu diesem Thema gibt, soll es hier nicht mehr Raum bekommen, aber es ist uns dennoch wichtig, unsere Haltung zum Einsatz von Spielen zum Ausdruck zu bringen: Sparsam und gezielt eingesetzt halten wir sie für einen bereichernden wie auch zur Erlebnispädagogik passenden Teil der Methodenpalette. Der Einsatz von Spielen kann aber auch sehr schnell zu einer Art Konsumhaltung bei den Teilnehmenden führen, im Sinne von: Und was kommt jetzt? Dieser Tatsache muss man sich bewusst sein, wenn man mit Interaktionsaufgaben arbeitet. Jedenfalls würden wir eine reine Interaktions-methodenpädagogik nicht als Erlebnispädagogik bezeichnen.

Variationen zu Feedback und Prozessauswertung

Im klassischen Feedbacksetting geben eine oder mehrere Personen einer oder mehreren Personen Rückmeldung über beobachtetes Verhalten. Geregelt ist diese Art der Gesprächsführung durch die Feedbackregeln, die in allen gängigen Ausbildungen im Sozialbereich vermittelt werden. Im erlebnispä-dagogischen Setting ist das Feedback auch eine wertvolle Methode, um den »Blinden Fleck« von Personen über die Wahrnehmung des eigenen Verhaltens »erhellen« zu helfen. Es ist eine Bereicherung des Prozesses, wenn mehrere Beobachter-ebenen existieren, aus denen jeweils Rückmeldungen kommen können:

In erlebnispädagogischen Lernsettings kann die Rückmeldung sowohl über die Peers, die anderen Teilnehmer der Gruppe, erfolgen als auch über die Projektleitung, die ihre Sicht aus einer anderen Perspektive schildern kann, obwohl sie in gewisser Weise auch Teil des Prozesses ist.

So ergibt sich folgende Struktur für eine systemische Feedbacksequenz:

- Eigenfeedback der betreffenden Person in Bezug auf eine Handlung oder ein Verhalten
- Feedback durch die Teilnehmergruppe
- Feedback durch die Projektleitung

Eine andere Konnotation ergibt sich, wenn die Reihenfolge verändert wird:

- Feedback durch die Teilnehmergruppe
- Eigenfeedback der betreffenden Person
- Feedback durch die Projektleitung

Denn in dieser Form hat die betreffende Person bereits einen veränderten Fokus auf die eigene Leitung durch das Feedback der Gruppe. Diese Form ist besonders hilfreich, wenn Anlass zur Vermutung besteht, dass die Rück-meldung bekommende Person eine ganz andere Sichtweise von der eigenen Arbeit hat als die Personen, die geleitet wurden.

Eine konzentrierte Feedbackform, die gut geeignet ist, wenn nicht so viel Zeit zur Verfügung steht, ist folgende:

Die Person, die Rückmeldung bekommen möchte, bittet drei Personen aus der Gruppe, dies zu tun. Am besten werden diese Personen nach dem Gesichtspunkt ausgewählt, ob sie ein besonders kritisch-konstruktives Feedback geben können.

Vom fachlichen Standpunkt her besonders differenziert, aber auch sehr anspruchsvoll ist das Feedbackgeben anhand der vier Führungskriterien von Tondeur und Lotmar (Genaueres dazu im Kapitel »Systemisch Führen im Kontext der Erlebnispädagogik«, S. 81):

1. Transparenz der Absicht
2. Einsatz der Methodenpalette
3. Nähe-Distanz-Verhältnis
4. Eingriffsdichte

Die vier Führungskriterien können als Visualisierungshilfe mit Naturmaterialien dargestellt werden.

Die Führungskriterien eignen sich auch gut für eine Kleingruppenarbeit:

Feedback als Kleingruppenarbeit

Jede Gruppe bekommt etwas Zeit, ihren Rückblick speziell durch die Brille eines der Führungskriterien zu sehen. Die Ergebnisse werden von einem Sprecher in der Gesamtgruppe dargestellt. Hier kann es sinnvoll sein, auch noch Raum zu lassen für »Sonstiges«, besonders wenn man will, dass es auch Rückmeldungen auf der persönlichen Ebene gibt. Denn durch die Fokussierung auf die Führungskriterien wird oft eher »technisch« gedacht und das kann durch den Punkt »Was ich sonst noch sagen wollte« ausgeglichen werden.

Feedback mit Symbolen

Naturmaterialien als Symbole für etwas, das man rückmelden möchte, sind auch sehr gut geeignet und eine altbekannte Methode in der Erlebnispädagogik. Es empfiehlt sich aber, nicht unbedingt in der Dunkelheit oder in der Dämmerung zu arbeiten. Jede Person, die ein Feedback geben möchte, sucht ein Symbol zur Veranschaulichung des gesagten Inhalts und übergibt dieses der Person, an die rückgemeldet wird.

Wenn mehr Zeit zur Verfügung steht, kann dieses Arbeiten mit Symbolen auch umfangreicher ausfallen: Alle wahrgenommenen Beobachtungen werden mit Symbolen am Boden dargestellt, am besten in der Reihenfolge des Ablaufs. Dazu können noch Gegenstände gelegt werden, die die Effekte verdeutlichen, welche die Ereignisse für die rückmeldende Person ausgelöst haben. Diese Methode kann auch als Seminarauswertung eingesetzt werden.

Schriftliches Feedback

Feedback kann natürlich auch schriftlich gegeben werden. Eine Variante, die im Rahmen von persönlichkeitsbildenden Seminaren sehr gerne eingesetzt wird, ist das Feedback am Rücken:

Jede Person hängt oder heftet sich einen Karton an den Rücken. Nun kann jeder jedem seine persönliche Rückmeldung auf den Karton schreiben, ohne dass bekannt werden muss, wer welches Feedback gegeben hat, denn diese Form ist weitgehend anonym möglich. Am Ende hält jeder einen Karton voller Rückmeldungen in den Händen. Ein Vorteil dieser Methode ist, dass sie relativ zeiteffektiv ist, da ja mehrere Feedbacks parallel gegeben werden können, und dass die Rückmeldungen auch später noch gut abrufbar sind.

Feedback üben

Feedback ist eine der bekanntesten sprachlichen Rückmeldetechniken und funktioniert dann besonders gut, wenn es gelingt, genau zu trennen zwischen dem, was beobachtet wurde, und dem, was es bei anderen Personen bewirkt. Da wir als fühlende Wesen nicht beobachten können, ohne dass die Beobachtung eine Emotion auslöst (und wir sie somit bewerten), ist es sehr anspruchsvoll, diese beiden Ebenen zu trennen.

Das alles spricht dafür, dass Feedback geben (und auch nehmen) nicht oft genug geübt werden kann, damit Formulierungen wie »Das hat mir gut gefallen, das fand ich gut« nicht mehr einfließen müssen, denn hierbei handelt es sich um Bewertungen, die kein spezielles Entwicklungspotenzial aufzeigen.

Elementares Arbeiten und Elementearbeit

Dieses Kapitel beleuchtet zwei zusammenhängende und dennoch zu unterscheidende Bereiche systemischer Prozessbegleitung in der Natur: das elementare Arbeiten und die Elementearbeit. Der Beitrag ergänzt das Kapitel »Setting, Medien und Methoden der systemischen Erlebnispädagogik«.

Elementares Arbeiten im Lernraum Wald

Das »Waldleben« ist ein zentrales Medium in der naturnahen Prozessbegleitung, in unseren Breiten vielleicht das wichtigste überhaupt. Der Wald bietet vielfältige Möglichkeiten, erfahrungsorientierte Methoden zu integrieren, und ist vor allem von sich aus ein stark wirksamer Erfahrungsraum.

In fast allen Kulturkreisen gibt es unzählige Hinweise, wie der Wald auf uns Menschen wirkt und wie diese natürliche Umgebung immer schon für Lern- und Entwicklungsprozesse (freiwillige oder unfreiwillige) gedient hat. In den Märchen tauchen diese Hinweise auf, aber auch in Liedern, Geschichten, Entwicklungsromanen und in Filmen. Vor gut tausend Jahren war unser mitteleuropäischer Lebensraum noch wesentlich dichter mit Wald bedeckt und unsere Vorfahren mussten ihm in mühseliger Arbeit ihre Lebensräume abringen beziehungsweise Wege hindurch finden, um ihre Lebens- und Handelsräume zu erweitern. Das macht bewusst, dass diese kollektive Vergangenheit des Lebens in und zwischen den Wäldern noch tief in unsere Erinnerung eingebettet sein muss. Denn tausend Jahre sind entwicklungsgeschichtlich eine sehr kurze Zeit. So ist das Leben im Wald einerseits durch diese Überlieferung in uns verwurzelt, andererseits durch transpersonale Erfahrung, wie immer diese theoretisch erklärt werden kann. Wir können starke Bilder und Eindrücke vom Wald und von dessen Zauber haben, auch wenn diese nicht direkt aus der eigenen Erfahrung stammen.

Zum Wald gehört das Sich-Zurückziehen, das Gehen in eine andere Welt, die sich von unserer alltäglichen Umgebung unterscheidet und uns so ganz andere Verhaltensweisen abverlangt. Der Wald wird mit dem Unbewussten assoziiert und die ungewohnten Lebensregungen dort lösen Reaktionen und Gefühle in uns aus, die als fremd und andersartig daherkommen können. Im Arabischen gibt es den Spruch »Wer in die Wüste geht, wird nicht derselbe bleiben« – dasselbe könnte in unseren Breiten für den Wald gelten. Das gilt vor allem für den Mischwald und für Wald-Flusslandschaften. Alleine ein absichtsloser Spaziergang, vielleicht abseits von Wegen, reicht aus, um uns in eine andere Stimmungslage zu versetzen. Es ist fast, als ob dem Wald neben seiner luftreinigenden auch eine seelenreinigende Wirkung anhaftet und als ob ein Waldspaziergang den Charakter eines Übergangsrituals hätte, von einer Alltagssituation zur nächsten. Bestimmt reicht es für viele Menschen aus, diese Art von Erbauung einfach so für sich zu nützen, ohne ein bestimmtes Ziel zu verfolgen oder methodisch besonders begleitet zu werden.

Darüber hinaus ist es eine schöne, aber auch nicht zu unterschätzende Aufgabe für Prozessbegleiter, Situationen im Wald zu schaffen, die zu konstruktiven persönlichen und sozialen Lernerfahrungen führen. Denn Menschen verhalten sich auch im Wald nach persönlichen Mustern, die sie dorthin quasi mitnehmen. Die Chance, die wir sehen, ist die, dass zwar das Verhalten »mitgebracht« wird, die Situationen aber ungewohnt sind. Die Art, wie Menschen im Wald die zu bewältigenden Aufgaben erledigen, kann als Spiegel der Persönlichkeit dienen und wird im Idealfall dem Menschen selbst bewusst, da die Auswirkungen dieses Verhaltens andere Konsequenzen haben, als wir das in unserer normalen Lebenswelt gewohnt sind: Wenn die Plane unzureichend verspannt ist, hat man sich selbst die Folgen einer feuchten Nacht geschaffen. Eine altbekannte erlebnispädagogische Binsenweisheit.

Aber wir sehen den Wald nicht nur als ein »Rückmeldesystem für menschliches Verhalten«. Es wäre zu einfach anzunehmen, dass die Erfahrungen in der Natur für die Menschen bereitliegen, so als ob die Natur oder uns unbekannte Kräfte etwas Bestimmtes mit einer Person vorhätten. Denn die individuelle Wahrnehmung inklusive der daraus konstruierten Deutungen erzeugt erst die persönliche Wirklichkeit. Dazu zählen wir auch spirituelle Erfahrungen. Obwohl es hier theoretisch schwierig wird. Denn stellt man sich die uns umgebende Welt als System außerhalb von uns vor, wäre es theoretisch möglich, dass dieses mit uns auf spezielle Weise kommuniziert oder mit einer Absicht Phänomene bereitstellt. Das Waldleben sollte in diesem Sinne also nicht unterschätzt werden, denn es birgt weitaus mehr, als es auf den ersten Blick scheinen möchte. Mehr zu diesem Thema auch im Kapitel »Naturerfahrung und Spiritualität«.

Uns ist es sehr wichtig, an dieser Stelle zu erwähnen, dass wir den Wald – genauso wie auch andere Naturräume –, wenn wir ihn als Lern- und Entwicklungsraum nützen, dadurch natürlich nicht auf diese Qualitäten reduzieren. Denn die Beziehung Mensch-Natur besteht aus wesentlich mehr als diesem Lernraumaspekt, von dem ja lediglich wir Menschen profitieren. Dennoch vermuten wir auch eine Art Gegenwirkung: Der vielzitierte Satz von John Dewey, dass nur Naturnähe gegen Naturferne hilft, hat immer noch – oder besser: wieder – große Bedeutung. Durch das ganzheitliche Naturerleben im Wald entsteht und wächst eine Beziehung zu diesem Teil der Mitwelt und es entsteht eine Wertigkeit. Wenn einem etwas wert ist, ist man auch bereit, es zu schützen, sorgsam zu behandeln und zu pflegen. Und auch das ist natürlich eines der Ziele von Erlebnispädagogik: über persönliche Erfahrung mehr Bewusstsein für die natürliche Mitwelt zu kreieren, damit diese mehr Respekt erfahren und damit auch Schutz finden kann. Die Heranbildung eines ökologischen Bewusstseins geht einher mit dem sozialen Bewusstsein. Daher ist der vorrangige Aspekt der Erlebnispädagogik der des persönlichen und sozialen Lernens als Basis für verantwortungsvolles und ethisches Handeln. Damit wird auch der Unterschied zur Öko- und Waldpädagogik deutlich. Es handelt sich hierbei um verwandte Ansätze, die vorrangig Ziele aus dem Bereich der Umweltbildung formulieren.

Voraussetzung für die Leitung von Waldprojekten sind Fertigkeiten mit einfachen Mitteln im Wald, was wir als elementares Arbeiten verstehen: Camporganisation und Lagerbau, Kochen am offenen Feuer, Brotbacken, Ausrüstungs- und Materialerfahrung, Kenntnisse über Pflanzen, Holz- und Trinkwasseraufbereitung, Orientierung, Logistisches und vieles mehr. In erster Linie ist nicht der Umfang des Wissens insgesamt ausschlaggebend, sondern die eigene praktische Erfahrung während des Aufenthalts in einem Waldlager aus Planen bei jeder Witterung.

Alle Aufgabenstellungen im Wald haben aber nicht nur praktische Zielsetzungen, sondern sind gleichsam auch Aufträge mit pädagogischem Anspruch: Je nach Lernziel und Situation kann etwa mit Einzel-, Kleingruppen- oder Großgruppenlagern gearbeitet werden. Auch das Finden eines geeigneten Platzes für ein persönliches Schlaflager oder für den Gruppenplatz ist eine Aufgabenstellung, die viel vom Einzel- und Gruppenverhalten spiegelt und somit Lernstoff gibt. Alle in diesem Text beschriebenen elementaren Tätigkeiten und Inhalte können mit spezifischen Zielen verbunden und entsprechend reflektiert und weiterbearbeitet werden. Ein differenzierter, individuell geprägter und flexibler Umgang mit diesen Aufträgen ist quasi ständige Herausforderung für die Prozessbegleiter. Diese pädagogischen Prozesse sind nun aber nicht allein aus prozesstechnischer Perspektive zu sehen, im Sinne der Gleichung: »Lernsetting plus Ziele plus Methode ist gleich Lerneffekt«. Die Einflussmöglichkeiten der Pädagogen sind aus konstruktivistischer Sicht nur gering. Bescheidenheit im Hinblick auf konkret messbare Lernergebnisse ist immer wieder aufs Neue angebracht.

Im Folgenden beschreiben wir einige Aspekte, die zum elementaren Arbeiten im Wald gehören:

Wahrnehmung und Aufbereitung von Plätzen

Damit ist der bewusste Umgang mit Plätzen in der Natur gemeint, sprich die Fähigkeit, geeignete Raumqualitäten zunächst wahrzunehmen, um dann ihre Wirkung und Gestaltungsmöglichkeiten zu erkennen und sie auf die Arbeitsziele abzustimmen. Die Raumgestaltungskompetenz ist sowohl im In- als auch im Outdoor ein wesentlicher Arbeitsfaktor, der einen Prozessverlauf wirkungsvoll unterstützen kann. Die Wahrnehmung von Platzqualitäten oder der Ausstrahlung eines Platzes ist intuitiv, folgt aber häufig auch ganz konkreten Kriterien: Sie hat etwas zu tun mit der Offenheit oder Geschlossenheit eines Platzes, mit der vorherrschenden Geologie und Vegetation, mit dem Licht, vorhandenem oder nicht vorhandenem Wasser und mit subjektiv wahrnehmbarer Atmosphäre. Sehr oft hören wir Menschen von »Kraftplätzen« sprechen, wenn ein Ort eine sehr besondere Ausstrahlung hat. Zu den Aufgaben des Prozessbegleiters gehört es nun zu entscheiden, ob sich ein Platz aufgrund seiner Gegebenheiten eher für das Camp oder eher für eine andere Aktivität eignet. Manche Plätze sind zu stark, um eine Gruppe zur Ruhe kommen zu lassen, manche Bäche zu laut, um ruhig daneben zu schlafen und zu träumen.

Es gibt Orte, die aktivieren, und Orte, die zur Beruhigung beitragen, dies ist ein wesentliches Kriterium. Wenn man das erwünschte Ziel klar vor Augen hat, kann man aufgrund dessen eine gute Entscheidung treffen. Es gibt Plätze, die eher einen neutralen Eindruck vermitteln, und solche, wo man den Eindruck hat, hier sei schon viel geschehen. Und schließlich gibt es Orte mit dem Herausforderungscharakter, etwas daraus zu machen, und solche, die uns sofort veranlassen, uns zur Ruhe zu setzen und Energien zu tanken und die uns umgebende Schönheit zu genießen.

Ein Beispiel für die pädagogische Relevanz der Platzwahl:

Wir waren mit einer Gruppe Jugendlicher unterwegs, die aus einer sozialpädagogischen Wohngruppe kamen. K., einer der Jugendlichen, hatte die Aufgabe, einen guten Lagerplatz für uns alle zu suchen. Die grobe Gehrichtung war vorgegeben und er hatte eine Karte zur Verfügung. Der 17-Jährige befand sich in einer Krise und war im Alltag häufig abgängig. Er verschmähte seinen Platz und die Bedeutung eines Platzes zum Leben überhaupt, obwohl die dort angebotene Lebensumgebung wunderschön und ansprechend war.

Im Gelände interessierte er sich aber stark für die Verhältnisse: Er beobachtete sehr genau, ob es nass oder trocken, hell oder dunkel, kleinräumig oder großzügig war, und leitete die Gruppe am Fuß eines Gebirges von Taleinschnitt zu Taleinschnitt, mit keinem Platz zufrieden. Schließlich waren wir schon einige Stunden unterwegs und alle waren schon recht erschöpft, auch der genannte Teilnehmer war die physische Belastung nicht gewohnt. Wir befanden uns wieder einmal in einer Art Sackgasse des Geländes, schroffe, nass glänzende schwarze Felsen umgaben uns. Von den Felsen tröpfelte Trinkwasser, es gab genug Holz und auch ebene Flächen, um unserer kleinen Gruppe genügend Raum für das Nachtlager zu bieten. Und schließlich kündigte sich auch schon die Dämmerung an. Doch der Platz war dunkel und hatte eine starke Atmosphäre von Naturgewalt und Macht.

Die meisten wären wohl dennoch gerne geblieben, da die physischen Bedürfnisse schon relativ stark nach Befriedigung riefen. Aber K. bezog Stellung: Der Platz sei ihm zu dunkel und er wolle noch einen letzten Versuch machen und mit uns gemeinsam sehen, ob das benachbarte Tälchen für uns besser geeignet wäre. Es würde sich um einen Marsch von circa einer halben Stunde handeln. Verwunderlicherweise gab es gar keinen Widerstand und wir machten uns noch einmal auf den Weg. Wir wurden mit einem schönen Platz belohnt, der nicht nur K., sondern die ganze Gruppe zufriedenstellte, und verbrachten dort die Nacht. K. brachte in der Reflexion seiner Führungsaufgabe ganz klar zum Ausdruck, dass es ihm nicht egal sei, wo er die Nacht verbringe, und dass er an dem »schwarzgrünen« Ort nicht hätte bleiben wollen.

Wir fanden es interessant, dass er dem Ort überhaupt Bedeutung zumaß, zumal er im Alltag ja in letzter Zeit sehr oft gegenteiliges Verhalten gezeigt hatte. Da er hier den Platz selbst suchen und bewerten musste, war er sehr wohl in der Lage, Kriterien in Bezug auf eine Bleibe zu entwickeln und Entscheidungen zu treffen. Es gab im Verlauf dieser Tage noch mehrmals spannende Beispiele, wie gut K. Plätze als Metaphern für Befindlichkeiten zu nützen verstand.

Beispiel: Ein Bach, der sich einmischt

Ein Seminar, das wir zusammen mit der Märchenerzählerin Jana Raile[49] veranstalteten (Märchen und Geschichten im Rahmen der Erlebnispädagogik), fand ebenfalls im Wald statt. Jana lieferte die Geschichten, Christine L. den pädagogischen Rahmen. Gemeinsam wollten wir die beiden Nächte unter einer Plane verbringen, mussten jedoch so weit als möglich weg vom Bach. Denn das Rauschen barg für Jana so viele Stimmen und so viele Geschichten, dass sie meinte, sie könne hier nicht in Ruhe schlafen und eigene Träume träumen. Der Bach »mische sich zu sehr ein«. Andere Menschen wiederum suchen die Nähe von Gewässern als Schlafplatz und fühlen sich nicht gestört. Wenn Menschen bei den Morgenrunden ihre Stimmungen äußern, kann es eine Interventionsebene sein aufzuzeigen, inwieweit der gewählte Platz die Befindlichkeit auch während des Schlafs beeinflussen kann.

---

[49] Jana Raile: www.wortspektakel.de, aufgerufen am 6.6.2012.

Das Solo

Das Solo oder die Singleerfahrung gehört ebenfalls zum elementaren Arbeiten. Es bedeutet im Wesentlichen, dass die Person mindestens eine Nacht für sich alleine in der Natur verbringt. Sie kann, muss aber nicht, mit Fasten verbunden werden. Es ist auch offen, ob das Solo mit bestimmten Aufgaben verbunden wird, zum Beispiel ein Feuer zu entzünden, einen Platz zu gestalten oder auf bestimmte Wahrnehmungen oder Träume zu achten.

Zentral ist jedoch die Einbettung der Singleerfahrung in einen sozialen Rahmen. Die Aspiranten werden in der Gemeinschaft auf das Solo vorbereitet, verabschiedet und kommen in derselben Gemeinschaft wieder zusammen. Deshalb sollte das Kollektiv, aus dem heraus in ein Solo gegangen wird, schon einigermaßen gefestigt und vertraut sein. Die Leitung hält sich während der Zeit der Abwesenheit der Teilnehmer an einem vereinbarten Ort auf, meist am Gruppenplatz, und trägt so aus einer energetischen Perspektive die Erfahrungen mit.

Der Ort des Solos wird individuell gefunden, es können jedoch Reichweiten, Besuche oder andere Kommunikationsformen vereinbart werden, wenn dies sinnvoll erscheint, um in direktem Kontakt zu bleiben. Das Solo lehnt sich an tradierte Formen von Initiationsriten an und kann entsprechend ritualisiert eingeleitet und nachbearbeitet werden (siehe auch Kapitel »Visionssuche im pädagogischen Kontext«). Die Tiefe der Themen für das Solo legt ohnehin nahe, dieses nicht inflationär einzusetzen und in der Vorbereitung, Gestaltung und Auswertung auf eine Atmosphäre zu achten, die die beteiligten Menschen und ihre Prozesse würdigt.

Das Solo kann in der erlebnispädagogischen Arbeit für folgende Erfahrungsbereiche eingesetzt werden:

- Zur Selbsterfahrung für spezielle Themen und Fragestellungen
- Zielfindung
- Leitbildentwicklung
- In Situationen, die einen Übergang bedeuten

Die Singleerfahrung ist eine elementare Aufgabe, da die Struktur der Erfahrung sehr einfach ist. Es sollte erreicht werden, dass die äußeren Notwendigkeiten und der Konsum auf ein Minimum reduziert werden, damit sich die Teilnehmenden auf einfache Verhaltensweisen und innere Prozesse besinnen können.

Elementearbeit

Elemente sind Grundbausteine des Lebens. So haben das die Menschen vor Jahrtausenden gesehen. Zwar gibt es unterschiedliche Anschauungen darüber, welche Elemente nun die grundlegenden sind, in China etwa gibt es fünf davon: Holz, Feuer, Erde, Metall und Wasser. In der indischen Philosophie sind es ebenfalls fünf: Feuer, Wind, Erde, Wasser und Äther. In westlichen Kulturkreisen kennt man vier Elemente: Feuer, Erde, Wasser und Luft. Chemiker würden uns überhaupt etwas anderes über die Elemente erzählen. Aber im Hintergrund steht die Annahme, dass sich das Leben aus Urstoffen, die nicht unbedingt materiell gesehen werden müssen, zusammensetzt. Alles, was wir angreifen und empfinden können, alles, was wir fühlen, denken, träumen und uns vorstellen können, alles, was wir intuieren oder auf eine andere Weise erfassen, könnte eine Zusammensetzung aus Grundstoffen oder einem Grundstoff sein. Der Begriff Element ist nur ein Hilfskonstrukt.

Aber die Elemente (wir wollen bei den uns vertrauten vier bleiben) können wunderbar als Metaphern dienen: Der Vergleich einer materiellen Erscheinungsform wie das Feuer mit psychischen, mentalen und spirituellen Aspekten ist nichts Neues, mindestens seit Entstehung der Schrift vor circa 3100 v. Chr. in Mesopotamien machten sich die Menschen darüber Gedanken, höchstwahrscheinlich schon viel früher, aus der Vorgeschichte gibt es nur keine Zeugnisse darüber.

Nichts wurde von unseren Ahnen als Zufall betrachtet und die Elemente wurden in den Äußerungen der Natur, den Planeten und in allem, was den Menschen ausmachte und ihn umgab, gesehen. So entstand auch die Astrologie, die nichts anderes ist als eine sehr komplexe Elementenlehre. Auch indigene Traditionen nützen die Elemente – oft als Himmelsrichtungen – als Metapher für im Leben wahrnehmbare Qualitäten.

Feuer ist demnach nicht nur Feuer, sondern auch die feurige Energie: kraftvoll, ursprünglich, hat etwas zu tun mit Ideen und Pioniergeist, mit der Energie und dem Zauber des Anfangs. Hier entsteht in uns das Bild des Universums als Feuerball zu Beginn. Es wird verbunden mit Tatendrang, mit den Energien Wut, Zorn, Gewalt und mit Transformation: mit totaler Veränderung von einem Zustand in den anderen. Feurig können auch Menschen sein: Sie sind dann hitzig, schnell entflammbar, begeistert, temperamentvoll, zornig, können sich gut durchsetzen, können gut motivieren und mitreißen, sie können aber auch konfrontieren und sind beweglich und flexibel, sie haben starken Führungs- und Machtwillen.

Wir brauchen eigentlich gar nicht in die Antike oder gar vorantike Zeit zurückzugehen, denn auch das Erleben und Verhalten des modernen Menschen kann mit den vier Elementen gut in einen Zusammenhang gebracht werden. Der Trainer Fritz Hendrich beschreibt in seinem Buch »Die vier Energien des Führens« das Thema Führen mit der Kraft der Elemente und interpretiert damit das Thema neu.[50]

Auch der Ansatz der metaphorischen Erlebnispädagogik bezieht die vier Elemente ein, indem sie als Vergleiche eingesetzt werden. Zur systemischen Erlebnispädagogik passt es jedenfalls auch sehr gut, sich mit diesem alten Thema auseinanderzusetzen und es weiterzuentwickeln. Unter Elementearbeit verstehen wir also, dass die Energie, in der sich Verhalten ausdrückt, mithilfe der Elemente gut beschrieben werden kann und dass auf dieser Basis konkrete Aufgabenstellungen zu den Elementen gestellt werden können.

Ein Beispiel aus der Gruppendynamik

Wer mit Gruppen arbeitet, kennt das: Gruppen haben unterschiedliche Aktivitätsniveaus und zeigen, wie Einzelpersonen, spezifisches Verhalten. Es gibt Gruppen, die sehr leicht zu motivieren sind und aktiv mit viel Energie und Freude an Aufgabenstellungen herangehen. In solchen Gruppen wird oft auch viel gesprochen, es werden Späße gemacht, es ist laut, es gibt viel Bewegung, auch körperliche, manchmal wird auch ziemlich vorgeprescht, Kleinigkeiten werden gerne übersehen, Aktivität und Tun sind die Hauptsachen. In solchen Gruppen kann es auch rasch zu Konflikten kommen und manchmal werden Entscheidungen vorschnell getroffen, da der Tatendrang so groß ist, dass genaue Überlegungen in den Hintergrund gestellt werden.

Dies ist die grobe Beschreibung einer »feurigen Gruppe«.

Die feurige Energie ist sehr dafür geeignet, um zu starten und Dinge anzugehen, und sie verhindert Langeweile oder Stillstand. Sie kann jedoch den Nachteil bringen, dass Aufgabenstellungen nicht konsequent verfolgt werden, dass sich die Gruppe verzettelt, verirrt, an sich gute Lösungen aus Ungeduld verwirft oder dass allgemein ein etwas rüder Umgang herrscht. Hier könnte man mit Aufgabenstellungen entgegenwirken, die die Beständigkeit, das Element Erde, fördern (Hirtenofenbau, Brotbacken, längere Distanzen beim Gehen oder Kanufahren etc.) oder die es notwendig machen, sich wirklich gut in die anderen einzufühlen (das Element Wasser). Dann würde man Kooperationsaufgaben, die viel gegenseitige Hilfe und Rücksichtnahme erfordern, einsetzen.

Gruppen, die wenig feurige Energie haben, sind schwer zu motivieren, brauchen sehr lange für alles beziehungsweise sind im Extremfall gar nicht

[50] Fritz Hendrich: Die vier Energien der Führung. Menschenführung mit der Kraft der Elemente, Wien 1999.

in der Lage, von sich aus etwas zu tun, sondern brauchen einen Anstoß von außen. Hier hat sich so manches Mal schon die Aufgabenstellung bewährt, eine riesengroße Feuerskulptur zu bauen: Die Starterenergie wird dann durch das Element selbst vermittelt.

Elementares Arbeiten ist dadurch mehr als die Tätigkeit, ein Feuer zu entzünden, einen Fluss zu bewandern, auf der Erde zu ruhen oder den Winden ausgesetzt zu sein: Die Elemente bekommen eine zusätzliche Dimension. Es gibt bisher keine wissenschaftlichen Untersuchungen oder Belege zu dieser Art von Arbeit. Wir sind aber der Meinung, dass gerade die Verbindung des Arbeitens mit den konkret spürbaren Elementen einerseits und deren energetischer Entsprechung andererseits ein interessantes Feld für die Erlebnispädagogik ist. Gerade weil noch viele Erfahrungen damit zu sammeln sein werden und weil dieser Arbeitsansatz nicht einer logisch-analytischen Argumentation folgt, sondern einer assoziativen. Es entstehen Geschichten um die Elemente, es ist leichter, in einen analogen Lernmodus zu kommen.

Das Einschätzen von Gruppen oder Einzelpersonen ist in der Hauptsache ein intuitiver Akt und die Elemente sind wie alle Kategoriesysteme Hilfskonstruktionen für die Prozessleitung. »Feurige« Menschen können in diesem Moment feurig sein, im nächsten schon wieder eher »luftig«.

Es ist keinesfalls Anliegen eines systemischen Ansatzes, Menschen oder Gruppen auf etwas festzuschreiben. Alle Kategorien, die wir uns schaffen, sollten im Prozess hilfreich sein, aber keine Allgemeingültigkeit annehmen. Und ob etwas hilfreich war oder ist, zeigt wiederum der Prozess in Form von Aufmerksamkeit, Rückmeldungen, Konzentration, Kooperation und Aktivität.

Elemente-Assoziationen

Feuer

Start- und Verwandlungsenergie, Durchsetzungskraft, Machtstreben, Entflammen, Bewegen, Delegieren, Motivieren, Konfrontieren, Führungskraft, Pioniergeist, Risikobereitschaft, Ungeduld, Großzügigkeit aber auch Sturheit, Zielorientierung, Tatkraft, Dominanz, Aggression, Dynamik, Mut, Schnelligkeit, Übergriffe, Lebendigkeit, Ausstrahlung, Anziehungskraft

Erde

Ausführungsenergie, Struktur, Vernunft, Langsamkeit, Fleiß, praktische Arbeit, Beständigkeit, Systematik, Genauigkeit, Konzentration, Organisation, Sinnlichkeit, Ruhe, Trägheit, Prinzipientreue, Unbeweglichkeit, Sachlichkeit, Verlässlichkeit, Aufmerksamkeit, Geduld, Traditionsbewusstsein, Realismus

Wasser

Einfühlungsenergie, soziale Kompetenz, Beziehungspflege, Sensibilität, Kooperationsbereitschaft, Hilfsbereitschaft, Coaching, Human Development, Suche nach Tiefe, Ausgleich, Kompromiss, Hingabe, Passivität, Empfindsamkeit, durchschauend, verstehend, beeindruckbar, anhänglich, leicht verletzbar, flexibel.

Luft

Kommunikationstalent, visionäres Denken, Ideen und Intuition, Innovation, Beweglichkeit, Kreativität, Vielfalt, Unruhe, Rastlosigkeit, Stress, Sprunghaftigkeit, Ablenkbarkeit, unverlässlich, unkonventionell, Überraschung, Schnelligkeit, Jonglieren mit Möglichkeiten, wenig Widerstand, modern, gutes technisches Verständnis.

Impulse zu den Elementen

Kurz bevor wir dieses Kapitel zu schreiben begannen, kamen wir von einer Reise an den Sinai zurück. Wir hatten mit den Beduinen, die gar nicht auf den Gedanken kommen, sich mit den Elementen auseinanderzusetzen, zusammengelebt und waren mit ihnen gezogen. Zu selbstverständlich und deutlich sind deren Wirkungen, zu naheliegend und unmittelbar spürbar.

Die Wüste ist ja geradezu die landschaftliche Verkörperung der Elemente: die Erde in Gestalt von Sand und Stein, das sengende Himmelsfeuer tagsüber, das bescheidene Holzfeuer am Abend zur Zubereitung der Mahlzeit und die permanent hörbare Luft, die sich als Wind ihre Wege durch ausgetrocknete Flusstäler sucht und dort Tausende Resonanzkörper findet. Auch das Wasser glänzt nicht nur durch Abwesenheit: Durch unser ständiges Bedürfnis danach ist es auf eine Weise präsent, die jeden Tag seine Kostbarkeit erleben lässt.

In Europa leben wir in einer Landschaft, in der diese Reinform der Elemente selten ist, und so erfahren wir deren Unmittelbarkeit anders. Und in unserem Lebensalltag haben wir uns ohnehin weitgehend abgesichert vor Hitze und Kälte, vor zu viel oder zu wenig Helligkeit, vor Mangel und Entbehrung und vielen anderen heftigen Kontrasten. Dafür gibt es virtuelle Welten, die uns ermöglichen, ohne physische Konsequenzen Extremen zu begegnen. Konkrete Bedürfnisse werden so schnell wie möglich befriedigt, sodass all das schnell Erreichbare um uns herum schnell das »Elementare« vergessen lässt.

Sinne und Sinn

Aber gerade die Erfahrung des Elementaren könnte uns etwas zurückbringen, was wir in unserer Lebenswelt so oft vermissen: die unhinterfragte Sinnerfahrung. Es ist eine viel zitierte Weisheit, dass das Erleben von Sinn mit unseren Sinnen zu tun hat. Gerade deshalb lohnt es sich, ein wenig genauer hinzusehen: Wir erleben die Befriedigung von Bedürfnissen als folgerichtig und echt, wenn wir nicht nach einer Rechtfertigung der Befriedigung suchen müssen, weil es auf der Hand liegt, dass genau diese Befriedigung jetzt im Moment »natürlich« ist. Niemand fragt sich, wenn er nach einer heißen Wüstenwanderung am Meeresstrand angekommen ist, ob ein Sprung ins kühle Wasser jetzt folgerichtig, sinnvoll oder gut wäre. Es handelt sich um ein deutlich spürbares Bedürfnis, dessen Befriedigung Gefühle der Stimmigkeit, manchmal vielleicht des Glücks und der Dankbarkeit auslöst. Das ist es, was hier mit *Sinn*erfahrung gemeint ist, die aus der *Sinnes*erfahrung erwächst.

Elementearbeit ist eine Möglichkeit, sich solche Sinneserfahrungen bewusst zu schaffen. Das Ziel kann sein, den Alltag mit Erfahrungen anzureichern, die die Vitalität hervorkitzeln und die helfen, sich selbst näherzukommen, indem die individuellen Bedürfnissen vertrauter werden. Elementearbeit kann Gestaltungskräfte wecken und im besten Fall helfen, sich inniger an das Leben anzubinden.

Wie aber können durch Elemente-Erfahrungen Deutungen mit persönlichem Lerneffekt entstehen? Wie können wir das Feuer, die Erde, das Wasser und die Luft so erleben, dass wir dabei auch in Kontakt kommen mit dem Feuer, der Erde, dem Wasser und der Luft »in uns«? Elementearbeit geschieht, wenn wir etwas, das ursprünglich zusammengehört und getrennt voneinander gar nicht erlebbar ist, wie künstlich extrapolieren, um eine spezifische Qualität spürbar zu machen. Intensives Spüren ist Lebensqualität, da es, wie schon oben beschrieben, die Bedürfnisse und Absichten zur Bedürfnisbefriedigung klar ausrichtet. Indem wir uns in das Reich eines Elements begeben, reduzieren wir die anderen, das heißt, wir begeben uns bewusst in einen »polarisierten Zustand«.

Drei Schritte der Elementearbeit:
Physische Erfahrung, Introspektion, Integration

Elementares Erleben erfolgt in drei Schritten, beginnend mit der physischen Auseinandersetzung. Es geht über die innere Schau (»Was macht die elementare Erfahrung mit mir«) zur Integration des Erlebten und damit zur Gestaltung von neuen Elemente-Erfahrungen:

Feuer

In der Natur ein Feuer für sich ganz alleine machen, vielleicht sogar unter schwierigen Bedingungen, bei Nässe und Kälte, sich mit Ruß bestreichen, über Feuer springen, eine Feuerskulptur bauen, am offenen Feuer kochen, Brot backen, sich bewusst intensiver Sonnenhitze aussetzen, Lichter setzen in lichtloser Umgebung. Feuermachen spielt sich ja zumeist in Haus oder Garten ab und ist leider immer noch sehr mit dem Ruf des Gefährlichen besetzt. Aber das domestizierte Feuer gleicht dem domestizierten Menschen: In Grenzen und Steinkreise eingefasst verliert es einen Teil seiner Ressourcen und seiner Faszination. Lassen wir dem Feuer einen natürlichen Raum, offenbart es einen anderen Charakter.

Wasser

Lassen wir unseren Körper das Wasser in unterschiedlichsten Zuständen spüren wie etwa: einen kalten Bach durchschreiten und die Strömung spüren, sich dem Meerwasser dort aussetzen, wo Wellen in alle Richtungen gehen. Nackt auf Schnee oder Eis liegen. Einen lauen Sommerregen an die Haut oder durchweichte Erde zwischen den Zehen hervorquellen lassen. Die Gewalt eines Wasserfalls auf den Schultern entgegennehmen, den Sprung in einen schwarzen See wagen. Im Hagel stehen, sich mehrere Tage lang nicht waschen (ja!), heißes, kaltes, schwefeliges, rostiges, mooriges und salziges Wasser trinken, wann setzen wir uns diesen Erfahrungen aus?

Erde

Und wie sieht es mit der Erde aus? Haben Sie sich schon einmal in Laub eingegraben und auch den Kopf ganz mit Laub bedeckt? Oder in Lehm (lieber mit Luftloch), in Steine, wann haben Sie sich zum letzten Mal in der Natur völlig in Sand oder Schlamm verpackt? Auf der blanken Walderde ohne Unterlage geschlafen, eine Höhle ohne künstliches Licht betreten oder sich in ein wegloses Gelände begeben, etwas Organisches bewusst genährt, gesät oder gepflegt?

Luft

Intensive Lufterfahrungen sind rar, sie sind auch ein Geschenk der Natur und wir können sie nicht so einfach planen: im Sturm gegen die Luftwand lehnen, Streicheleinheiten eines lauen Lüftchens genießen, Luft hören, riechen, mit der eigenen Atemluft experimentieren. Atmen. Atmen ist ein so großes Thema, dass alles zu wenig wäre, was hier darüber geschrieben werden könnte. Atmen ist eine der tiefsten Urerfahrungen, unser Leben beginnt mit dem ersten Atemzug und endet mit dem letzten. Emotionale Zustände drücken sich in unserer Atmung überaus deutlich, auch für andere wahrnehmbar aus. Über den Atem können wir Emotionen unmittelbar beeinflussen.

Introspektion

Was elementare Erfahrungen in uns bewirken, können wir uns schon während des Erlebnisses – oder danach – in Form einer differenzierten Innenschau bewusst machen:

Fasziniert oder ängstigt mich das Element? Welche Gefühle löst die Erfahrung aus und welche Bedürfnisse stecken dahinter? Was passiert in und mit mir, wenn das Element abwesend ist? Aktiviert oder entspannt mich das Element? Gibt es innere Entsprechungen zu einem Element, ist eines der Elemente »in mir« besonders ausgeprägt, wie stelle ich Verwandtschaften zwischen mir und dem Element überhaupt fest, ohne auf herkömmliche Deutungen zurückzugreifen? Wie kann ich einen guten Ausgleich meiner inneren Repräsentanzen durch Elementearbeit schaffen? Wirken die Elemente komplementär? Kann ich ein zu viel an Feuer durch mehr elementare Wassererfahrungen ausgleichen? Oder eine starke Luftdominanz durch erdende Übungen? Welche Informationen gibt mir mein Körper während der elementaren Erfahrung?

Integration

All die Emotionen, die wir mithilfe der Elemente durchleben, können uns zeigen, wie wir zu mehr Ausgewogenheit der elementaren Repräsentation in uns beitragen können. Dazu braucht es eine Art persönliche »Elementenrezeptur«, die sich aus ernsthafter Introspektion entwickeln kann. Wir können dann selbst annähernd dosieren, welches Element und damit welche Bedürfnisse und emotionalen Zustände unsere Zuwendung brauchen und welche vielleicht im Moment überrepräsentiert und damit hinderlich sind. Ziel ist auch eine möglichst flexible, praktikable und lustvolle Palette der Möglichkeiten, innere Zustände durch elementare Übungen beeinflussen zu können.

Elementearbeit für andere

Wer Elemente-Erfahrungen für andere aufbereiten und begleiten möchte, sollte über gewachsene Erfahrung in der Begleitung von Menschen und eine entsprechende Ausbildung verfügen. Naturerfahrungen dieser Art können intensive Prozesse auslösen, die ein Gefäß brauchen, in dem sie aufgefangen werden.

Elementefühlen und Selbstwirksamkeit

Elementearbeit, wie sie hier beschrieben ist, hat nichts zu tun mit Elementearbeit, wie sie aus verschiedenen Traditionen bekannt ist. Es handelt sich vielmehr um einen Ansatz, der bewusst versucht, ohne kulturelle, religiöse oder spirituelle Deutungen auszukommen. Die Elemente selbst werden als Qualitäten verstanden, die in der Natur repräsentiert sind und die helfen können, Erfahrungsprozesse in Gang zu setzen. Der Vorteil dieses Zugangs liegt vor allem darin, dass der Aspekt der Selbstwirksamkeit hohe Bedeutung erlangt. Eigenverantwortung und Kreativität bekommen dadurch großen Stellenwert und die Interpretationen der elementaren Qualitäten sind nicht vorgegeben, sondern entfalten sich in der individuellen Auseinandersetzung. So kann dieser sinnesorientierte Zugang zu einem Schlüssel für mehr Vielfalt, Farbe und Erleben werden.

Elementar zu arbeiten, zu denken und zu experimentieren ist also eine Einladung für Menschen, die offen sind, auch einmal etwas über Bord zu werfen, um das Boot neu beladen zu können. Im Bewusstsein, dass dieses Kapitel nur eine kleine, sehr verkürzte Anregung sein kann, wünschen wir unseren Leserinnen viele sinnliche, elementare Erfahrungen.

Systemisch führen
im Kontext der Erlebnispädagogik

Dieses Kapitel geht dem Thema Führen und Leiten aus systemischer Sicht nach. Es vergleicht klassisches und systemisches Führungsverständnis und gibt darüber hinaus einen Einblick in ein handlungsorientiertes Trainingssetting von Natur als Partnerin zu diesem Thema.

In der systemischen Erlebnispädagogik werden die Medien Kanadier und Seekajak erprobterweise zum Trainieren erlebnispädagogischer Führungskompetenz eingesetzt. Prozessbeispiele im vorliegenden Kapitel sollen den theoretischen Zugang zum Thema besser verständlich machen.

»Im selben Boot sitzen« – abgegriffene Metapher oder eine Herausforderung, neu hinzusehen?

Wir befassen uns zunächst mit dem Kanadier als Mittel in der Prozessbegleitung:

Eine kleine Tandem-Kanadierflotte bewegt sich flussabwärts. Ein Bild, das bei uns in Mitteleuropa in den letzten Jahren vertrauter geworden ist, aber durchaus noch Neugierde weckt.

Der Kanadier, ein offenes Kanu, das mit Stechpaddeln bewegt und gesteuert wird, ist ein Fortbewegungsmittel, das in Europa keine lange Tradition hat. Es ist vielmehr in Nordamerika beheimatet und kam als Trendsportart vor einigen Jahrzehnten zu uns. Hierzulande verwendete man zur Fortbewegung auf fließendem Gewässer eher das Holzfloß, auf dem Salz und andere Güter transportiert wurden. Die je nach Region unterschiedlich gebauten Holzboote hießen unter anderem »Zillen« oder »Pletten« und wurden mit Ruder oder Stangen bewegt.

Wir wagen also zu behaupten, dass es in Mitteleuropa keine gewachsene Stechpaddeltradition gibt und dass die Erlebnispädagogik der letzten Jahrzehnte einen Beitrag dazu geleistet hat, dass das Medium »Kanadier« hierzulande überhaupt bekannt und dann noch so beliebt geworden ist.

Der Kanadier als Medium zum Trainieren der Führungskompetenz

In der systemischen Erlebnispädagogik wird der Kanadier unter anderem für Trainingssettings zum Thema »Führen und Leiten« verwendet. Meistens wird dabei der Tandemkanadier eingesetzt, ein Boot für zwei Personen, es können aber auch Mehrpersonenkanadier dafür infrage kommen. Interessant ist das Medium Kanadier vor allem in zweierlei Hinsicht:

Das Boot wird einerseits vom Fluss geführt, andererseits führt im Boot eine Person, nämlich die, die im Heck sitzt. Die zweite Person oder im Fall des Mehrpersonenkanadiers die anderen Mitfahrenden haben andere Aufgaben: Sie müssen das Boot in Fahrt halten, sodass die Steuerung auch gelingen kann. Denn nur wenn der Kanadier schneller fließt als das Wasser, kann er auch gesteuert werden. Sonst steuert der Fluss.

Wir beobachten des Öfteren, dass beim Passieren größerer Schwälle die Personen im Bug aufhören zu paddeln, manchmal sogar die Arme hochreißen und damit ihren Part, den Kanadier in Fahrt zu halten, aufgeben. Die Folgen kann man sich ausmalen.

Das Führen eines Kanadiers ist also einerseits eine paddeltechnische Angelegenheit, hier geht es um Ressourcen der Fertigkeit, andererseits ist es eine kommunikative und kooperative Herausforderung. Der Steuermann trägt die Verantwortung, so mit den Paddlern zu kommunizieren, dass sie in Bezug auf Tempo und Rhythmus das tun, was sie für die optimale Steuerung hinten brauchen. So liegt die Verantwortung letztlich bei beiden Personen. Aus dieser Dynamik ergibt sich die Eignung des Mediums Kanadier als Übungssetting für das Thema Führen und Leiten. Interessant für die Prozessführung sind vor allem drei wesentliche Merkmale:

- Der Fluss (Hindernisse, Gefahrenquellen usw.)
- Das Boot (Kooperation und das Thema Führung)
- Die Gruppe (das Schauen auf andere)

- Die vordere Position (Bugpaddler): sorgt für die Geschwindigkeit
- Die hintere Position (Heckpaddler): ist mit der Fahrtausrichtung beschäftigt
- Die Steuerung selbst: erfolgt durch das Zusammenspiel beider Positionen und Aufgaben

Flusslesen, Paddelrhythmus, Tempo und Technik sind Kernelemente in dieser Dynamik, aus dieser Erkenntnis ergibt sich eine Eignung dieses Mediums als Analogie für das Thema Führen und Leiten. Wodurch wird diese Komplexität sichtbar? Einige Aspekte möchten wir hier anführen:

- Vorausschauendes Denken und Handeln
- Sicherheitsaspekte integrieren und umsetzen
- Die eigene Position im Boot
- Die Position des Partners im Boot
- Die Kooperation
- Andere Boote im Fluss

Das Thema kann aus beiden Perspektiven erfahrbar gemacht werden: aus der Perspektive des Geführten und aus der Perspektive des Führenden, oder aus der Kombination aus beiden Aspekten.

Arbeiten an der individuellen Führungskompetenz

Die Teilnehmer eines erlebnispädagogischen Führungsseminars zum Thema »Führen und Leiten« arbeiten also an ihrer individuellen Führungskompetenz, indem sie sich auf ein Setting einlassen, das auch Unbekanntes birgt, weil das Medium für die Teilnehmer ja meist neu ist. Falls dies nicht so ist, unterscheidet es sich aber auf jeden Fall von alltäglichen Führungssituationen im jeweiligen Berufsfeld: Der Kanadier ist also ein »klassisches erlebnispädagogisches« Mittel, das den Reiz der Erlebniserfahrung zu Hilfe nimmt, um an Erfahrungen zu arbeiten, die später alltagstauglich werden sollten.

Feedback als »Geburtshilfe« für eine andere Sicht auf sich selbst

Durch die konstruktiv-kritischen Rückmeldungen an die jeweils Führenden durch Ausbildner und Kollegen im geschützten Rahmen einer Ausbildungsgruppe soll die Einschätzung der individuellen Führungswirkung ein wenig aufgerüttelt werden, um zur Weiterentwicklung anzuregen.

Zwei Teilnehmer haben in einem solchen Setting jeweils die Tagesführung inne. Ihre Aufgabe ist es nicht nur, die Gruppe sicher von einem Ort zum anderen zu führen, sondern ihre Führungssequenz auch mit Methoden aus der systemischen Erlebnispädagogik anzureichern, die während der Ausbildung vermittelt werden.

Das heißt, sie sollen aus dem gesamten Pool der handlungsorientierten Methoden schöpfen, sich technisch und logistisch bewähren, Entscheidungen für den Prozessverlauf treffen und gleichzeitig auf ihre Sprachführung achten. Eine komplexe Aufgabe, noch dazu in einer Gruppe »Gleichrangiger«, sozusagen im Übungssetting. Und darüber hinaus haben sie vielleicht auch noch die Führung im jeweiligen Kanadier inne, eine selbst zu wählende Situation.

Wenn wir also die Aufgabe »Im selben Boot sitzen« aus dieser Sicht betrachten, füllt sich diese Metapher nicht nur mit neuem Sinn, sie wird zur hochaktuellen Herausforderung und zur Quelle von vielfältigen Lernerfahrungen.

Führen und Leiten – klassisch

Die klassisch-hierarchische Auffassung von Führen lässt sich in Form einer Pyramide darstellen und zeigt zuoberst die Ebene der Macht und zuunterst die

Ebene des Befehlsempfangs. Je weiter unten sich jemand in diesem System befindet, desto leichter ist er ersetzbar. Es werden keine besonderen Qualifikationen benötigt, um in der untersten Ebene tätig zu sein, lediglich das Akzeptieren der Tatsache, dass die Befehle von oben nach unten laufen und nicht umgekehrt. Auch die Abläufe in den mittleren Ebenen der Pyramide sind genau geregelt.

Etwas überspitzt könnte man sagen, dass dieses System Sicherheit bietet. Die Menschen, die daran beteiligt sind, wissen in der Regel genau, in welchem Rahmen sie Entscheidungen treffen und in welchen Bereichen sie sich auf andere verlassen können.

Das Bedürfnis nach Durchsetzung individueller Vorstellungen oder das Einbringen persönlicher Ressourcen ist nur unter Einhaltung der festen Rahmenbedingungen des Systems oder gar nicht möglich. Das Fehlen dieses Vorteils wird mit dem Versprechen von Sicherheit und Stabilität aufgewogen. Verantwortung kann abgegeben werden, allerdings nur in einer Richtung: nach oben. Materielle und imagebezogene Ungleichheiten werden mit dem Argument der vermehrten Verantwortung der höheren Ebenen gerechtfertigt. Wenn eine Aufgabe mangelhaft ausgeführt wurde, wird in diesem System neben dem Mitarbeiter, der den Fehler verursacht hat, oft auch der Vorgesetzte belangt, in dessen Zuständigkeit dieser Arbeitsgang liegt.

So sind schon Minister ihrer Positionen enthoben worden, weil Beamte in ihrem Dienst nicht nach Vorschrift gehandelt haben. Und Mitglieder der unteren Ebene der Pyramide wehren sich gegen Vorwürfe mit dem Argument, sie hätten ja nur Befehle ausgeführt. Es stimmt bedenklich, dass diese Vorgänge nicht nur in der Vergangenheit stattfanden, sondern auch heute hochaktuell sind.

Dem hierarchischen Führungsmodell können noch verschiedene Kriterien hinzugefügt werden:

Es ist strukturell organisiert, das heißt, man nimmt an, dass Prozessabläufe umso reibungsloser werden, je klarer und detaillierter sie festgelegt sind, je feiner die Struktur ist. Als Beispiel kann hier der bürokratische Apparat eines Staats dienen: Eine dezentralisierte Organisationsform kann über die pyramidale Form der Machtverteilung nur hinwegtäuschen, sie ist aber dennoch vorhanden. Aus dieser klassischen Perspektive werden ein Mensch, eine Gruppe oder ein Unternehmen geführt, indem sie gesteuert werden, selbst wenn sie zuvor mitbestimmt oder gewählt haben, wer in den oberen Etagen führt.

»Schon hier erkennen wir, wie leicht eine normale Entwicklungssequenz von zunehmender Ganzheit zu einem System der Unterdrückung und Knebelung degeneriert.«[51]

---

[51] Ken Wilber: Eros-Kosmos-Logos. Vision an der Schwelle zum nächsten Jahrtausend, Frankfurt 1996.

Jedoch: »Hierarchie ist Ausdruck geordneter Zusammengehörigkeit in einem übergeordneten Ganzen. Sie ist untrennbar mit Macht verbunden, doch ist Machtausübung nicht ihr Zweck – wohl aber sehr oft ihr Problem. Hierarchie abzuschaffen ist eine fruchtlose Illusion, und sie zu leugnen, löst das Problem mit der Macht auch nicht, tauscht es nur aus gegen das Thema Anarchie.«[52]

Philosophischer Hintergrund

Der Dualismus ist jene philosophische Grundannahme, die hinter hierarchischen Denkmodellen steckt. Im Gegensatz zu monistischen Lehren, die die Ganzheit und Zusammengehörigkeit der Erscheinungen sehen, oder pluralistischen Ansätzen, die die Vielfalt der Erscheinungen in den Mittelpunkt rücken, sieht der Dualismus die Welt durch genau zwei voneinander unabhängige Prinzipien bestimmt. In manchen dualistischen Lehren ergänzen sich diese zwei Prinzipien, wie zum Beispiel in der Vorstellung von Yin und Yang. Der Dualismus, der unsere westliche Vorstellungswelt bestimmt, zieht sich durch unsere gesamte Philosophiegeschichte und meint, dass sich die Urprinzipien nicht ergänzen, sondern sich antagonistisch gegenüberstehen.

Platon führte seinen Dualismus auf die Vorstellung zurück, dass es zwei voneinander getrennte Seinsbereiche gibt: die Welt der Ideen (= die Welt des vollkommenen Seins) und die Welt der sinnlich wahrnehmbaren Dinge. Daraus ergibt sich eine Hierarchie, da die vollgültige Erkenntnis nur die Schau der Ideen sein kann und nicht das, was wir mit unseren Sinnen wahrnehmen.

Viel später, in der beginnenden Zeit der Aufklärung im 17. Jahrhundert unserer Zeitrechnung, setzte auch Descartes voraus, dass die physischen Dinge und die geistigen Dinge getrennt voneinander sind, und nahm eine noch strengere Sichtweise ein: Alles, was eine physische Ausdehnung besitzt, bezeichnete er als »res extensa«, dem gegenüber steht die belebende geistige Substanz, die »res cogitans«, die ohne Ausdehnung ist. Diese res cogitans wird der ansonsten völlig mechanistischen materiellen Welt allein von Gott eingehaucht und besteht aus mathematischen Ideen.

Er vermutete, dass die göttliche Wechselwirkung der res cogitans mit der res extensa in der Zirbeldrüse des Menschen vor sich geht. Alles in der Natur läuft nach Descartes völlig mechanistisch ab. Das Universum ist eine einzige große Maschine, die von Gott bewegt wird. Der Mensch ist das einzige Lebewesen, das die gottähnliche Eigenschaft besitzt, die Ordnung der Welt zu erfassen, und darum auch Absichten entwickeln und Entscheidungen tref-

---

[52] Hendrich, a.a.O., S. 81.

fen kann. Bei Descartes enthält die Natur keine eigenen Lebensprinzipien und Ziele, alles kommt von Gott. Die mathematischen Ordnungen werden beschrieben durch die Geometrie als Wissenschaft der ruhenden Körper und durch die Physik als Wissenschaft der sich im mathematischen Raum bewegenden Körper. Gott hatte diese große Maschine »Universum« in Bewegung gesetzt und hält seit der Schöpfung die gesamte Bewegungsmenge konstant. Es gibt darin keine Seele, keine Freiheit und keine Entwicklung.

Diese Auffassung stand auch im Gegensatz zur christlichen Vorstellung, in der Gott beseelte Wesen geschaffen hatte, obwohl Descartes einer streng scholastischen Jesuitenschule entstammte. In der scholastisch-aristotelischen Tradition stellte man sich die Welt als durch und durch belebt vor, alle Lebewesen haben ihre eigenen Lebensprinzipien und Ziele, und Entwicklung ist möglich.

Descartes mechanistische Philosophie bildet noch heute die Grundlage für wissenschaftliches Denken. Natürlich wird seine Gottesidee von modernen Naturwissenschaftlern nicht mehr ernst genommen, aber die Vorstellung von ewigen Naturgesetzen, die den Lauf der Welt bestimmen, geht auf diese Anschauung zurück. Noch immer besteht die Vorstellung vom »Geist in der Maschine« oder anders ausgedrückt: Körper und Geist sind unterschiedliche Dinge oder Substanzen (= Dualismus) Diese Vorstellung ist die wichtigste Voraussetzung für die Annahme, dass es höherwertige und niedrigerwertige Komponenten des Lebens gibt, und damit die Grundlage für Hierarchie, Polarität und Ausgrenzung.

Vielen von uns ist die Vorstellung der Dualität von Körper und Geist so vertraut, dass es schwerfällt, sie loszulassen und sich eine andere Vorstellung zu machen. Das Denken in Gegensatzpaaren findet man ja schon in der antiken Begriffsbildung und es beeinflusste unsere westliche Denkweise so stark – oder vielmehr: Es wurde von politischen Machtinhabern zur Beeinflussung herbeigezogen –, dass uns eine andere Denkweise als »unlogisch« erscheint. Die Dichotomie »Tag und Nacht« steht in der Antike zum Beispiel für »das Ganze des Zeitablaufs«, »Wasser und Land« steht für die gesamte Erde[53]. Ein Dazwischen gibt es nicht, es gibt nur das Entweder – Oder.

Um zu erkennen, dass die Menschen nicht schon immer eine dualistische Auffassung der Welt hatten, muss man in der Geistesgeschichte noch weiter zurückgehen, beinahe ins Neolithikum, in die Jungsteinzeit. Zu dieser Zeit gab es auch sogenannte »Trichotomien« wie »Geburt – Leben – Tod« oder den Kreislauf von »Säen – Reifen – Vergehen« oder »junge Frau – gebärende Frau – alte Frau«.

[53] Marit Rullman / Werner Schlegel: Frauen denken anders. Philo-Sophias 1x1, Frankfurt 2000.

Wenn diese dritte Größe fehlt, also der vermittelnde Aspekt, werden aus Dualismen sofort Polaritäten, die moralisch bewertet werden können: »Himmel – Erde«, »oben – unten« und »gut – böse«. Damit wird Herrschen gerechtfertigt.

Aus vorpatriarchalen Kulturen, besonders aus der Zeit zwischen circa 7000 bis 1500 v. Chr., gibt es zahlreiche archäologische Belege (zum Beispiel Catal Hüyük und Hacilar, heutige Türkei) für die tiefverwurzelte Vorstellung der Menschen, dass das Leben ein Kreislauf ist. Die dualistische Auffassung, dass Körper und Geist unterschiedliche Substanzen sind, war damals nicht bekannt. Auch nicht die hierarchische Auffassung von Organisation in der Gesellschaft.

Es wurde schon angedeutet, weshalb diese Zusammenhänge wichtig für unsere Vorstellung von Führen sind: Das Denken in Polaritäten verführt zur Einordnung in Klassen und Stufen und zur Entstehung von Moral (gut – böse), die wiederum das Herrschen rechtfertigt.

Obwohl also diese dualistische Auffassung noch immer die Wissenschaft und auch unser Alltagsdenken dominiert, gibt es dennoch ein »Forschungswissen«, das den Dualismus aus den Angeln hebt:

Zum Beispiel konnte die Quantenphysik noch immer keine »Masse« an den kleinsten Materieteilchen, den Elektronen, entdecken und damit begründen, dass Materie »materiell« ist. Und: Unter der Annahme, dass die gesamte Formenentwicklung und auch die Entwicklung der sogenannten Naturgesetze durch morphogenetische Felder gestaltet werden, stellt Sheldrake fest: »Die (…) Schlussfolgerung lautet, dass Materieteilchen Energiequanten in Feldern sind, die wiederum Zustände des Raumes darstellen. Dies ist in unserer Zeit die Grundlage für das Verständnis der materiellen Wirklichkeit.«[54]

Wenn wir also schon solche Schwierigkeiten haben, die Materie an der Materie zu bestimmen, wie mag es uns dann erst mit dem Geist ergehen?

Die deutsche Philosophin Annegret Stopzyk-Pfundstein schreibt davon, dass wir erkennen müssen, dass wir eine »eigenartige Mischung« seien und dass die dualistische Vorstellung nicht mehr länger aufrechterhalten werden könne.[55]

Ein Pluralismus, der Vielfalt und Veränderung zulässt, kann nicht gut die Grundlage für ein auf Herrschen ausgerichtetes Gesellschaftssystem sein. Scheinbar ist aber die Natur pluralistisch organisiert.

Sheldrake spricht zwar auch von Hierarchien, wenn es um die Beschreibung von Organisationsprinzipien in der Natur geht, aber von »nestartigen

---

[54] Sheldrake: Das Gedächtnis der Natur, a. a. O., S. 156.
[55] Annegret Stopzyk-Pfundstein: Sophias Leib. Der Körper als Quelle der Weisheit, Heidelberg 2002.

Hierarchien«.[56] Und vor allem: Er nimmt der Vorstellung, dass Naturgesetze etwas Ewiges, seit der Schöpfung Unveränderliches sind, ihre Grundlage.

Vielmehr könne man sich eine Vorstellung von kreisförmigen Hierarchien in der Natur machen. Der kleinste Kreis könnte etwa ein subatomares Partikel in einem Atom sein, der nächstgrößere Kreis wäre das Atom, dann das Molekül, dann der Kristall.

So ist – einfach ausgedrückt – das Kleinste nicht das Unterste, sondern eher das Schützenswerteste, weil es die Grundlage oder Notwendigkeit für das Größere ist. Vor allem kann man nie wissen, was nun das Kleinste ist, da dieses Wissen nicht objektiv ist, sondern lediglich unseren Wissenstand wiedergibt. Eine solche Vorstellung von Organisation führt zu einer völlig anderen Sicht von Führung. Die Pyramide hätte somit ausgedient im Sinne einer kreisförmigen Vorstellung von Organisation.

Was kann das im Lichte von Gruppendynamik und Führung bedeuten?

Systemisches Führen

Wir beginnen mit einigen Definitionen und zum Teil provokativen Aussagen:

>»Führung ist die Fähigkeit, ein Umfeld zu schaffen und permanent anzupassen, in dem sich die Potenziale der am System Beteiligten entfalten und sie lernen, Verantwortung zu übernehmen und zielorientiert zu handeln.«[57]

>»Führung ist ein Bündel an zeit- und umweltbezogenen Interaktionen zwischen dem, was die führende Person will und kann, und dem, was die daran beteiligten Personen und deren Umfeld wollen und können. Beim Wollen handelt es sich um Ziele und Aufträge, beim Können um Ressourcen.«[58]

Systemische Führungskompetenzen sind:
- die praktische und personelle Fähigkeit, sich auf Ziele zu orientieren,
- das Erkennen und Mitsteuern von Spielregeln, Mustern und Ressourcen einer Person oder Gruppe,
- die reflektierte Auseinandersetzung mit sich selbst, den eigenen Prägungen, Werten und Grundannahmen.

»Traditionelles hierarchisches Führungsverständnis und erfolgreiches (...)

[56] Rupert Sheldrake: Das morphische Feld sozialer Systeme: In: Gunthard Weber (Hg.): Derselbe Wind lässt viele Drachen steigen. Systemische Lösungen im Einklang, Heidelberg 2001, S. 29–42, hier S. 30.

[57] Hendrich, a.a.O., S. 64

[58] Definitionsvorschlag von C. Lindenthaler.

Management schließen einander aus. Das Organisationsbild des erfolgreichen Wissensunternehmens ist nicht mehr die klassische Führungspyramide, sondern der Schwarm aus Fischen oder Vögeln im unsichtbaren Netzwerk des frei für alle zugänglichen Wissens. Über ein Netzwerk zu kommunizieren ist unvereinbar mit starrer Hierarchie.«[59]

Führung aus systemischer Sicht nimmt – im Unterschied zu einer defizitorientierten Interpretation – einen ressourcenorientierten Blick als Grundlage. Systemisch führen heißt aber nicht, dass man ganz auf hierarchisches Denken und Handeln verzichten kann. Oft sind Hierarchien notwendig, in erster Linie natürlich dann, wenn es um unterschiedliche Verantwortungsniveaus geht. So wird auch direktives Führungsverhalten als Teil einer systemischen Führungslinie legitimiert. Am leichtesten akzeptiert wird dieses, wenn die Transparenz der Absichten und Anweisungen sehr hoch ist.

Führungsstile und -modelle

Führungsmodelle können Orientierung geben, in welchen Situationen welche Art von Interventionen angemessen sein könnte. Der Führungsstil hingegen ist stark an die Persönlichkeit der Leitungsperson gekoppelt.

So liegt nahe, dass Führungsmodelle Hilfen oder Leitlinien für die Führung abgeben können, am persönlichen Führungsstil muss gearbeitet werden. Das Einlassen auf immer neue Führungssituationen und das bewusste Einbeziehen von Rückmeldungen betreffend die Wirkung der eigenen Person sind hier wertvolle Entwicklungshilfen zur konstruktiven und gewollten Störung des Selbstbildes.

Führungskultur

Paula Lotmar und Edmond Tondeur, Schweizer Organisationsberater und Autoren des Standardwerks »Führen in sozialen Organisationen«, legen nahe, von »Führungskultur« zu sprechen, und unterscheiden drei Arten, in Beziehung zu sein beziehungsweise zu führen:

- die direktive Art,
- die kooperative Art,
- die integrative Art.

Um die Qualität einer Leitungsintervention in der Praxis besser einschätzen zu können, bieten sie vier Kriterien an, die dies erleichtern:

[59] Hendrich, a. a. O., S. 134.

- das Kriterium der Zielgerichtetheit (1),
- das Kriterium der Eingriffsdichte (2),
- das Kriterium der Unterstützungspalette (3),
- das Kriterium der Nähe-Distanz-Dosierung (4).

»Die direkte Führungskultur legt das Hauptgewicht auf 1 und 2, die koope-rative auf 3 und 4, während integratives Führen das Gleichmaß der vier Kri-terien anstrebt.«[60]

Lotmar und Tondeur geben aber nicht nur Kriterien zur Differenzierung der Führungskultur vor, sondern sehen generell drei Hauptbereiche des Führens:
- Aufgaben gliedern, Arbeitsabläufe organisieren,
- Ziele ermitteln und Ziele integrieren,
- Teamarbeit fördern, die Organisation (Gruppe) entwickeln.[61]

Schließlich verdeutlichen die Autoren ihre Auffassung von prozesshaftem Führen durch sechs Aspekte des Führens in einer leistungsgerichteten Or-ganisation:
- Menschen (Fähigkeiten),
- Werte, Leitbilder (Ziele),
- Ressourcen (Wirtschaftlichkeit),
- Dienstleitung, Produkt (Angebot),
- Strukturen (Organisation),
- Beziehungen (Kommunikation).

Im Gewebe dieser Aspekte heißt Führen: »In vernetzten Bezügen bewusst handeln«.[62] Hier wird deutlich, inwieweit diese Differenzierungen den Füh-rungsstilen der klassischen Auffassung überlegen sind: Die alten Kriterien auto-ritativ, demokratisch und laissez faire, die der klassischen Auffassung entspre-chen, unterliegen viel stärker dem Dilemma, dass sie als Eigenschaften[63] einer Person gesehen werden und darüber hinaus keine weitere Differenzierung vor-sehen. Den Laissez-faire-Stil kann es übrigens aus systemischer Sicht gar nicht

---

[60] Edmond Tondeur: Nachwort eines Quereinsteigers. In: Kreszmeier / Hufenus, a.a.O., S. 189.

[61] Paula Lotmar / Edmond Tondeur: Führen in sozialen Organisationen. Ein Buch zum Nachdenken und Handeln, Bern 1999, S. 27f.

[62] Lotmar / Tondeur, a.a.O., S. 32.

[63] Aus systemischer Sicht wird der starre Eigenschaftsbegriff durch die Begriffe »ope-rational geschlossen« und »energetisch offen« ersetzt und das Individuum nicht als Bündel an Eigenschaften, sondern eher als »Zustand« angesehen.

geben, denn jedes Handeln, also auch das Erziehen, ist bestimmt von den subjektiven Wahrnehmungen und Bewertungen des Handelnden. Auch ein laissez faire handelnder Pädagoge kann nicht *nicht* bewerten und nicht *nicht* handeln. Die Annahme, Adressaten von Pädagogik völlig unbeeinflusst vom Denken und Handeln der Pädagogen heranwachsen zu lassen, wird von der systemischen Annahme ausgehebelt, dass es kein wertfreies Handeln geben kann.

Der deutsche Psychiater und Organisationsberater Fritz B. Simon formuliert es so: »Wer handelt, der handelt. Der Markt für Verhalten ist ein Tauschmarkt. Jeder Mensch verhält sich immer und überall ökonomisch rational«.[64]

Jedes Verhalten ist demnach ein Deal, der nach internem Abwägen von subjektiven Tauschwerten erfolgt. Auf diese Weise kann ein Mensch auch mit sich selbst Handel treiben: »Wenn ich diese bestimmte Anstrengung zur Erreichung meines Zieles einsetze, belohne ich mich auf jene ganz spezifische Weise.« Natürlich geht es bei diesem Tauschhandel bei Weitem nicht immer um materielle Werte. Die individuellen Konten werden hauptsächlich durch emotionale und völlig subjektive Werte gespeist oder entleert.

Führen ist wie jedes andere Handeln auch ein Tauschen. Und damit dieses Führen beispielsweise in einer Gruppe oder einem Team funktionierten kann, gilt es für die Leitung zuallererst, Klarheit über die eigenen Bewertungen zu bekommen:

- Welche Erwartungen und Ziele (Werte) bestehen?
- Wohin möchte ich führen und was möchte ich dafür bekommen?

Je unbewusster und undurchsichtiger diese Kriterien sind, desto eher die Gefahr, dass der Tauschhandel nicht funktioniert! Entweder, weil die Erwartungen der Leitungsperson enttäuscht werden, oder weil eine Gruppe, ein Team oder eine geführte Einzelperson nicht die Werte bekommt, die sie für den Ausgleich braucht.

Lotmar und Tondeur sind der Meinung, dass es kein Führen an sich gibt, sondern nur jeweils bestimmbare Aufgaben, die mit dem Führen zu tun haben, weshalb Führen auch nicht zwingend »Chef-Sache« sein muss. Sie sehen das Führen nicht primär als eine Frage von Persönlichkeit, sondern als einen Lernprozess vieler Personen und die mit dem Führen verbundene Qualität ihrer Kommunikation. Führen ist demnach lernbar.

Aber: Bringt man die systemische Grundannahme der Autopoiese ins Spiel, wird letztlich alles zu einer Frage der Persönlichkeit. Ein und dieselbe

---

[64] Fritz B. Simon und Conecta-Autorinnengruppe: Radikale Marktwirtschaft. Grundlagen des systemischen Managements. Carl Auer Systeme Verlag, Heidelberg 2001.

Führungsaufgabe kann von einer anderen Person zwar ebenso gut übernommen werden, die Art der Führung wird die am Prozess beteiligten Personen aber anders berühren und verändert damit die Voraussetzungen, wie Aufträge umgesetzt werden. Auch deshalb, weil jede Person ein anderes Bewertungs-, Tausch- und Umsetzungssystem hat.

Wir teilen die Auffassung, dass Führen lernbar ist, aber nur im Rahmen dessen, was eine »Führen« lernende Person an sich selbst an Veränderung zulässt. Denn Führen ist eine Fähigkeit, die sehr stark an die schon vorhandenen Bewertungskriterien einer Persönlichkeit gekoppelt ist.

Führungsmodelle, Vorbilder, Erfahrungshintergrund, Situation und Adressaten von Führung bilden also den Stoff – welches Kleid nach dem Prozess herauskommt, liegt an der individuellen Ausführung.

Ebenenmodell

- Materielle Ebene: Diese Ebene betrifft die organisatorische, logistische, finanzielle und Mittelverantwortung und Kompetenz, die von einer Leitungsperson erwartet werden darf.

- Kognitive Ebene: Das Wissen über die Ziele und die Kompetenz über die dazu nötigen Strukturen, Ressourcen, nützlichen Schritte, deren Umsetzung und Weiterentwicklung.

- Emotionale Ebene: Sich auf positive Weise in der Führung fühlen, die Sicherheit, die Freude, das Selbstvertrauen und die Lockerheit haben, die Leitung aus dem Gefühl zu tragen, etwas teilen und erweitern zu wollen und zu können.

- Die Führungslücke: Emotional-soziale Kompetenz ist ein wesentliches Führungsinstrument und wird immer bedeutender, je höher die Position der Führungskraft ist. Die Besetzung von Führungspositionen mit fachlich qualifizierten Personen, die in diesen Soft Skills ungeschult und unerfahren sind, lässt eine Lücke entstehen, die jährlich Milliardenbeträge durch Fehlbesetzungen und Fluktuation verschlingt, ganz zu schweigen von der Energieverschwendung im zwischenmenschlichen Bereich. Diese Lücke wurde erstmals in den Sechzigerjahren als das »Peter-Prinzip« beschrieben (nach dem Autor Laurence Peter), der unverblümt vom »Aufstieg zur Inkompetenz« spricht, wenn im Verlauf der Karriere von einer Stufe zur anderen geeilt wird, die fachliche Qualifikation besser wird, aber die Anforderungen sich ändern: Je weiter oben man ist, desto mehr sind soziale Kompetenzen gefragt und desto weniger fachliche. Auf diese Weise entsteht eine Führungslücke. Eine Führungslücke kann aber auch anderes bedeuten, nämlich das »Nicht-sichtbar-werden« von Führung. Damit ist gemeint, dass die Ziele der führenden Person nicht transparent sind. Diese Situation entsteht, wenn die leitende Person eine zweite Agenda fährt: Sie hat zwar Ziele, möchte sie aber nicht direktiv durchsetzen, sondern überlässt es auf eine pseudodemokratische Art der Gruppe, die Ziele zu entwickeln, wobei die Gruppe die Ziele der Leitung gleichermaßen erraten sollte. Möglich ist aber auch, dass die Ziele der Leitung nicht genügend entwickelt oder ausdifferenziert sind. Dadurch kann es passieren, dass Ziele von Gruppenmitgliedern, die transparenter sind als die Ziele der leitenden Person, eine wesentliche Funktion bekommen, was der Auftragsorientierung nicht dienlich ist. Eine zu kooperative Leitung, also eine Leitung, die die Kriterien Unterstützung und Nähe im Übermaß repräsentiert, fördert diese Tendenz. Das Nicht-sichtbar-werden von Führung bewirkt ein Vakuum im System, das zu einer Dynamik des Ausgleichs drängt, im Sinne des Tauschhandels: Ein Mangel an Klarheit auf der einen Seite der Waagschale bewirkt Rigidität oder Rückzug auf der anderen Seite. Oder sie bewirkt, dass jemand aus dem Team eine Art Schattenführung übernimmt.

Beispiel: Die zerbrochene Flasche

Der Teilnehmer H. hatte von uns einige Aufträge bekommen, die einen Dienst an der Gruppe darstellen sollten. Ziel war, dass er am Ende positive Rückmeldungen bekommt, die ihn in der Wahrnehmung seiner Selbstkompetenz stärken sollten. Es entstand jedoch der Eindruck der Überforderung: Das Holz, das es zu suchen gab, tauchte nicht in ausreichender Menge auf, die Platzverabschiedung, die er anleiten sollte, war kraftlos und wirkte deplatziert und er zog sich immer wieder in eine Art Versenkung zurück, ja war einmal gar nicht auffindbar. Da H. vorher schon mehrere dieser Möglichkeiten bekommen hatte und dieser Tag wieder zeigte, dass er mehr mit sich als mit dem Dienst an der Gruppe beschäftigt war, nahmen wir dies als Anlass, ihm Rückmeldung darüber zu geben, was er auch annahm.

Wie sich zeigte, wollten wir aber zu viel. Am nächsten Tag kam H. mit einer zerbrochenen Flasche, die er irgendwo gefunden hatte, und steckte sie mit Entschlossenheit vor uns in die Erde. Er meinte, sein Vertrauen zu uns sei gebrochen, so wie diese Flasche, denn wir seien wie all die anderen, die etwas von ihm forderten, was er gar nicht erreichen wolle: nämlich eine Gruppe direktiv zu führen und den anderen Ziele vorzugeben. Es brauchte einiges an Diplomatie unsererseits, unseren Teilnehmer zu überzeugen, dass man als Gruppenleiter immer eine Direktive vorgebe, indem man bestimmte Ziele ansteuerte, und dass diese Tatsache an sich nichts sei, was man als negativ bewerten müsse.

Themen und Ziele

Wie aus Vorigem schon hervorgeht, bilden Ziele den Magneten, der uns in Lernsituationen anzieht. und die Leitung trägt auch Verantwortung für die Erstellung und Ausformulierung von Zielen. Im pädagogischen Alltag können viele scheinbar organisatorische oder logistische Ziele (Einkaufen, Kochen, Aufräumen) mit »pädagogischen Inhalt« versehen werden und so zu Lernmöglichkeiten auf der persönlichkeitsbildenden Ebene umgedeutet werden. So sind wir mit dem Kanadier eben nicht nur bestmöglich von A nach B unterwegs, die Leitung ist auch verantwortlich, den Weg von A nach B so reichhaltig und vielfältig wie möglich mit Lernmöglichkeiten zu versehen und dadurch komplexer und intensiver zu machen. Vielfältig auch deshalb, um den verschiedenen in der Gruppe vertretenen Persönlichkeiten und deren Lernweise gerecht werden zu können.

Wie könnte das in einem erlebnispädagogischen Setting aussehen:

- Die Leitung übernimmt die Verantwortung für die Erstellung und Formulierung von Zielen und Teilzielen.
- Sie nimmt wahr, wo die Ressourcen für die verschiedenen Aufgaben liegen.
- Sie weiß, wo Herausforderungen für bestimmte Aufgaben liegen, und macht daraus eine Lernmöglichkeit. Sie nimmt wahr, wann es am besten ist, Personen einzusetzen, die etwas gut können, und wann es besser ist, Personen einzusetzen, die sich üben wollen und die, die es schon können, als Unterstützer arbeiten lässt. Sie trifft eine Einschätzung, welche Kombination von Personen am meisten lernen kann, wenn sie gemeinsame Aufgaben übernimmt.
- Sie baut zusätzliche Lernmöglichkeiten und Übungen ein, um verschiedene Sinneskanäle zu bedienen und ein Thema auf unterschiedliche Art zu beleuchten, auch im Sinne des Lernens durch Wiederholung.
- Sie setzt unterschiedliche Reflexionsmethoden ein und sorgt für die Evaluation.
- Sie stellt Nachbearbeitungsaufgaben.
- Sie ist in der Lage, von Zielen abzuweichen, wenn der Prozess dies erfordert.

Führen in pädagogischen Kontexten

Besonders im Bereich von sozialen Dienstleistungen kann man eine Tendenz zu übermäßiger Kooperation, gefolgt von Führungslücken, häufig beobachten.

Dies wird untermauert von Studien, die belegen, dass sich personale Faktoren der Berufswahl von Menschen in helfenden Berufen tatsächlich unterscheiden von Menschen in anderen Branchen. Spezifische Motive der Berufswahl für Sozialberufe sind:

- caritative, humanitäre Motive,
- Professionalisierung von bürgerschaftlichem Engagement,
- Interesse an sozialen Kontakten im Beruf,
- Annahme der besonderen Eignung für Berufstätigkeit im Sozialwesen,
- Sozialer Aufstieg, berufliche Laufbahn,
- soziale Sicherheit,
- Gesellschaftskritik, sozialer Protest,
- Sachinteresse, Interesse an Studieninhalten,
- Selbstverwirklichung, Bearbeitung persönlicher Probleme.[65]

In einer Studie an 626 Frauen in Sozialberufen beziehungsweise in Ausbildung zu sozialen Berufen befindlichen Frauen stellte die Gesellschaft für Existenzanalyse in Wien in Bezug zur Vergleichsgruppe aus nicht sozialen Berufen signifikant erhöhte Werte fest, wo es um Bewältigungsstrategien zur aktiven Problembewältigung ging. Signifikante Werte erhielten die sozial helfenden Frauen auch, wo es um die Zusammenhänge ihrer noetischen (Denk-)Fähigkeiten, Arbeitszufriedenheit und die Selbsteinschätzung des beruflichen Erfolgs ging. Dies weist auf eine gewisse Gefährdung zum Burnout hin.[66]

Was lehren uns diese Zusammenhänge? Sind Pädagogen und Trainer andere Menschen? Haben Menschen in helfenden Berufen durch ihre ausgeprägte humanitäre Grundmotivation größere Probleme im Bereich des direktiven Führens?

Die humanistische Psychologie legt ein Verhalten nahe, welches den Klienten in den Mittelpunkt rückt – sind also humanistische Interventionen ungeeignet als Führungsinstrumente? Eine klientenzentrierte Vorgangsweise ist eine nicht direktive Vorgangsweise und überlässt es so dem Klienten, wohin die Reise geht. Die klientenzentrierte Vorgangsweise im systemischen Sinne ist übrigens radikal anders, denn hier wird der Klient anhand seiner eigenen

---

65 Benno Biermann: Soziale Arbeit als Beruf. Seminarunterlagen zur Übung »Soziale Arbeit als Beruf«, Fachhochschule Münster, Fachbereich Sozialwesen WS 2003/4, PDF.
66 Michael Kundi / Elisabeth Wurst / Helga Endler / Claudia Fischer / Irene Potuschak / Elfriede Vogl: Personale Faktoren des Berufserfolgs und der Berufszufriedenheit in Sozialberufen. In: Existenzanalyse 2+3/2002, S. 24–30.

Aussagen konsequent (man könnte sagen: direktiv) in Richtung Perspektiven-erweiterung oder Lösungsfindung geführt.

Diese Konsequenz in der Lösungsfindung lässt in vielen Bereichen sozialer Arbeit noch zu wünschen übrig. Prozessorientierung kommt oft einer reinen Bedürfnisorientierung oder gar Orientierungslosigkeit gleich, und Führung wird manchmal als anrüchiger Begriff aufgefasst, der erkämpfte demokratische Grundrechte infrage stellt. Zusammenhänge zwischen dieser Haltung und der Burn-out-Gefährdung sind nicht ganz von der Hand zu weisen. Führung wird dadurch aber zu einem zentralen Thema für die Arbeit in helfenden Berufen und dieses Führen könnte auch so beschrieben werden:

Führen ist die Balance zwischen:

- geben und verlangen,
- authentisch sein und Distanz halten,
- Vision und Tradition,
- Rahmen geben und Spielraum schaffen.

Aufgrund der vielen persönlichen und sozialorientierten Faktoren in der Motivation professionell Helfender liegt aber auch die Annahme nahe, dass die Potenziale für emotionale und soziale Kompetenz in diesem Bereich sehr groß sind. Hendrich gibt hierzu Folgendes zu bedenken:

»Emotional kompetent ist die Führungskraft, die sich selbst nicht mehr belügt. Sozial kompetent wird sie, wenn sie diese Ehrlichkeit im einfühlsamen Umgang mit der Wirklichkeit der anderen zur glaubwürdigen und überzeugenden Echtheit entwickelt.«[67]

Er schildert an derselben Stelle auch drei Phasen des Verhaltens, die es sich lohnt, in Zusammenhang mit dem Thema Führen genauer anzusehen:

1. Wahrnehmung
2. Verarbeitung
3. Handeln

Man kann die Überlegung anstellen, was es bewirkt, wenn größtmögliche Klarheit über die Mechanismen der eigenen Wahrnehmung und den persönlichen Verarbeitungsprozeduren besteht, und welche Auswirkungen dies auf das individuelle Handeln hat. Uns ist ja bereits bekannt, dass keine Wahrnehmung an sich richtig und objektiv sein kann, weil sie nur die Wahrnehmung eines Beobachters aus seiner zutiefst individuellen Beobachterperspektive ist.

---

[67] Hendrich, a.a.O., S. 81.

Die Verarbeitung der Wahrnehmung ist ebenfalls an subjektive Strukturen gebunden. Wenn wir in einem Trainingssetting führen, können wir uns selbst zwar beobachten, wir werden aber auch von außen, aus verschiedenen individuellen Perspektiven beobachtet und bekommen Rückmeldungen über unser Handeln. Diese Rückmeldungen können uns anregen, unsere Wahrnehmungen von uns selbst abzuändern oder auch nicht. Die Bewertungsmaßstäbe unseres internen Tauschsystems werden vorgeben, ob wir die Anregungen annehmen oder lieber verwerfen. Immer sind wir es selbst, die diese Veränderung zulassen, damit sie in unserem zukünftigen Handeln sichtbar werden können.

Zwischenevaluation

Führen ist ein Resultat der Abfolge von persönlichem Wahrnehmen, Bewerten und Verarbeiten. Diese Interpretation von Führen ist konstruktivistisch und sehr alltagstauglich, da sie uns dazu befähigt, das eigene Handeln zu optimieren, indem wir unsere Wahrnehmungen und Verarbeitungen (auch: Bewertungen) verändern.

Aber wir können auch auf die Führungsumgebung Einfluss nehmen: Es steht uns von vornherein frei, auf welche Führungssituationen wir uns einlassen und welche wir meiden. Führungsaufgaben müssen eine enge Verbindung mit unseren persönlichen Zielen und Visionen haben, um die persönliche Passung zu bekommen. Führen ist zwar lernbar, aber nicht jeder Mensch kann jede Führungssituationen gleich gut meistern. Es bestehen Führungspräferenzen, die an den drei oben genannten Arten, »in Beziehung zu sein«, abgelesen und entwickelt werden können.

Führen und Sicherheit – ein erlebnispädagogisches Zentralthema

Erlebnispädagogik findet in ungewöhnlichen Lernräumen statt und das Lernen im und mit dem Risiko gilt als vorweggenommener Grundsatz, um Entwicklungsschritte anzuregen. In diesem Feld tritt im Zusammenhang mit Führung sehr oft die Frage nach dem Sicherheits- beziehungsweise Risikomanagement auf. Im nächsten Abschnitt widmen wir uns dieser Frage und versuchen nochmals eine Differenzierung zwischen klassischem und systemischem Ansatz.

Klassisches Sicherheits- und Risikomanagement

Darunter wird die stetige Auseinandersetzung mit den Faktoren, die Risiko bewirken, und dem Versuch, diese möglichst auszuschalten, verstanden. Es wird davon ausgegangen, dass eine Unternehmung dann den höchsten Sicherheitskriterien entspricht, wenn folgende Faktoren Berücksichtigung finden:

- Faktor 1: Leitungskompetenz: Kompetenz und Erfahrung in der Leitung von natursportlichen Medien (zum Beispiel Kanadier)
- Faktor 2: Umwelt und objektive Gefahren: regionale Umweltfaktoren wie Wind- und Wetterverhältnisse, Wasserstände, jahreszeitliche Bedingungen, Schneeverhältnisse oder Lawinensituation
- Faktor 3: Subjektive Gefahren: vom Menschen selbst produzierte Gefahren, wie fehlende Routine
- Faktor 4: Material und Ausrüstung: Ausrüstung und Einweisung nach den geltenden Standards für die jeweiligen Natursportarten

Unter Berücksichtigung dieser Faktoren nimmt man an, das Restrisiko gegen Null drücken zu können.[68] Die risikoorientierte Grundannahme des klassischen Risikomanagements lautet: »Ohne Sinn für die Gefahr lebt man nicht lange.«[69] Der Fokus liegt auf Gefahr und nicht auf Sicherheit. Und obwohl man selbstverständlich die Gefahren deshalb orten will, um mehr Sicherheit zu gewährleisten, fällt doch auf, dass in zahlreichen Veröffentlichungen zum Thema Sicherheit im Outdoor die Faktoren »Verhalten« und »Gruppendynamik« nicht oder nur nachrangig behandelt werden, obwohl sie aus unserer Sicht einen wesentlichen Aspekt ausmachen. Systemisches Sicherheitsmanagement ergänzt diese klassischen Faktoren deshalb durch personinterne Aspekte und berücksichtigt damit den sich jede Minute wandelnden Prozess des natürlichen Driftens einer Gruppe:

- innerpersönliche Befindlichkeit und Ziele,
- Gruppe und Dynamik,
- Führung,
- Eigenverantwortung,
- Haltung im Hinblick auf Sicherheit und Gefahren.

Diese Faktoren beeinflussen wesentlich den Prozessverlauf sowie die Art und Weise, wie etwas geschieht. Sie gestalten mit, wie sicher eine Unternehmung im Outdoor sein kann. Die Daten über Unfälle am Berg beispielsweise sprechen eine deutliche Sprache: Sehr oft sind nicht Mängel an der Ausrüstung oder am technischen Standard der Durchführung eines Projektes die Ursache von Unfällen, sondern sogenanntes menschliches Versagen.

Aufgabe der Leitung im Sinne eines systemischen Sicherheitsmanagements

[68] Walter Siebert: Zero-Accident. Qualitätsstandards für erlebnisorientierte Wirtschaftstrainings, Augsburg 2003.
[69] Jasper: Ohne Sinn für Gefahr lebt man nicht lange. In: Peter Oster: Erste Hilfe Outdoor, Augsburg 2002, S.3.

ist es, diese Prozesse des natürlichen Driftens im Auge zu behalten, sie ständig zu beobachten und darauf zu reagieren. Dabei sind im Vorfeld viele Aspekte und damit Fragen zu beachten:

Innerpersönliche Befindlichkeit und Ziele

Dies betrifft sowohl die Gruppe als auch die Leitung:
Welche Motive liegen dem Handeln zugrunde? Gibt es Kompensationshaltungen? Ein Beispiel dafür wäre eine Person, die durch erhöhte körperliche Aktivität belastenden Lebenssituationen entfliehen will und wild drauflospaddelt. Sind die Ziele der Leitung transparent für die Teilnehmenden und umgekehrt? Entspricht das Setting den gesetzten Zielen? Gibt es Resignationshaltungen? (Ich bin das schwächste Glied der Kette, ich schaffe das sowieso nicht, die anderen müssen mir helfen.)

Gruppe und Dynamik

Gibt es schwelende oder offene Konflikte? Gibt es Konkurrenzverhalten? Gibt es die Tendenz, Bedürfnisse nicht auszusprechen? Gibt es chauvinistische Haltungen? (Ich kenne und kann das sowieso schon alles und zeige das, indem ich Ratschläge gebe und das Falsche kritisiere.) Ist die Gruppe in ihren Bedürfnissen und Fähigkeiten eher homogen oder eher heterogen? Gibt es Repräsentanten von Opferrollen? Welche Subsysteme und Koalitionen gibt es in der Gruppe und wie können sie dem Ziel dienlich nutzbar gemacht werden?

Führung

Gibt es einen bewussten und differenzierten Auftrag an die Leitung? Ist die geplante Aktion stimmig in Bedacht auf die zu erreichenden Ziele? Ist die Leitung konzentriert oder eher unausgeglichen? Und auch hier gilt: Gibt es Kompensationshaltungen oder hat sie sich in eine Situation begeben, in der sie sich selbst etwas beweisen will?

Eigenverantwortung

Im Sinne der Autopoiese sind wir völlig eigenverantwortliche Wesen. Aber: Wird die Eigenverantwortung von allen Teilnehmenden bewusst wahrgenommen? Sind die Teilnehmer freiwillig dabei oder geschickt worden?

Kann Eigenverantwortung eingefordert werden? Wie hoch muss die Rücksichtnahme auf die Tatsache sein, dass die Teilnehmer mit dem Setting nicht vertraut sind? Muss ich das geplante Setting verändern, wenn ich merke, dass einzelne Teilnehmer darin nicht ausreichend Eigenverantwortung übernehmen können?

Haltung in Bezug auf Sicherheit und Gefahren

Herrscht ein problemorientiertes oder ein lösungsorientiertes Denken vor? Bildet Problemorientierung einen Machtfaktor in der Gruppe? In welcher Beziehung stehen objektive und subjektiv wahrgenommene Gefahren zueinander? Steht das Annehmen eines Risikos im guten Verhältnis zu den Zielen? Gibt es eine positive Konnotation von Gefahr, die nicht in Zusammenhang mit den Zielen steht (Draufgängertum)? Werden Gefahren überbewertet, um damit über andere Themen hinwegzutäuschen?

Dieser Fragenkatalog könnte noch fortgesetzt werden. Systemische Haltung entwickeln heißt also: Zusätzlich zu den klassischen Sicherheitsfaktoren alle menschlichen Faktoren so gut als möglich zu berücksichtigen und ein Bewusstsein dafür zu entwickeln, dass diese Faktoren sich permanent neu formieren und Ereignisse mitgestalten.

Die Grundzüge des systemischen Sicherheitsmanagements bestehen darin, die verschiedenen Teilrisiken eines Prozesses aufzuspüren, zu quantifizieren und das Gesamtrisiko abzuschätzen. Eine Reduktion des Risikos auf null wird es dabei nie geben. Ziel ist es aber, die Risiken zu erkennen und bewusst damit umzugehen.

Wir beschäftigen uns also neben den klassischen Kompetenzthemen mit Fragen, wie innerpersönliche und gruppendynamische Aspekte sichtbar gemacht werden können und wie sie die Entscheidungen der Leitung über den Prozessverlauf mitbestimmen. Es geht dabei vor allem darum, was im Vorfeld und während eines Prozesses sowie danach für erhöhte Sicherheit getan werden kann.

In der Erlebnispädagogik besteht die Annahme, dass Menschen, die sich in physischen oder psychischen Risikozonen befinden, die Möglichkeit haben, genau aufgrund dieser Erfahrungen festgewirkte Denk- oder Verhaltensmodalitäten zu verschieben. Dadurch sollen sie lernen, auf eine neue und andere Weise zu denken oder zu handeln. Menschen, die andere Menschen durch solche Grenzerlebnisse begleiten, müssen sich demnach selbst in Grenzsituationen erfahren haben.

Wir vertreten nicht die Ansicht, dass man alles erlebt haben muss, was man verstehen sollte. Aber der Gang an die persönlichen Grenzen kann Erlebnispädagogen nicht erspart bleiben.

Das Bestehen und die Einschätzung von Gefahr unterliegt demnach nicht nur objektiven Kriterien, die in der Relation zwischen Kompetenz, Ausrüstung und Umweltbedingungen bestehen. Ebenso bedeutsam sind die subjektiven Bewertungen und Reaktionen von einzelnen Beteiligten. Hinzu kommen noch gruppendynamische Aspekte, die dieses Gefüge in ständiger Bewegung halten.

Im Rahmen der Entwicklung von Führungskompetenz kann auf das Lernen in der Risikozone nicht verzichtet werden. Der persönliche Risikorahmen der Projektleitung darf jedoch dadurch nicht berührt werden.

Die Leitung muss sich im jeweiligen Medium wenn schon nicht in der Komfort-, so doch auf jeden Fall in der persönlichen Sicherheitszone befinden.

Bezüglich des Einsatzes von Kanadiern heißt dies:

Zusätzlich zu einer technischen Grundausbildung und zur eigenen Erfahrung in Bezug auf das Medium darf immer nur auf jenen Gewässern gepaddelt werden, die dem eigenen technischen Können nichts Besonderes abverlangen. Die Sorge um die eigene Sicherheit muss automatisiert sein, um nicht von der Leitungsaufgabe abzulenken.

In vielen erlebnispädagogischen Ausbildungen wird ein Erstkontakt mit verschiedenen Medien vermittelt, so auch bei *Natur als Partnerin*. Für den Einsatz des jeweiligen Mediums in der Gruppenleitung legen wir eine vertiefte Auseinandersetzung nahe und halten eine entsprechend weiterführende Ausbildung für notwendig.

Ein Beispiel: Meeresleuchten

Ein griechisches Szenario, Insel Lefkas, Ionisches Meer, Oktober 2003:

Siebzehn Menschen gleiten – elegant in Einer- und Zweierseekajaks verpackt – ins lauwarme, sanft vom Wind bewegte Meer. Die Abenddämmerung ist schon vorbei und es beginnt rasch zu dunkeln. Der Mond wird erst Stunden später die Kulisse erleuchten, bis dahin ist eine gute Wegstrecke entlang der felsigen Küste zurückzulegen. Das Meer empfängt die Paddler nicht nur mit einem sanften Schaukeln und der gespeicherten Wärme eines überheißen Sommers. Es grüßt mit tausendfachen Lichtpunkten und einem Glitzern, das es selten zeigt: Meeresleuchten begleitet den Weg hinaus aus der Bucht. Und auch das am Strand zurückgelassene Feuer flackert der Gruppe nach, wie jemand, der vom Strand zum Abschied winkt.

Die Paddler sind acht Männer und sieben Frauen des Diplomlehrgangs systemische Erlebnispädagogik und deren Ausbildner. Bei der nächtlichen Ausfahrt handelt es sich um ein Trainingssetting zum Thema Führen und Leiten. Die Teilnehmer arbeiten an ihrer individuellen Führungskompetenz, indem sie sich auf Situationen einlassen, die auch Unbekanntes bergen. Durch die Reflexion des gezeigten Führungsverhaltens durch Ausbildner und Ausbildungskollegen im geschützten Rahmen der Gruppe soll die Einschätzung der persönlichen Ressourcen und der individuellen Wirkkraft differenziert werden können.

Zwei Teilnehmerinnen haben die Tagesführung inne. Sie haben schon einige thematisch bezogene Übungen in der Bucht durchgeführt, jetzt geht es um das Zurücklegen einer Strecke am Meer bei Dunkelheit. Generell schon keine leichte Aufgabe und dann wird auch noch der Wind stärker. Es gibt auf der geplanten Strecke nur zwei Orte, an denen es möglich ist anzulanden: gleich in der Nachbarsbucht, in der sich ein zu dieser Zeit ein menschenleerer Campingplatz befindet, oder am vorgesehenen Ziel, der etwa zehn Kilometer entfernten und dem Wind ausgesetzten Landzunge Lipsopirgos.

Die Campingbucht Ellinika ist rasch erreicht. Die Leitungsfunktion ist aufgeteilt in eine Haupt- und eine Co-Leitung. Die Hauptleitung kümmert sich um das Erreichen des Ziels, die Co-Leitung in diesem Fall um den hinteren Teil der Gruppe. U., die die Hauptleitung innehat, veranlasst die Gruppe, aus den Kajaks ein zusammenhängendes Floß zu bilden. Dies ist die Art, wie am Wasser zusammen gewartet wird. Sie stellt die Frage, ob jemand möchte, dass wir in Ellinika das Nachtlager aufschlagen, da sich eine Intensivierung des Winds ankündigt. Elektrisches Licht ist dort sichtbar und ein aufgeräumter Strand. Die Bucht wirkt wie aufgekehrt, nicht sehr einladend für Menschen, die seit Tagen im chaotisch-vielfältigen Naturraum unterwegs sind.

Niemand möchte also hier schon die Nachtfahrt beenden. Jeder aus der Gruppe kennt die Strecke von der Karte und kann die ungefähre Länge der Fahrt abschätzen. Auch die Tage zuvor sind schon im Seekajak verbracht worden und in der Gruppe hat sich eine Einschätzung vom Streckenmaß gebildet.

U. weiß, dass sie die Gruppe nun trotz stärker werdendem Wind und verschwindendem Licht eine beträchtliche Strecke geradeaus zusammenhalten und führen muss. Sie hat aber schon im Vorhinein eine Struktur geschaffen, die dies leichter machen wird: M., ein Kollege aus der Gruppe, hat die Funktion des Schlusslichts übernommen und die Co-Leiterin M. kümmert sich um die Mitte der Formation. So ist die Kommunikation zwischen den Insassen der Boote besser gewährleistet.

Der Wind ist aber inzwischen so stark geworden, dass die Seekajaks im benachbarten Wellental nicht mehr sichtbar sind. Die Kraft der aufgewühlten Luft fährt in die Paddelblätter, da heißt es gut festhalten. Aber die Richtung stimmt. Alle Boote bewegen sich in senkrechten Winkel zum Wellenkamm und kommen rasch vorwärts. Die Küste ist als weißer Schaumrand am Rand der Felsen gut zu erkennen und U.s Lampe markiert, wohin es geht. Die Gruppe nähert sich dem Kap. Allen Teilnehmern ist bewusst, dass dies die kritische Phase ist. Die Richtung muss geändert werden, ohne lange mit dem Kajak parallel zu den Wellen zu kommen, denn dies bedeutet die Gefahr zu kentern.

Die Emotionen werden offenkundig: Verständigung ist nur durch Schreien möglich, der Mond ist immer noch nicht aufgegangen, die Wellen sind höher, als von den meisten bisher jemals erlebt, die Hände tauchen bei jedem Paddelschlag in ein schwarzes – immerhin warmes – Unbekanntes. U. weiß, dass sie nicht dafür sorgen kann, wie die einzelnen Kajaks um das Kap kommen, sondern lediglich für die Orientierung.

Sie ist außerdem Einflüsterungen von Kollegen ausgesetzt. Widersprüchliche Ratschläge werden geäußert, welche Gefahren sie zu beachten habe und weshalb sie jetzt dieses oder jenes tun oder entscheiden müsse. Sie weiß um ihre Verantwortung, in der Führung zu bleiben.

Ihr ist auch bewusst, dass es jetzt keine Umkehr gibt. Sie meldet an die Gruppe: »Wir müssen jetzt da durch, wir warten nach dem Kap zusammen!«, paddelt voran und gibt Licht. Durch die Umstände am Kap wird die Gruppe relativ weit auseinandergezogen. Auch der Platz hinter dem Kap ist noch windig, aber es gibt hier kein Abtreiben mehr. Langsam aber doch bewegen sich die anderen Seekajaks auf U.s Licht zu.

Die Emotionen liegen inzwischen blank. M., das Schlusslicht, ist kurz nach der erfolgreichen Bewältigung des Kaps, wohl durch das Nachlassen der Spannung durch seine Verantwortung, gekentert. Hansjörg, der Ausbildungsleiter, birgt ihn am offenen Wasser. Der Rest der Gruppe wartet an sicherer Stelle. M. hat Probleme, in der Co-Leitung zu bleiben. Die ungewohnte Situation, die lang anhaltende Spannung, die nicht nachlassen wollenden Wellen machen ihr schwer zu schaffen. Auch U. möchte die Leitung abgeben, da sie unsicher geworden ist, ob sie noch die richtigen Entscheidungen treffen kann. Aber die Herausforderung war ja schon bewältigt. Christine, zweite Ausbildungsleiterin, legt M. nahe, mit dem Großteil der Gruppe in Richtung Lagerplatz zu paddeln, der schon sichtbar ist durch die Lichter eines kleinen Dorfes, das weiter oben am Hang liegt.

Eine kleine Gruppe um U. und Christine bleibt zurück, um auf M., Hansjörg und B. zu warten. F. und W., die sich sehr gut im Boot fühlen und das auch geäußert hatten, haben den Auftrag, ihnen entgegenzupaddeln, um sicherzugehen, dass sie keine Hilfe brauchen. Es dauert nicht lange, da tauchen schon ihre blinkenden Lampen aus der Dunkelheit auf. Alle sind okay. Es ist zwar immer noch eine gute Wegstrecke, bis das angestrebte Ziel erreicht ist, aber schließlich ist es so weit und alle können an Land gehen. Dort fließen auch Tränen der Erleichterung. Schnell ist ein wärmendes Feuer entzündet, es gibt noch einen nächtlichen Tee und viele Worte, allerdings keine strukturierte Reflexionsrunde mehr. Zunächst soll alles frei und ungeordnet geäußert werden können.

Das Geschehene wird am nächsten Morgen reflektiert: Es geht um die Schilderung der subjektiven Erlebnisse am Wasser, die unterschiedlichen Wahrnehmungen des Prozesses und – ganz zentral – um die Rückmeldungen an U. und M. über ihr Verhalten in der Leitung. U. ist nicht wohl zumute: Sie hat den Eindruck, die Leitung abgegeben zu haben, nachdem das Schwierigste bereits bewältigt war. M. muss sich eingestehen, dass die Aufgabe ihre persönlichen Grenzen überschritten hat.

Wesentliche Fragen werden gestellt: War die Aufgabenstellung zu riskant? Wo hört systemisch begründete Lösungsorientierung auf und wo fängt die Verantwortungslosigkeit an? Wer trägt die Verantwortung, wenn etwas passiert? Kann das, was passieren könnte, überhaupt von jemandem getragen werden? Wurde U.s Leitung vor dem Kap von Kollegen untergraben und sie dadurch geschwächt? Am Vorabend hatte das Meer geleuchtet, an diesem Morgen leuchtete so manche Tränen in den Augen. Das Erlebnis war den meisten sehr nahegegangen.

Sicherheit, Risiko und Gefahr

Werfen wir einen Blick zurück auf die nächtliche Fahrt: M. kenterte nicht im schwierigsten Wasser, sondern als er gewahr wurde, dass die ärgste Gefahr vorbei war und er seine Verantwortung als Schlusslicht abgeben konnte. Man könnte fragen, ob es Zufall war, dass er gerade in dem Augenblick zu Wasser ging, als er Hansjörg neben sich wahrnehmen konnte, von dem er wusste, dass er ihn bergen würde. Auch die anderen Teilnehmer berichteten von einer großen Konzentration auf die persönliche Sicherheit während der langen und anspruchsvollen Nachtfahrt.

Es stellt sich auch die Frage, ob die Gruppe am Tag bei denselben Windverhältnissen die Fahrt so gut bewältigt hätte oder ob sie bei Tageslicht mit weniger Konzentration gefahren wäre. Sicherheit stand an oberster Stelle und jeder sorgte bestmöglich für sie und auch für die der anderen, sofern dies möglich war. Die Gefahr des Kenterns war den meisten weniger gegenwärtig als das Achten auf die erfolgreiche Bewältigung der Herausforderung. Systemisch gesehen könnte man auch von einer hohen Konzentration auf die Lösung sprechen, einer Art »Trance des Gelingens«.

Aber wo liegt nun wirklich die Grenze zwischen verantwortbaren Lernsettings und Gefahr?

Unser Verstand allein reicht nicht immer aus, um uns in der Natur sicher zu bewegen. Unfälle im Outdoor werden daher oft als etwas Schicksalhaftes hingenommen oder sofort mit Fahrlässigkeit in Verbindung gebracht. Um das Risiko möglichst gering zu halten, bedarf es einer ständigen Lernbereitschaft und das Überprüfen des nächsten Schrittes nach allen Faktoren, die oben beschrieben sind. Wir müssen darüber hinaus aber permanent unsere Wahrnehmung schulen und die Zusammenhänge begreifen lernen. Eine Erfahrungserweiterung geht über mehrdimensionales Lernen hinaus und bezieht auch intuitive Dimensionen mit ein.

Maturana und Varela beschreiben folgende »Wassertropfenanalogie«[70]:

Man stelle sich vor, ein Regentropfen fällt auf die Spitze eines Berges. Verfolgt man die Spur dieses Tropfens, wie er der Schwerkraft folgt, so würde es niemals exakt vorhersehbar sein, welche Bahn er nimmt. Das Ergebnis der unterschiedlichen individuellen Interaktionsweisen des Tropfens mit den Unregelmäßigkeiten des Bodens, der Winde und aller sonstigen Faktoren macht eine solche Vorhersage nicht möglich. Der ganze Prozess wird als natürliches Driften beschrieben.

Genauso ergeht es uns mit dem Seekajak und anderen erlebnispädagogischen Mitteln: Die Situation ist dabei um vieles komplexer und es ist niemals exakt vorhersehbar, was passieren wird, auch wenn alle bekannten Sicherheitsfaktoren von der Leitung berücksichtigt werden. Auch die Feststellung, dass erhöhte Gefahr erhöhte Konzentration auf Sicherheit nach sich zieht, ist eine Hypothese. Wir haben eine solche Sicherheitsdynamik zwar oft erlebt, aber sie ist nicht belegbar.

Ein Beispiel sind Jugendliche beim Schluchtenwandern, die auf dem rutschigen Fels sehr verantwortungsvoll und konzentriert unterwegs sein können, auch wenn sie im Alltag durch unbedachtes und manchmal rücksichtsloses Verhalten auffallen.

Im Moment des Risikos können sie ihre Fähigkeit zeigen, auf sich selbst und sogar auf andere aufzupassen, was eine nicht zu unterschätzende Lernchance bedeutet.

Die Grenzerfahrung im Rahmen der nächtlichen Ausfahrt mit dem Seekajak war nicht geplant, wir sind glücklich, dass sie gut ausgegangen ist, wissen aber, dass der gute Ausgang gar nicht in unseren Händen lag.

Warum stellen wir dennoch Rahmenbedingungen her, innerhalb derer so etwas passieren kann? Warum fordern wir manchmal Grenzerfahrungen mit objektivem Risiko heraus?

Grenzerfahrung

Eine Begründung dafür ist: Das Arbeiten in der Natur führt die Person in der Leitung irgendwann auf jeden Fall an Grenzen – wie das Arbeiten mit Menschen überhaupt, zumal mit Menschen, die die Grenzen des sozial akzeptierten Verhaltens überschritten haben und deshalb eine erlebnispädagogische Maßnahme durchlaufen: Sie werden die Prozessbegleiter herausfordern, mit ihnen an ihre Grenzen zu gehen. Diese kann durchaus auch außerhalb der Komfortzone der Prozessbegleiter liegen.

---

[70] Vgl. Maturana / Varela, a. a. O.

Wir sprechen hier von Situationen, die pädagogisches Handeln erfordern, das teilweise im Tabubereich liegt. Von Menschen, die die Wahl haben, entweder ein erlebnispädagogisches Programm zu durchlaufen oder Klienten für Haftanstalten oder psychiatrische Einrichtungen zu werden, werden wir vor die vorher genannten Fragen gestellt. Nun ist es natürlich nicht jedermanns Sache, mit diesen Zielgruppen zu arbeiten. Aber Grenzerfahrungen passieren auch in Gruppen, bei denen man es nicht vermuten würde. Wir halten es daher für sinnvoll, die Erfahrung des persönlichen Ausgeliefertseins und die Bewältigungserfahrung von solchen Situationen erlebt zu haben, um eine persönliche Standortbestimmung über folgende Punkte zu bekommen:

- Wie reagiere ich in Situationen mit großer Herausforderung?
- Wo sind meine unsichtbaren Grenzlinien, wo fange ich an, unreflektiert oder nur emotionell zu handeln oder gar die Leitungsverantwortung abzugeben?
- Welches Maß an Herausforderung kann ich überhaupt bewältigen, um noch gezielt handeln zu können? Wie kann sich eine andere Person fühlen, jenseits der Grenze?

Warum aber schaffen wir nicht Lernsituationen, die nur das subjektive Sicherheitsgefühl gefährden und objektiv nicht gefährlich sind? Möglicherweise sind Echterfahrungen nicht zu ersetzen: Situationen mit unsicherem Ausgang erlebt zu haben, kann nicht verglichen werden mit Mutproben im Hochseilgarten oder am sichernden Seil. Wir sprechen hier von Lernen in Situationen mit primärem Erfahrungscharakter. Im Fachbereich Erlebnispädagogik wurde schon immer ein Zusammenhang hergestellt zwischen der Überschreitung von persönlichen Grenzen und möglichen Entwicklungsschritten.

Wir stellen diesen Zusammenhang nicht grundsätzlich infrage. Immer wieder jedoch müssen wir überprüfen, wie die Auswahl der Orte, der Lernsituationen und der eingesetzten Mittel in Relation zu sicherheitsrelevanten Kriterien aussieht. Und dazu gehört als Basis der oben angeführte Faktorencheck inklusive der beschriebenen systemischen Zusatzüberlegungen zu Persönlichkeit und Gruppe. Im Prozess der Abschätzung der Faktoren spielen nicht nur Kenntnisse und Ratio eine Rolle, sondern auch eine weitere Dimension: die Intuition der beteiligten Personen als prozesssteuernder Aspekt:

Die Intuition als prozesssteuernder Aspekt

In der Auseinandersetzung mit dem phänomenologischen Strang der systemischen Ansätze war bereits von der Intuition die Rede. Rupert Sheldrake bezeichnet sie als den siebten Sinn des Menschen, und wir haben in sehr vielen

Situationen beobachtet, dass es unsere Intuition war, die uns eine Entscheidung treffen ließ, bevor wir alle Sicherheitsfaktoren kognitiv durchgegangen waren.

Aus der Hirnforschung wissen wir, dass das limbische System, also der Teil des Gehirns, der für die Codierung von Emotionen zuständig ist, viel schneller ist als der Frontallappen, der die kognitiven, also die Wissensinhalte verarbeitet. Noch langsamer ist die darauffolgende Handlung als letzter Teil dieser Reaktionskette. Unsere Wahrnehmung des Prozesses beruht ja zunächst auf Beobachtungen, die wir mithilfe unserer Sinnesorgane aufnehmen. Aber kaum sind die Sinnesreize im Gehirn angelangt, werden sie durch den »Emotionsfilter« des limbischen Systems befördert. Je nachdem, welche Emotion (basierend auf Erfahrungen) eine Wahrnehmung auslöst, entscheiden wir uns dann, wie wir die Wahrnehmung deuten. Erst dann kommen der Gedanke und zuletzt die Handlung als Reaktion auf den Reiz.

Es gibt also überhaupt keine objektiv zu rechtfertigende Handlung auf eine Situation, da alles, was ins Bewusstsein dringt, die subjektiven emotionalen Bewertungen durchläuft.

Der Faktorencheck ist natürlich oberstes Gebot. Manche Entscheidungen laufen aber nicht erst nach dem sorgfältigen Durchgehen des Faktorenchecks ab, vielleicht auch, weil die Zeit dafür nicht ausreicht oder die Situation es nicht zulässt. Wir möchten sogar behaupten, dass die allermeisten Situationen nicht derartig überprüft werden, sondern Entscheidungen viel schneller fallen.

Wir hegen die Vermutung, dass sehr viele Entscheidungen auf der Basis intuitiver Prozesse getroffen werden. Noch bevor der Wust an Wahrnehmungen, der permanent auf uns einströmt, geordnet wird und wir als Verantwortliche in professioneller Distanz eine überlegte Einschätzung treffen, hat uns schon etwas überwältigt, das schneller war, und das Wort ist schon gesprochen oder die Handlung ist schon gesetzt.

Das hat nichts mit Unvernunft zu tun und schon gar nichts mit Verantwortungslosigkeit. Wir denken eher, dass dies unsere ganz normale menschliche Realität ist, die aber nur sehr ungern thematisiert wird. Viel eher schon werden die perfekte Entscheidung, das perfekte Handeln umrissen, die optimale Leitungsintervention und das gelungene Resultat beschrieben und diskutiert.

Wir denken, dass Entscheidungen, die auf intuitiver Basis getroffen werden, möglicherweise auch aus einer Art von Wissen kommen, das Gefahren hintanhalten hilft und solcherart Vorwarnungen gibt. Dieses Wissen ist nach der Feldhypothese innerhalb und außerhalb von uns.

Unter Bezugnahme auf das obige Beispiel denken wir, dass die Entscheidung, die sichere Campingbucht nicht anzulaufen, vielleicht deshalb fiel, weil die Grenzerfahrung auf die Gruppe »wartete«.

Kaum jemand begibt sich freiwillig in einen so ausgesetzten Zustand. Der Erfahrungsgewinn, die durchlebten Emotionen, die darauffolgenden Auseinandersetzungen, die eingebrannten Erinnerungen an die Momente sind überaus kostbar und auch nicht planbar, aber sie wirken noch nach Jahren. Bei manchen Teilnehmern regten sie eine Entfaltung vitaler Kräfte an, wie uns berichtet wurde. Dies ist ein Prozess, der überhaupt nicht in pädagogischen Kategorien beschrieben werden kann.

Es geht um eine Vertiefung der Anbindung an das Leben, nachdem eine Spielart der Angst vor dem Verlust des physischen Lebens durchlaufen wurde.

Solche Prozesse haben wir nur nach sehr dramatischen Ereignissen erleben und begleiten dürfen. Wir haben diese Dramatik niemals geplant, eigentlich auch niemals gewollt. Immer sind es die Elemente der Natur gewesen, die uns in solche Führungssituationen gebracht haben, und immer fühlten wir uns auch durch die Kräfte der Natur geschützt, der Ausgang lag nicht nur in unserer Hand.

Es liegt uns völlig fern, die Konzeption von Grenzerfahrungen dieser Art als Teil von erlebnispädagogischen Projekten nahezulegen. Es handelt sich dabei um schwere Prüfungen für alle Beteiligten und nicht immer kann eine positive Erfahrungsbilanz gezogen werden. Ganz davon abgesehen, dass eine wie auch immer geartete Rechenoperation, eine Bilanz, sowieso völlig fehl am Platz ist.

Wir sehen es als Teil unserer Verantwortung, darauf hinzuweisen, dass die Natur uns nicht verschont vor dramatischen und gefährlichen Ereignissen, wenn wir sie als Partnerin für Entwicklungsprozesse aufsuchen, so demütig wir dies auch tun mögen.

Die Geschenke, die diese Ereignisse bringen, sind gleichermaßen schwer einzuordnen wie anzunehmen. Wir setzen uns aus, wenn wir Lernprozesse in der Natur begleiten, und überlassen vieles jenen Kräften, die außerhalb von uns liegen.

Intuition ist einer der Verbindungskanäle zu diesen Kräften und als Kinder einer rationalen Gesellschaft sind wir nicht sonderlich geübt im Umgang mit diesen Fähigkeiten. Es gibt keine im westlichen Kulturraum überlieferte Tradition, die uns lehrt, mit diesen Energien umzugehen.

Wir sehen uns vielmehr als Teil eines großen Entwicklungsprozesses, der sich in diese Richtung bewegt und oftmals angewiesen ist auf Erklärungsmodelle aus anderen Traditionen, die es natürlich auch zu hinterfragen gilt, weil wir ihre Rituale oftmals nicht verstehen. Zu dieser Thematik nehmen wir ausführlich in anderen Kapiteln Stellung.

Nachtrag:
Die große Mutter – pädagogisches Arbeiten im Energiefeld Meer

Evolutionsbiologisch gesehen ist unser aller Mutterbauch das Meer. Von dieser Kraft getragen zu werden, in sie einzutauchen, neben ihr zu liegen, zu atmen, zu träumen, zu philosophieren, eine Gruppe zu erfahren, zu feuern, zu kochen, zu essen, sich zu pflegen, sie zu hören und ihren anderen Kindern zu begegnen und von ihnen Rückmeldungen über die eigene Wirkkraft zu erhalten, ist eine archaische Erfahrung.

Wenn wir diesen Naturraum auswählen, um Prozesse anzuleiten, die eine pädagogische Zielrichtung haben, begeben wir uns in ein Feld, in dem viele Beteiligte spüren, dass etwas anderes als wir die Oberhand hat. Wir kennen Schilderungen von Teilnehmern, die am Meer ganz besonders stark das Gefühl haben, zu Hause zu sein, oder sich einsam und ausgeliefert fühlten.

Das Seekajak ist das Mittel, das am Meer voranträgt. Im Unterschied zum offenen Kanadier können wir mit ihm unsere Habseligkeiten in einer verschließbaren Luke verstauen und unseren Unterleib mithilfe der Spritzdecke gut gegen einen Teil des Bootes abschotten. Nixengefühl an der Oberfläche der Wellen! Das Gefühl, ganz nahe am Wasser zu sein, ist im Seekajak stärker als im Kanadier, in dem kniend gepaddelt wird.

Im Zweierseekajak zeigt sich sehr schnell die Qualität der Übereinstimmung eines Insassenteams. Das Meer ist kein Fluss, der in eine Richtung zieht. Es lässt unendlich viel Raum für die Variation einer Fahrlinie und – solange das Zweierteam nicht ausbootet – viel Zeit für dessen Auseinandersetzungen. Das Meer hebt und senkt uns, drückt uns entlang seiner Winde, peitscht uns gegen Land oder Horizont. Es schmeichelt uns in sanftem Schaukeln, belohnt uns mit atemberaubenden Blicken unter seine Oberfläche und erschreckt uns mit unvorhersehbaren Abwechslungen.

Diese sinnlichen Erfahrungen, die wir im Seekajak machen, finden, wie alles, zuallererst den Weg in unser emotionales System. Dazu kommen die Herausforderungen des sozialen Systems Gruppe und als Tüpfelchen auf dem i die Erfahrungen, die das Leitungsteam macht, das am Abend für die Rückmeldungen der anderen Gruppenteilnehmer offen sein soll.

All das zusammen macht eine Selbsterfahrung aus, die als sehr intensiv erlebt wird. In der Kinderstube von Mutter Meer erleben wir auffällige Prozesse der Rückbindung und der Rückkehr in kindliche Muster. Auch das Auftauchen von Themen, die einen Abschluss suchen und dafür die Bekräftigung der Gruppe brauchen, ist häufig.

Im Naturraum Meer und Küste sehen wir jedenfalls Prozesse, die eine spürbar andere Qualität haben als etwa jene in mitteleuropäischen Waldgebieten oder in alpin geprägten Landschaften, weshalb wir dieses Setting, sofern das Wort Setting noch reicht, für eine systemische Prozessbegleitung in der Natur nicht missen möchten.

Gruppendynamik systemisch betrachtet

Das Thema Gruppendynamik fasziniert und beschäftigt immer wieder aufs Neue. Denn jede neue Gruppe überrascht uns mit anderen Facetten, Spielarten, Konflikten, Interaktionen, Regeln, Mustern und Kompetenzen. Gruppendynamische Modelle können helfen, »etwas zum Festhalten« an der Hand zu haben, wenn wir als Leiter agieren, sie können eine Orientierungshilfe geben. Denn genauso wie die Gruppenteilnehmer sich zuerst beschnuppern, austesten und sich zueinander konstellieren, tut dies auch die Leitung in Bezug auf die Gruppe. In Sekundenschnelle laufen erste Abtastmechanismen ab. Wir legen unsere bisherigen Erfahrungen über die ersten Eindrücke dieser Gruppe und scannen mehr oder weniger bewusst alles durch diese Erfahrungsraster und geben dem Wahrgenommenen unsere subjektive Bedeutung. Dieses Kapitel zeigt einerseits gängige Auffassungen und Modelle von Gruppendynamik, andererseits sollen Prozessbeispiele das Thema illustrieren.

Natürliche Vorurteile

Selbst eine große Offenheit gegenüber Menschen kann einen gewissen Vorurteilsprozess in der Meinungsbildung nicht verhindern. Er ist eine große Hilfe, überhaupt mit Menschen in Interaktion treten zu können, und Teil unserer menschlichen Kommunikationsfähigkeit. Dieses Bedeutunggeben auf der Basis unserer persönlichen Erfahrungen hilft uns in der Leitung auch, zunächst einmal »bei uns« zu bleiben und uns nicht allzu sehr von neuen Mustern und Verhaltensweisen verwirren zu lassen. Wenn dazu noch die Fähigkeit kommt, bisher nicht erlebte Dynamiken wahrzunehmen und vorerst einmal einfach sein lassen zu können, ist das Erfahrungspolster meist schon mollig dick. Schön – aber auch gefährlich – für lang gediente Gruppenleiter, etwas unbequemer für Neustarter.

Mit dem individuellen »Ersteinschätzungsscannen« sind wir in prominenter Gesellschaft: Virginia Satir sagte, dass sie immer dann, wenn sie mit einer Gruppe von zwölf oder mehr Menschen zusammen sei, unter diesen alle Menschen fände, die sie jemals in ihrem Leben getroffen hätte. Sie brachte damit zum Ausdruck, dass wir Menschen uns in großen Zügen ähneln und dass bekannte Themenkreise in anderen Formen immer wieder auftauchen.[71]

Diesem Grundgedanken können wir durchaus etwas abgewinnen, wir

[71] Virginia Satir et al.: Das Satir-Modell. Familientherapie und ihre Erweiterung, Stuttgart 2000, S. 362.

müssen ihn aber auch stets neu hinterfragen. Zu viel an Verschiedenem, Unerwartetem haben wir in unseren Gruppen schon erlebt. Besonders wenn man im Outdoor, also in einer ungewöhnlichen und manchmal auch unbequemen Umgebung, arbeitet, reagieren Menschen höchst unvorhersehbar.

Und auch wenn es nur zwölf Grundvarianten menschlicher Typologie geben sollte (man könnte sich an das astrologische Modell erinnert fühlen), ergibt das gemischt mit den Abwandlungsvarianten ungefähr acht Milliarden Möglichkeiten. Genauso viel, wie es Menschen gibt.

Woran orientieren wir uns also in der Leitung von Gruppen, wenn wir nicht nur auf unsere eigenen Erfahrungen und unsere persönlichen Bedeutungsgebungen zurückgreifen wollen? Und was meinen wir überhaupt, wenn wir von Gruppendynamik sprechen?

Der Begriff »Gruppe« ist noch etwas einfacher als der der Gruppendynamik zu definieren: Es handelt sich dabei um eine Ansammlung von Menschen, die sich über einen bestimmten Kontext von anderen Menschen abgrenzen lassen und miteinander auch in Kommunikation oder Interaktion stehen. Wenn sich eine Menschenansammlung nur zufällig am gleichen Ort trifft und nicht interagiert, würde man eher von einer *Menge* sprechen: Die Menge der »Kinobesucher« oder die Menge der »U-Bahnfahrer«, im Gegensatz zur *Gruppe* der »Manager« auf Arbeitsklausur oder der *Gruppe* der »Facharbeiter« in einem Betrieb.

Der Begriff Gruppendynamik ist im Vergleich zum Gruppenbegriff nicht so leicht fassbar.

Begriffsbedeutungen von »Gruppendynamik«

Es handelt sich bei »Gruppendynamik« um einen Terminus, der alltagssprachlich stark verselbstständigt ist. Aus wissenschaftlichem Blickwinkel gibt es vier verschiedene Bedeutungsebenen des Begriffs:[72]

1. Gruppendynamik als Merkmal der Bewegung in einer Gruppe

Neben dem Charakteristikum der Abgrenzung von Gruppenmitgliedern nach außen und einer Art von Mitgliederhierarchie innerhalb einer Gruppe gibt es auch das Merkmal der Bewegung im Sinne einer Veränderung oder Entwicklung von Gruppenstrukturen.

Eine Gruppe ist kein konstantes, sondern ein amorphes Gebilde, dies ist mit »Gruppenbewegung« oder »Gruppendynamik« gemeint. Die Bewegung in einer Gruppe ist zu keinem Zeitpunkt die gleiche wie zu einem

---

[72] Vgl. Hans Jörg Walter: Gruppendynamik. In: Hierdeis / Hug (Hg.), a. a. O., S. 805ff.

anderen Zeitpunkt. Alle Mitglieder befinden sich miteinander und zueinander in einem Prozess des Driftens. Es kann daher jeweils nur Momentaufnahmen einer Gruppendynamik geben, indem man eine Situation quasi einfriert.

2. Gruppendynamik als Sonderform sozialen Lernens

Die Erweiterung der sozialen Kompetenz von Gruppenmitgliedern steht im Mittelpunkt dieser Auffassung von Gruppendynamik. Besondere, bewusst konzipierte Gruppenarrangements sollen diese Form des sozialen Lernens ermöglichen. Kurt Lewin gründete – beeinflusst durch die Gestalttheorie – bereits 1945 nach seiner Emigration in die USA das erste Research Center for Group Dynamics. Die Gruppen hatten das Studium ihres eigenen Prozesses zur Aufgabe, es gab keine Strukturvorgaben des Prozesses durch die Leitung. Eine spannende Idee, die in den letzten 20 Jahren mehr oder weniger in der Versenkung verschwunden war, heute aber wieder vermehrt aufgegriffen wird: Die Teilnehmer der Übungsgruppe befinden sich in einem Raum, es gibt keinen Inhalt, keine Übungen, keine Aufforderungen, etwas zu tun. Die Interaktionen, die sich zwischen den Teilnehmern entwickeln, werden im Anschluss an den Prozess unter Anleitung geordnet, reflektiert und ausgewertet.

3. Gruppendynamik als Spiel

Von Gruppendynamik spricht man auch im Zusammenhang mit Übungen und Spielen, die Gruppenprozesse transparent machen oder fördern sollen. Manchmal steht hier der Begriff schon für Inhalt und Ziele. »Gruppendynamische Spiele« werden zum Synonym für »soziales Lernen«. Die Auswertung der Prozesse ist aber wichtiger Bestandteil und muss »zum Spiel« dazugehören, damit sich ein gruppendynamisches Spiel von einem nicht zweckgerichteten Spiel unterscheidet.

4. Gruppendynamik als Thema experimenteller Kleingruppenforschung

Es handelt sich bei dieser Auffassung von Gruppendynamik um einen Forschungszweig, der versucht, Variablen des Gruppenprozesses zu isolieren und so Aussagen über Bedingungszusammenhänge zu erhalten, die für spezifische Gruppensituationen Gültigkeit haben. Gruppendynamik als Lernarrangement ist, wie schon erwähnt, eine Entdeckung der Arbeitsgruppen um Kurt Lewin (1890–1947), dem Begründer der Feldtheorie.

Die Anfänge der Erforschung der Gruppendynamik liegen in der Entdeckung, dass im Rahmen von Seminaren zur Ausbildung von Gruppenleitern aus Nachbesprechungen der Seminarleiter und Beobachter Diskussionen mit den Teilnehmern entstanden. Diese Diskussionen wurden als derart wirksam für die Produktivität der Gruppe beschrieben, dass beschlossen wurde, mit einer Gruppe zu experimentieren, die allein das Studium ihres eigenen Prozesses zur Aufgabe haben sollte und einen externen Beobachter zum Geben von Feedback benutzen sollte.

Diese neu installierte Art von Lernprozessen hatte alsdann die »Handlungsforschung« zur Folge, zu deren Pionieren unter anderem auch Jacob Moreno, der Begründer des Psychodramas, gehörte.

Die letztere Auffassung von Gruppendynamik beschäftigt auch uns im erlebnispädagogischen Setting: Im Grunde ist es ein zentrales Thema, denn die Erlebnispädagogik nützt das Arbeiten in Gruppen gezielt im Hinblick auf das Trainieren von sozialen Fertigkeiten. Zwar erfahren auch individualpädagogische Ansätze in der Erlebnispädagogik wieder einen Aufschwung, aber sie bilden eine Vorstufe zum gruppenbezogenen Setting. Übergeordnetes Ziel erlebnispädagogischen Arbeitens ist immer, die Gruppenfähigkeit und die soziale Bezugsfähigkeit einzelner Menschen zu unterstützen.

Unser ganzes Leben spielt sich in Gruppen unterschiedlicher Relevanz ab. Die Gruppe ist neben der Partnerschaft und der Beziehung zu einzelnen Menschen das Erfahrungs- und Entwicklungsfeld des Menschen schlechthin.

Im Folgenden geben wir einen Überblick über Aspekte gruppendynamischer Forschung und beziehen uns dabei hauptsächlich auf König und Schattenhofer, die das Thema äußerst kompakt behandelt haben und verschiedene Blickwinkel darstellen, aus denen man Gruppen betrachten kann.[73] Wir flechten dabei Beispiele aus unserer Gruppenleiterpraxis ein.

Blickwinkel »Der Schnitt durch eine Gruppe«

Der vertikale Schnitt

Hierbei geht es um die innere und äußere Umwelt von Gruppen: Es gibt Gruppen, in denen eher das Geschehen in der Gruppe selbst im Vordergrund steht, wie bei Selbsterfahrungsgruppen oder bei Teamentwicklungsprozessen. Hier steht die innere Umwelt der Gruppe im Vordergrund.

Gruppen, die eher auf die äußere Umwelt orientiert sind, wären demnach etwa Klassengemeinschaften oder Gremien, die für äußere Ziele arbeiten.

---

[73] Vgl. Oliver König/Karl Schattenhofer: Einführung in die Gruppendynamik, Heidelberg 2006, S. 26ff.

Innere Umwelt steht im Vordergrund			Äußere Umwelt steht im Vordergrund [74]	
Therapie- und Selbsterfahrungsgruppen	Selbsthilfegruppen	Arbeitsteams	Zwangsgruppen, wie z. B. Schulklassen	Stellvertretergruppen, Gremien

Beispiel:

Eine Gruppe Jugendlicher aus einer sozialpädagogischen Wohngemeinschaft fährt zusammen mit ihren Betreuern auf ein erlebnispädagogisches Projekt. Einerseits handelt es sich um eine Zwangsgruppe, da die Jugendlichen sich in der Regel nicht aussuchen können, wer noch mit dabei ist, und manchmal auch nicht, ob sie selbst überhaupt teilnehmen wollen. Freiwilligkeit ist zwar erklärte Voraussetzung in der Erlebnispädagogik, in der Projektrealität ist ein gewisser Zwangskontext jedoch sehr häufig zu finden. Dieser ist auch gegeben, wenn die Jugendlichen die Wahl haben, etwa zwischen einer geschlossenen Unterbringung oder der Teilnahme an einem Projekt. Die Entscheidung ist vorgegeben, es besteht also keine wirkliche Wahl: Der Jugendliche wird mit hoher Wahrscheinlichkeit das Projekt wählen. Die äußeren Ziele dieser Gruppe sind definiert durch die allgemeinen Ziele, die im Projektkonzept beschrieben werden. Diese Ziele (die äußere Umwelt) sind jedoch häufig für die Teilnehmenden nicht sonderlich attraktiv. Sie selbst würden vermutlich andere Ziele für sich formulieren, die es natürlich herauszufinden gilt. Ein Jugendlicher formulierte für sich folgendes Ziel für ein viertägiges Kurzprojekt: Er wolle es schaffen, in diesen vier Tagen mit dem Vorrat an Zigaretten auszukommen, den er mithabe, und nicht bei den anderen »schnorren«. Er rauchte normalerweise mindestens zwei Packungen pro Tag und hatte vier Packungen mit, die er am zweiten Tag schon vernichtet hatte. Er orientierte sich konsequent an seinem eigenen Ziel und rauchte während der letzten beiden Tage keine einzige Zigarette. Am Ende war er so stolz auf sich, dass er sagte: »Ich habe gesehen, dass ich es schaffe, vielleicht schaffe ich es ab nun auch im Alltag, mit nur einer Packung pro Tag auszukommen.«

Das übergeordnete, äußere Ziel (die äußere Umwelt) des Projektes war, den Jugendlichen Erfahrungen zu ermöglichen, die sie in ihrer Selbstkompetenz stärken sollten, um an der Basis für deren soziale Kompetenzen zu arbeiten.

---

[74] Grafik aus König / Schattenhofer, a. a. O., S. 26.

Aber die erlebnispädagogische Gruppe ist natürlich nicht nur eine Zwangs-, sondern auch eine Selbsterfahrungsgruppe, da die individuellen Ziele, die mit den einzelnen Jugendlichen erarbeitet werden, über die Initiierung von Selbsterfahrungsprozessen angesteuert werden sollen. Möglicherweise wird diese Gruppe sogar zur Selbsthilfegruppe. In unserem Fall haben auch die anderen Teilnehmer unseren Jugendlichen unterstützt, indem sie ihm niemals eine Zigarette angeboten hatten und vielleicht auch Nein gesagt hätten, wenn er sie darum gebeten hätte.

Wir selbst haben schon oft gesehen, dass Jugendliche andere mitreißen können oder zu wichtigen Unterstützern im Entwicklungsprozess für andere werden. Diese Dynamik ist übrigens eine sehr schöne Erfahrung auch für uns Gruppenleiter.

Der horizontale Schnitt

Man kann Gruppen aber auch nach dem Eisbergmodell betrachten, bildlich gesehen also einen waagrechten Schnitt durch die Gruppenstruktur vornehmen[75]:

Zuoberst und meistens für alle bewusst erfahrbar ist die *Sachebene*, das Thema oder das Arbeitsziel, um das es geht. Dies wäre der sichtbare Teil des Eisbergs.

Unter der Wasseroberfläche läge die *Beziehungsebene*, noch weiter unten die *psychodynamische* Ebene, also die psychologischen Bezüge der Einzelnen, und schließlich ganz unten in der Tiefe der *Kernkonflikt* der Gruppe.

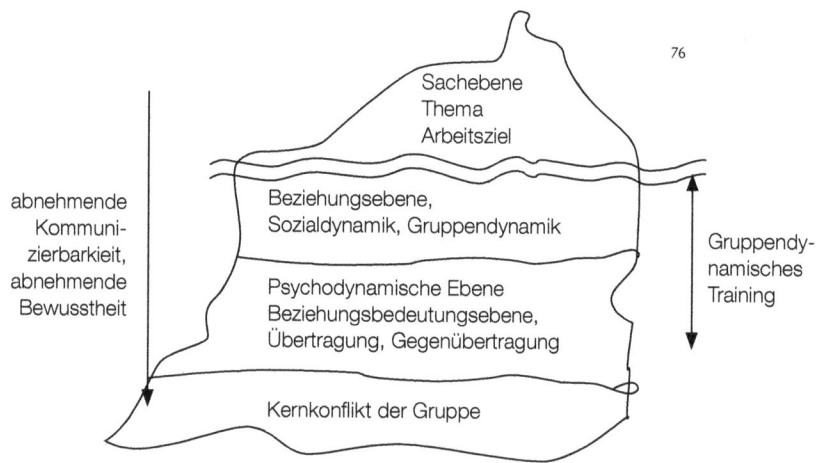

[75] Anmerkung: U. E. ist dieser Schnitt senkrecht und der oben als »vertikal« beschriebene Schnitt in Wirklichkeit der horizontale, aber es soll hier weniger um den Titel des Blickwinkels gehen, sondern mehr um das Bild selbst.

[76] Grafik aus König/Schattenhofer, a. a. O., S. 27.

Uns beschäftigt vor allem die »soziodynamische Schicht« des Eisbergs. Sie liegt nur knapp unter der Wasseroberfläche und beschreibt jenes Mysterium, das in Gruppen sehr schnell als Klima spürbar wird. Es geht um das Beziehungsgeflecht, das in jeder Gruppe entsteht.

»Das Geschehen auf dieser Ebene lässt sich nur zu einem kleineren Teil aus dem ableiten, worüber gesprochen wird, sondern am ehesten daraus, wie gesprochen wird: Wer hört wem zu? Wer reagiert auf wen oder nicht? Wer oder was findet Beachtung und was nicht? Welche Vorschläge werden aufgegriffen, welche nicht?«[77]

Sehr oft lässt sich auch beobachten, dass sich das Geschehen auf dieser Ebene in den Pausen abspielt oder dort verstärkt, zum Beispiel dann, wenn ein Teilnehmer im Rahmen eines Führungsseminars ein Feedback bekommt, das er nicht annehmen oder nicht verstehen kann: Er wird sich spätestens in der Pause Solidarität von einem oder mehreren Gruppenmitgliedern suchen. Dann muss sich die Leitung die Frage stellen, ob sie das Thema noch einmal aufgreift oder ob es dadurch nur unnötig mehr Raum bekäme.

Bei der psychodynamischen Ebene handelt es sich um persönliche Bereiche, die oft als eine Art Tabuzone gelten. In der Erlebnispädagogik kommen wir häufig auf diese Ebene, da die Natur Prozesse intensiviert, welche die psychodynamische Ebene aufrühren. Es werden Muster aktiviert, die unter Umständen sehr unmittelbare Wirkungen zeigen können.

Geschieht so etwas beispielsweise im Rahmen eines Teamtrainings, befinden wir uns in einem Dilemma: Denn generell haben wir keinen Auftrag, in der Begleitung von Teams an persönlichen Themen zu arbeiten. Arbeitsteams oder Gruppen, die wir zu organisationsbezogenen Themen begleiten, kommen nicht wegen der persönlichen Selbsterfahrung. Doch diese lässt sich nicht einfach so hintanstellen. Bewegung »draußen« (in der Natur) bewirkt Bewegung »drinnen«. Will man vermeiden, dass die Teilnehmer sich dem Prozess verschließen oder gar als ein »Psychologisieren« ablehnen, ohne auf die Chancen zu verzichten, die das Arbeiten auf der psychodynamischen Ebene bietet, ist vieles gefordert, zuallererst aber der unbedingte Respekt vor der Person beziehungsweise der Gruppe. Hier könnte sogar die Faustregel gelten: Je mehr ich die Menschen anerkennen kann, so wie sie sich geben, umso systemischer arbeite ich.[78] In der konkreten Umsetzung kann das heißen, konsequent bei dem zu bleiben, was in der Trainingssituation vorgefallen oder aufgefallen ist.

[77] Ebd., S. 29.
[78] Vgl. Insa Sparrer: Konstruktivistische Aspekte der Phänomenologie und phänomenologische Aspekte des Konstruktivismus. In: Gunthard Weber (Hg.), a. a. O., S. 68.

Wahrscheinlich ist nirgends die Trennung von Beobachtung und Bewertung so aktuell und bedeutsam wie hier.

Andererseits: Die Vermischung der Arbeit an Trainingszielen und persönlicher Prozessarbeit ist auch eine Frage des persönlichen Stils. Gunthard Weber, einer der bekanntesten Vorreiter und Mitentwickler der systemisch-phänomenologischen Arbeit, bezeichnet sich beispielsweise selbst als »typischen Vermischer«.[79] Sieht man diese Aussage im Kontext seiner Bekanntheit und seiner umfassenden Erfahrung, könnte es natürlich auch sein, dass seine Klienten schon vorher offen sind für Prozessarbeit und sie ihm unausgesprochen dafür einen Auftrag geben, weil sie ihm vertrauen.

Ein solches Vertrauen können wir von unseren Adressaten erstens nicht voraussetzen, zweitens bedeutet persönliche Prozessarbeit in Arbeitsteams auch immer eine Art von Outing, das den Arbeitszielen eventuell nicht gut tun könnte – und schon gar nicht jenen Personen, die es betrifft. Ein persönliches Outing, das den Arbeitszielen dienlich war, haben wir im Rahmen eines Teambildungstages erlebt:

Ein Beispiel: Für jemanden etwas tragen

Ein Team aus der Automobilbranche absolvierte im Rahmen eines Strategiemeetings auch einen Tag im Outdoor zur Teambildung. Der Leiter der Abteilung nahm auch teil, zeigte aber auffallend wenig Engagement in der Führung seines Teams. Als Medium setzten wir Floßbau mit anschließender Fahrt ein. Die Administratorin, Frau S., trat an die Stelle des Leiters. Sie war sehr bemüht, dass alle eine Aufgabe hatten, und verbalisierte schon am Vormittag mehrmals die Ziele, die sie alle mit diesem Tag erreichen wollten, und agierte sehr unterstützend im Sinne dieser Ziele. Als das Floß fertig gebaut war und sich der Zeitpunkt des Einbootens näherte, trat Frau S. allerdings an uns heran und eröffnete, dass sie auf keinen Fall mitfahren wolle. Wir hatten sofort den Eindruck, dass ihr Problem nichts mit dem Teamprozess zu tun hatte, möglicherweise handelte es sich um etwas, was man der psychodynamischen Ebene zuordnen könnte. Wir drangen nicht in sie, aber sie wirkte sehr emotional und wollte uns nicht gleich aus dem Gespräch entlassen. Schließlich eröffnete sie uns, dass sie nicht schwimmen könne und dass es ihr überaus peinlich sei, wenn ihre Kollegen und Vorgesetzten davon erfahren würden. Es sei eine sehr große Hürde für sie, das zu erzählen, und sie fühle sich sehr hin- und hergerissen. Wir legten ihr nahe, für sich zu entscheiden, welcher Seite in

---

[79] Aussage im Rahmen eines Seminars zur systemischen Aufstellungsarbeit, Wiesloch 2008.

ihr sie nachgeben wolle. Sie gab sich letztlich selbst den Ruck und eröffnete es der Gruppe.

Sofort bekam sie große Unterstützung von allen. Auffallend war, dass auch der Vorgesetzte sich stark dafür einsetzte, dass sie mitkam. Das war übrigens die einzige Handlung, die wir an ihm während des ganzen Tages beobachten konnten, bei der er eine Art von Führung übernahm.

Frau S. fuhr schließlich mit. Ihre persönliche Geschichte hatte hohen integrativen Effekt auf das Team und förderte die Vertrauensbildung auch unter anderen Personen, was in den Rückmeldungen zum Ausdruck gebracht wurde. Möglicherweise wurde an diesem Tag auch bewusst, wie sehr sie auch im Arbeitsalltag Leitungsfunktionen übernommen hatte und damit ihrem Chef etwas abnahm. Im Setting des Teambildungstages kam sie dann an eine individuelle Grenze, wo sie nicht mehr so selbstverständlich in die Bresche springen konnte, weil das Problem tiefer lag. Ihr persönliches Thema bereicherte aber den ganzen Gruppenprozess.

Natürlich kann man alle möglichen Spekulationen darüber anstellen, was gewesen wäre, wenn sie einfach nicht mitgefahren und nichts gesagt hätte. Vielleicht wäre der Leiter dadurch in eine Position gekommen, in der er agieren hätte müssen oder Ähnliches. Wir können hier nur beschreiben, welche der Möglichkeiten an diesem Tag den Weg in die Realität gefunden hat.

Ein anderes Beispiel: Von der Gruppe getragen werden

Eine Teilnehmerin an einem Führungsseminar, das als Seekajaktrekking entlang einer griechischen Küste angelegt war, hatte einen großen Verlust zu verkraften: Ihr Lebenspartner war wenige Monate zuvor völlig unerwartet gestorben und sie war noch immer in tiefer Trauer. Sie konnte sich nicht recht an die Gruppe anschließen und suchte von niemandem die Nähe. Andererseits war es auch für die Gruppe schwierig, sie aufzunehmen, wir konnten gewisse Widerstände in Bezug auf sie ausmachen. Sie feierte während dieses Seminars sogar einen runden Geburtstag und dieser Abend war ein Highlight bezüglich der Integration. Allerdings stand sie auch in den darauffolgenden Tagen wieder »draußen«. Wir sprachen sie darauf an und fragten, ob es ihr helfen könnte, wenn sie sich mehr als Teil der Gruppe fühlte und ob sie auch etwas dafür tun würde. Die Antwort fiel ihr sehr schwer und wir setzten ein wenig nach, da wir den Eindruck hatten, dass für sie ein Auftauchen und eine Wiederaufnahme in die Gruppe eine hilfreiche Erfahrung sein könnten. Es könnte wie eine Metapher sein für das Wiedereintauchen in die Gesellschaft. Wir brachten sogar das Bild von einer schmerzvollen Geburt, der große Freude folgt.

Wir pflegten in dieser Situation also eine intervenierende Form der Prozessleitung.

Schließlich stimmte sie zu und wir baten sie, sich einen Ort in der Bucht zu suchen, an dem sie sich besonders wohlfühle. Sie suchte sich einen Stein, an dem es nach kurzer Zeit aber schon unbequem war. So übersiedelte sie auf einen anderen Stein und schließlich auf noch einen. Immer war unsere Frage, ob das der richtige Platz sei und ob sie sich hier auch richtig aufgenommen fühle. Nach einem Prozess, der einige Zeit andauerte, fand sie schließlich eine von der Sonne angewärmte Kuhle aus runden Kieselsteinen, in die sie sich legte und wo sie es sehr angenehm fand. Immer wieder sagten wir ihr, sie solle sich nur auf das besinnen, was sie jetzt im Moment wahrnehmen könne. Sie lag dort einige Zeit und berichtete uns, was sie wahrnahm. Schließlich fragten wir, ob sie es zulassen könne, dass sich jene Personen aus der Gruppe, die ihre Traurigkeit verstehen könnten, zu ihr setzen dürften.

Sie bejahte und die ganze Gruppe setzte sich um sie. Der nächste Schritt war, dass sie sich mit geschlossenen Augen von den Kollegen aufheben und zum Strand tragen ließ. Dort konnte sie den sanften Wellenschlag hören. Zum Schluss legte die Gruppe sie wieder zurück auf die warmen Kiesel. Alle waren stark berührt, aber niemand empfand ein Gefühl der Trauer, sondern eher der Freude und der Verbundenheit.

Unsere Teilnehmerin fühlte sich nach diesem Prozess unglaublich gestärkt. Sie kletterte auf einen Felsen, sprang aus acht Metern Höhe ins Meer, aus Verbundenheit zu diesem Wasser, das sie vorher gehört hatte, und viele sprangen mit ihr.

Jahre nach diesem Ereignis haben wir noch immer Kontakt mit ihr, und sie hat uns später erzählt, wie hilfreich es für sie war, in diese Erfahrung hineingeschubst zu werden. Auch andere Teilnehmer aus dieser Gruppe haben geschildert, dass die Arbeit an diesem Tag für sie in ganz anderen Belangen heilsam und lösend war.

Ein Beispiel also, wo die psychodynamische Ebene bewusst von den Leitern ins Geschehen gerückt wurde. Natürlich waren wir hier auch weit im Grenzland zwischen Pädagogik und Therapie, vor allem weil uns der Auftrag für dieses Wirken nicht von vornherein gegeben wurde. Wir setzten sogar einiges daran, ihn zu bekommen, weil wir uns von der Intuition leiten ließen, dass die Ebene, auf der die eigentliche Thematik lag, nicht nur mit der betroffenen Teilnehmerin zu tun hatte, sondern auch mit einigen anderen, sonst hätte es vorher keine Ausgrenzungsdynamik gegeben. Wir sind dankbar für diesen Prozess und für die unterstützende Natur, ohne die dies nicht möglich gewesen wäre.

Wir schließen noch einmal an unseren Gedanken von oben an: Da das erfahrungsorientierte Lernen ein Aufblitzen der psychodynamischen Ebene fördert, können wir als Prozessleiter nicht wegschauen, wenn sie sich zeigt. Denn dann dürften wir nicht eine derart kraftvolle und in Bewegung bringende Lernumgebung wählen. Das bringt die systemische Erlebnispädagogik in den Ruf, »therapeutischer« zu sein, als sie es sollte. Dieses Thema behandeln wir ausführlich im nächsten Kapitel.

Wenn wir also persönliche Prozessarbeit innerhalb eines Gruppenprozesses leisten, ist es wichtig, darauf zu achten, dass dies im Kontext des Auftrages geschieht. Die persönliche Prozessarbeit darf nicht eventuell schon bestehenden Vorurteilen gegen eine Person Vorschub leisten, geschweige denn dazu dienen, der Leitung persönliche Informationen über die Person zu liefern. Das wäre eine missbräuchliche Form der Arbeit.

Ideal ist, wenn man bei der Arbeit mit Gruppen mit allen Teilnehmern auf eine persönliche Ebene kommt, sofern man auf die beschriebene psychodynamische Ebene des Eisbergs stößt. Somit wäre ein Ausgleich geschaffen. Jede Person hätte sich geoutet beziehungsweise etwas von sich eingebracht.

Gruppen, die aus Organisationen mit überwiegend wirtschaftlichen Zielen kommen, unterscheiden sich hier zum Teil von jenen, die aus Organisationen mit psychosozialen Zielen kommen. Die Tendenz, ein Arbeitsteam zur Selbsterfahrungsgruppe zu machen, ist in letzteren sehr häufig zu beobachten. Dies heißt jedoch nicht unbedingt, dass Teams aus psychosozialen oder pädagogischen Arbeitsfeldern grundsätzlich kompetenter im Bearbeiten ihrer gruppendynamischen Themen sind. Hier spielt einerseits das persönliche Involviertsein eine Rolle, aber auch angelerntes problem- und diagnoseorientiertes Denken.

Bei Gruppen mit ökonomisch ausgerichteten Zielen muss man respektieren, dass Berührungsängste oder sogar Ablehnung gegenüber persönlichkeitsbezogenen Themen bestehen können. Die Teilnehmer solcher Gruppen sind es gewohnt, sachbezogen zu denken und zu arbeiten, sie sind also konzentriert auf den sichtbaren Teil des Eisbergs. Es ist nicht üblich, unter die Oberfläche zu sehen, weil das nicht Teil der dort gepflegten Kultur ist. Dies zu sehen und anzuerkennen erfordert ein gutes Maß an Zurückhaltung und die Aktivierung der Kunst des Nichtwissens von den Gruppenleitern.

Der Kernkonflikt einer Gruppe, wie er im Eisbergmodell beschrieben wird, ist zu verstehen als eine Art immer wiederkehrendes Handlungsmuster, das wir in unseren Seminaren als »Gruppentemperament« beschreiben. Es geht um so etwas wie das kollektive Unbewusste einer Gruppe. Wenn das In-Bewegung-bringen dieses Temperaments gelingt, ist das eine große Chance. Ob etwas in Bewegung gekommen ist, zeigt sich unter anderem dadurch, dass man über beobachtete Muster oder auftauchende Phänomene in der Gruppe öffentlich sprechen kann.

Beispiel:
Kernkonflikt – »Ich mache genug, die anderen sollen mehr machen«

Wir begleiteten eine Gruppe sechs Tage durch ein Waldgebiet. Schon am ersten Tag war zu beobachten, dass eine große Trägheit bestand, was die Arbeiten in und rund um das Camp anbelangt. Auch am zweiten Tag wirkte die Gruppe zwar sehr präsent und zustimmend in Bezug auf das Setting, auch bereit, an persönlichen Themen zu arbeiten, aber insgesamt müde, initiativ- und kraftlos. Wir hatten das Gefühl, ständig pushen zu müssen, um etwas in Gang zu bringen. Besonders das Feuermachen wollte nicht so recht gelingen, da es regnete und viel mühseliges Holzaufbereiten und Trocknen erforderlich war, wofür anscheinend niemand wirklich genügend Energie aufbringen wollte. Das Feuer kam nicht so recht ins Brennen, die beißenden Rauchschwaden quälten die Augen und machten den Aufenthalt an der Feuerstelle nicht gerade gemütlicher.

Wir bemerkten auch eine Art Delegationshaltung in der Gruppe: Irgendjemand wird schon etwas tun und irgendwann wird das Wasser dann auch heiß sein. Dieses Delegationsmuster bildete zugleich eine Belastung und schlug sich auf das Gruppenklima. Es wurde deutlich in Bemerkungen wie: »Ich habe schon Holz gesucht, jetzt soll M. noch mal gehen« oder: »Ich war gestern zum Abendessenkochen dran, heute bin ich nicht bei der Frühstücksgruppe«.

Wir dachten über einen Auftrag nach, der diese Gruppe in Bewegung bringen könnte, sodass dieses Kernkonfliktmuster (»Ich mache ohnehin schon genug, jetzt sollen einmal die anderen machen«) bewusst werden könnte.

Da sich die Trägheit rund um das Thema Feuermachen am deutlichsten zeigte, beschlossen wir, der Gruppe den Auftrag zu erteilen, eine riesige Feuerskulptur zu bauen. Jeder solle sich beteiligen und die Skulptur sollte mindestens fünf Meter hoch sein.

Wir waren erstaunt, welchen Prozess wir beobachten konnten: Anfangs kümmerte sich der aktive Kern um die Aufgabe, aber bald schlossen sich alle an und es wurde zur lustvollen Herausforderung, etwas so Großes zu konstruieren. Die Gruppe arbeitete stundenlang an der Säule. Die Teilnehmer schleppten Holz heran, schlichteten es zueinander, bauten das Gestell wieder um, weil es eine für sie nicht zufriedenstellende Form annahm, und erfreuten sich schlussendlich eines riesigen Feuers, das ordentlich wärmte und sich zudem lautstark und fröhlich bemerkbar machte: Es knackte, krachte, explodierte, große Teile stürzten um und bildeten kleine Nebenfeuer, die wieder in Ordnung gebracht werden mussten.

In der Reflexion des Prozesses kam dann Folgendes zum Ausdruck: Es sei ihnen nun aufgefallen, dass die Antriebsenergie bei vielen geschwächt gewesen war und die Arbeit am großen Feuer dazu beigetragen habe, diese Energie zu stärken. Erst im Nachhinein wurde ihnen auch die daraus resultierende Delegationshaltung bewusst.

Der Kernkonflikt war ausgesprochen. Es war zwar weiterhin anstrengend, unter den schwierigen äußeren Bedingungen dieser Woche im Wald unterwegs zu sein, aber die Gruppe war sich bewusst geworden, wie wertvoll es sein kann, wenn Stimmungen zum Ausdruck gebracht werden und konkrete Handlungen oder Nicht-Handlungen differenziert rückgemeldet werden.

Wir arbeiteten in den folgenden Tagen weiter an der Differenzierung der Wahrnehmung und der Verfeinerung der Feedbackkultur.

Das Eisbergmodell ist natürlich auch lediglich ein Konstrukt, also eine Möglichkeit, wie man eine Gruppe betrachten kann.

Im Folgenden stellen wir noch weitere gruppendynamische Blickwinkel dar. Wir möchten aber auch anregen, diese nicht als absolut anzusehen, sondern sich mit eigenen Blickwinkeln zu befassen. Denn nur die eigene Sicht kann Grundlage für Entscheidungen sein, die man als Leitungsperson trifft. Und nur die eigene Perspektive kann auch die Grundlage zur Erweiterung derselben sein. Mit Heinz von Foersters Worten: Weg von der »Gucklochhaltung« hin zur »Teil-der-Welt-Haltung«.[80]

Blickwinkel gruppendynamischer Raum[81]

Das Modell des gruppendynamischen Raums sieht vier Dimensionen, nach denen man die Gruppenvorgänge beobachten kann:

1. Die Dimension der Zugehörigkeit: drinnen/draußen
2. Die Dimension Macht und Einfluss: oben/unten
3. Die Dimension Intimität: nah/fern
4. Die Aktualisierung lebensgeschichtlicher Erfahrungen im Gruppenprozess

[80] Vgl. Sonja Radatz: Einführung in das systemische Coaching, Heidelberg 2006, S. 18.
[81] Andreas Amann: Vergemeinschaftungsmuster, Zugehörigkeit und Individualisierung im gruppendynamischen Raum. In: Der gruppendynamische Raum. Themenheft der Zeitschrift Gruppenpsychotherapie und Gruppendynamik 39 (3), S. 201–219.

Die Dimension der Zugehörigkeit

Wer steht im Zentrum einer Gruppe? Wer wird leicht übersehen und überhört, ist unscheinbar? Wer gehört von Anfang an dazu, wer hält sich (noch) draußen oder wird draußen gehalten?

Das Thema Zugehörigkeit ist natürlich auch dynamisch, das heißt, es konstruiert sich im Prozess immer wieder neu. Nichtzugehörigkeit kann auch nützlich für eine Person sein: Das ist der Fall, wenn sie zum Beispiel dadurch immer wieder von anderen umworben wird oder das, was sie sagt, besonders gehört wird. Aber auch wenn eine Person draußen steht, weil sie nicht genügend wahrgenommen wird, kann es einen versteckten Nutzen haben. Und sei es nur der, dass sich die Person einmal mehr selbst bestätigen kann, nicht dazuzugehören. Wenn die Leitung so eine Thematik wahrnimmt, kann sie sich einen Auftrag holen, dieses Thema aufzugreifen.

Wenn jemand im Zentrum steht, kann das auch Stress bedeuten. Eine Teilnehmerin stand am ersten Tag der Gruppenbildung durch eine starke positive Ausstrahlung, humorvolle Äußerungen und starke Beteiligung im Zentrum. Am nächsten Morgen weinte sie bei der Befindlichkeitsrunde. Es stellte sich heraus, dass ihr die Aufmerksamkeit der anderen zu viel geworden war, weil in ihr dadurch das Gefühl entstanden war, jetzt »immer so sein zu müssen«, damit sie selbst dem Bild gerecht würde, das am ersten Tag von ihr entstanden sei. Ihr half die Vorstellung, dass sie selbst entscheiden könne, ob und wann sie in Zukunft »manchmal so sein wird«.

Die Dimension Macht und Einfluss

»Macht ist immer relativ (...) Schon in kleinen Gruppen ist die Zahl der möglichen Beziehungen so groß, dass die Herausbildung von Machtstrukturen zur Reduktion dieser Komplexität notwendig ist.«[82]

Macht und Einfluss richten sich immer gleichzeitig auf etwas und gegen etwas oder jemanden aus. Entweder gibt es Rangkonflikte innerhalb der Gruppe oder zwischen Gruppe und Leitung. Letzteres ist sehr häufig und hat meistens nichts mit der Kompetenz der Leitung zu tun. Das Reiben an der Leitung kann auch als Kompliment aufgefasst werden: Die Leitungsperson wird als würdiger Gegner eingestuft.

Interessant in Bezug auf Macht und Einflussdimension ist auch empörendes Verhalten. Empörung ist keine gute Ausgangsbasis für Lernen. In der Empörung wird an etwas festgehalten, das loszulassen sehr schwierig ist. Dieses Loslassen zu fördern oder manchmal auch zu fordern, ist Aufgabe der Leitung.

[82] König/Schattenhofer, a.a.O., S. 37.

Die Dimension Intimität

Wie gesellen sich die Teilnehmer zueinander? Entwickeln sie eher sachbezogene Verhältnisse, ähnelt die Gruppe einer familiären Umgebung oder bleiben die Interaktionen formell? Bestehen freundschaftliche oder partnerschaftliche Beziehungen zwischen Teilnehmern? Wie viel Nähe wird in einer Gruppe zugelassen beziehungsweise wie hoch ist die Bereitschaft, im Sinne des Eisbergmodells auch unter die Wasseroberfläche zu gehen?

Auch aus der Dimension Intimität können sich Rang- oder Zugehörigkeitskonflikte entwickeln, denn es ist bedeutsam, wer sich für wen interessiert und wer wen attraktiv oder nicht attraktiv findet. Natürlich wird dadurch auch deutlich, dass diese Dimensionen ineinanderreichen und sich überlappen.

Es ist uns wichtig, an dieser Stelle etwas Grundsätzliches zu erwähnen, wie wir das auch häufig in unseren Seminaren tun: Wir halten Modelle für nützliche Ordnungshilfen, nach denen man ein Geschehen betrachten kann. Je mehr Modelle eine Leitungsperson kennt und zu Hilfe nehmen kann, desto vielfältiger sind diese Ressourcen. Sie dienen aber nur dazu, eine Situation für den Moment beschreiben zu können, sozusagen dem Kind einen Namen zu geben und einen Schnappschuss zu machen. Vielleicht passt dieser Name dem Kind aber gar nicht und der Schnappschuss ist verwackelt, dann bekommt die Leitung in jedem Fall Rückmeldungen aus der Gruppe. In diesem Fall ist möglicherweise ein anderes Modell hilfreich – oder gar keines.

Vom phänomenologischen Standpunkt aus betrachtet sind Modelle gar nicht notwendig, denn hier leitet eine grundlegend andere Betrachtungsweise die Prozessführung.

Analytisches Denken kann behindernd sein, in solch andere Betrachtungsmodi zu kommen. Es ist eine grundlegende Entscheidung im Prozess, ob analytisch an die Sache herangegangen wird oder ob die Intuition eine Rolle spielen darf.

Die Aktualisierung lebensgeschichtlicher Erfahrungen im Gruppenprozess

Gruppenerleben kann nicht vom »richtigen Leben« getrennt betrachtet werden. Wir nehmen unsere Lebenserfahrungen in Gruppen mit und es entscheidet sich immer wieder neu, welche Facetten wir davon hervorkehren. Wir können also jederzeit – mehr oder weniger – steuern, wie wir uns einbringen und verhalten. Oder wie Maturana sagt: »Wir sind nicht, sondern wir ›tun‹ kontinuierlich.«[83] Aber unsere lebensgeschichtlichen Erfahrungen bilden die Grundpfeiler für die Möglichkeiten dieser Steuerungsprozesse.

---

[83] Vgl. Radatz, a. a. O., S. 28.

Manchmal schimmert es im Prozess durch: Jetzt ist jemand nicht direkt mit dem aktuellen Gruppenprozess verbunden, sondern eher mit dem, was er schon kennt, was er schon viele Male erfahren hat. Diese Situationen bieten Chancen für Musterunterbrechungen. Dabei ist sehr viel Fingerspitzengefühl gefragt, egal ob die Intervention auf provokative, einfühlsame, konstruktivistische oder andere Art erfolgt.

Beispiel: Die Schamanentrommel

Ein Teilnehmer hatte sich einen großen Fauxpas geleistet: Er hatte zum Seminar eine Rahmentrommel mitgenommen, was bei erlebnispädagogischen Seminaren ja nicht unüblich ist. Trommeln, Gitarren oder andere Instrumente werden, sofern es das Setting zulässt, gerne mitgebracht. Diese Trommel war jedoch besonders: Auf die Oberfläche war sorgfältig und tiefrot die Swastika, besser bekannt unter dem Namen »Hakenkreuz«, gemalt. Der Teilnehmer stellte das Symbol als etwas vor, das ihm sehr wichtig sei. Er wolle die alte Bedeutung dieses Symbols, das ein Sonnenrad darstellt und mit Ganzheitlichkeit verbunden wird, wiederbeleben. Einige der Teilnehmer konnten diese Sicht überhaupt nicht teilen und waren empört. Auf die Empörung reagierte der Teilnehmer mit Ignoranz. Es sei ihm egal, wie das von anderen gesehen werde, für ihn sei es ein Symbol der Ganzheitlichkeit.

Wir intervenierten, indem wir ihm sagten, dass wir der Meinung seien, dass dieses Symbol unverwendbar geworden sei, da es durch den tiefen Bedeutungswandel, den es erfahren habe, in unserer Zeit Assoziationen aufrufe, die nicht mehr der alten Bedeutung entsprächen. Aber diese Intervention nützte nichts, das Gruppenklima war deutlich gestört.

Nach der Mittagspause griffen wir das Thema noch einmal auf, weil wir befürchteten, es könnte sonst noch virulenter werden. Es wurde deutlich, dass der Teilnehmer als Kind kroatischer Eltern in Österreich früher massive soziale Ausgrenzung erlebt hatte. Die Diskriminierungen hatten ihn sehr aggressiv gemacht, die Beschäftigung mit Schamanismus hatte ihm geholfen, diese Aggressionen besser steuern zu können. Erst als für die anderen spürbar wurde, dass der Teilnehmer Gefühle zeigte, er also »angreifbar« wurde, konnte er in die Gruppe hineinkommen.

Interessant in Bezug auf Macht und Einflussdimension war noch, dass einer der anderen Gruppenteilnehmer, nämlich jener, der als Erster die Empörung über die Verwendung des Symbols geäußert hatte, zu keinem Annäherungsschritt bereit war. Er äußerte auch in anderen Zusammenhängen Empörung, es machte den Eindruck, dass er durch diese Äußerungen an Einfluss gewinnen wollte. Es gelang ihm jedoch an diesem und auch am nächsten Tag nicht, in der Gruppe weitere Solidaritäten zu gewinnen, denn die anderen Teilnehmer hatten die persönliche Geschichte des ersten Teilnehmers akzeptieren können.

An diesem Beispiel wird deutlich, wie stark lebensgeschichtliche Erfahrungen besonders in einen erlebnispädagogischen Gruppenprozess einfließen können.

Der beschriebene Teilnehmer machte im Laufe des Gruppenprozesses noch mehrere Windungen durch. Immer wieder fiel er in Verhaltensweisen zurück, die andere provozieren mussten, und zeigte große Reue und Lernbereitschaft, wenn er darauf aufmerksam gemacht wurde.

Blickwinkel Normen und Rollen in Gruppen

Normen

»Normen bezeichnen die Verhaltenserwartungen, die für alle Mitglieder einer Gruppe gleichermaßen Geltung beanspruchen und damit auf das Gemeinsame und Gleichheit der Gruppenmitglieder abzielen.«[84]

Wir beobachten in unseren Gruppen unterschiedlich ausgeprägte Normen, beispielsweise bezüglich folgender Themen: Wie lebe ich Naturverbundenheit, ökologisches Denken und Verhalten? Welche sportlichen Ansprüche habe ich, welche Erwartungen an Abenteuerlust und Reisen? Welche Vorstellungen über Spiele? Mit welchem Maß an Akribie sollen Aufgaben erfüllt werden? Welches Gewicht zeigen Körperorientierung und intellektuelle Orientierung, das Verhältnis von Tun und Gespräche darüber, Zugänge zur Spiritualität etc.?

Natürlich ist auch die Normenbildung in einer Gruppe prozesshaft zu verstehen. Normen kann man als die konkretere Form von Werten auffassen. Wenn es ein gemeinsamer Wert ist, dass jedes Gruppenmitglied das gleiche Recht auf Zugehörigkeit hat, dann könnte die passende Norm dazu lauten: Wir schließen niemanden aus, der zu uns gehört.

Eine häufig anzutreffende Norm in Teams aus dem psychosozialen Feld betrifft die Führungsstruktur: Die Leitung versteht sich als ranggleich im Verhältnis zum Team, das Team trifft Entscheidungen, die Leitung hat lediglich Vetorecht. Dadurch entsteht ein Vakuum, das oft mithilfe interner Opposition gegen die Leitung kompensiert wird.

Es lohnt sich also auf jeden Fall, zu untersuchen, welche offenen oder auch verdeckten Normen in einer Gruppe gelten.

---

[84] König / Schattenhofer, a. a. O., S. 43.

Wenn etwa die Norm gilt, dass die Gruppe beim Trekking auf das schwächste Gruppenmitglied achtet, bekommt dieses Mitglied großen Druck – oder auch Macht. In Wirklichkeit handelt es sich bei dieser Norm nämlich meist um ein Paradox. Denn eine Gruppe kann sich ja gar nicht ohne Rücksicht auf den langsamsten Teilnehmer gemeinsam weiterbewegen. Die Norm ist also eine notwendige Voraussetzung, um als Gruppe weiterhin zusammen zu bestehen.

Wird diese Norm bewusst kommuniziert, kann sie auch bearbeitet werden. Sie könnte zum Beispiel so umformuliert werden:

Eigenverantwortliches Handeln ist Ziel und Übungsfeld für alle. Dazu gehört zu unterscheiden, bis zu welchem Grad es gut ist, selbst für die Befriedigung persönlicher Bedürfnisse zu sorgen, oder wann diese vor der Gruppe geäußert werden müssen, um Unterstützung zu bekommen. Das nimmt den Druck von einzelnen Personen, die glauben, eine Last für die Gruppe zu sein, weil man sich um sie kümmern muss. Es lässt auch weniger Möglichkeiten für das Ausnutzen von Schwäche, da die Gruppe immer wieder das Thema eigenverantwortliches Handeln thematisieren muss.

Jedenfalls ist die Entwicklung von Normen ein natürlicher Gruppenprozess, der automatisch von Beginn an passiert und dann zum nützlichen Instrument wird, wenn die Gruppe anfängt, die Normen bewusst zu bearbeiten.

Rollen

Es gibt viele Modelle, die Rollen in Gruppen beschreiben – wir halten diesen Blickwinkel für problematisch. Zumindest sollte man sorgfältig mit der Art von Rollen umgehen, die man verteilt. Viele bekannte Rollenbegriffe in Gruppen beziehen sich stark auf die Zuschreibung von Eigenschaften zu bestimmten Personen und zeichnen damit ein statisches Bild. Solche Modelle setzen nämlich die Grundannahme voraus, dass wir unseren »Persönlichkeitstyp« mit in die Gruppe bringen, der damit unseren Platz in der Gruppe bestimmt. Das ist keine sehr systemische Sichtweise, weil sie Personen über Eigenschaften definiert und somit festschreibt.

Rollenkonstellationen in Gruppen, die sozialwissenschaftlich untersucht wurden, beschreiben daher eher Kategorien wie »aufgabenbezogene Rollen«, »Erhaltungs- und Aufbaurollen«, »negative Rollen« etc. So kann man spezifische Verhaltensweisen mit ihren besonderen Wirkungen auf den Gruppenprozess exakter beobachten.[85]

Es braucht auch Rollenübernahmen für den Gruppenprozess, sonst wäre etwa ein Team gar nicht arbeitsfähig. Rollen werden dann in Form von Funktionen vergeben, was nützlich und sinnvoll ist. Vorsicht ist nur geboten, wenn

---

[85] Vgl. König / Schattenhofer, a. a. O., S. 47.

bestimmte Rollenzuschreibungen Persönlichkeitstypologien folgen. Man kann sich zur Unterscheidung die Frage stellen: Beschreibt dieser Rollentypus ein Verhalten oder eine Wirkungsweise auf den Prozess oder könnte er eine Vorlage für eine Theaterfigur sein? Ist Letzteres der Fall, sollte man das Aussprechen dieser Rollenzuschreibung kritisch überdenken.

Auch das rangdynamische Modell von Raoul Schindler[86] bietet eine interessante Perspektive:

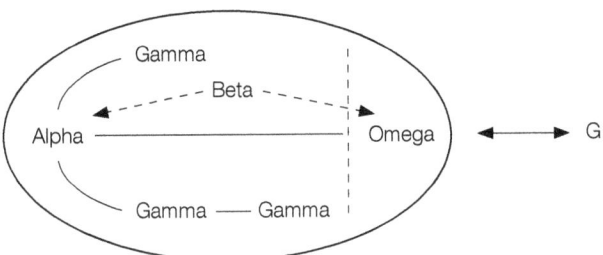

Im linken Oval erkennen wir die Gruppe, rechts davon ist ihr Gegenüber. Damit ist gemeint, dass sich die Identität einer Gruppe immer in Auseinandersetzung mit einem Gegenüber entwickelt. Das kann eine konkurrenzierende Gruppe sein, eine Vorbildgruppe oder auch eine Gruppe, wie sie nach den Normen dieser Gruppe nicht sein sollte.

Innerhalb unserer Gruppe finden wir Alpha, also die Leitung oder das Team, von dem man sich eine erfolgreiche Auseinandersetzung mit G erwartet. Personen oder Gruppen in Gammaposition identifizieren sich mit Alpha und arbeiten ihr zu. Position Omega ist mit G identifiziert, es handelt sich hier um die Position, die innerhalb einer Gruppe in Opposition zur Leitung oder zu den Zielen geht. Die Omega-Position ist gleichzeitig ein wichtiges Korrektiv, die kritische Stimme, die von innen kommt. Oft haben Personen in dieser Position auch einen starken Magnetismus, selten sind sie unscheinbar. Beta ist in beratender Funktion und von Alpha anerkannt. Diese Position arbeitet auch nicht gegen Omega, sie ist neutral und kann zur Konfliktbearbeitung beitragen. Omega regt auch sehr oft Innovationen an. Beobachtet man eine Gruppe aus dem Blickwinkel dieses Modells, kann es sein, dass gewisse Positionen in der real beobachteten Gruppe gar nicht vorkommen oder dass nicht immer dieselben Menschen dieselbe Position einnehmen.

---

[86] König / Schattenhofer, a. a. O., S. 51.

Beispiel:

In einem kleinen Arbeitsteam einer sozialen Einrichtung ist die Leiterin für die Führung der Geschäfte und die Teamleitung zuständig, hat aber nur im geschäftlichen Bereich eine entsprechende Ausbildung. Fachliche Entscheidungen werden vom Team getroffen, wobei sich jedoch eine Mitarbeiterin oft in die Omega-Position begibt und die Leiterin anstachelt, hinterfragt und Erwartungen produziert, die diese nicht erfüllen kann. Beta- und Gamma-Position wechseln von Zeit zu Zeit personell ab. In diesem Team ist die Alpha-Position also eher schwach repräsentiert. Omega hätte weniger Handlungsbedarf, wenn Alpha klarer definiert und positioniert wäre. Eventuell wäre es hilfreich, wenn die Leiterin auch Fachkraft in einem sozialen Beruf wäre. Dies gilt aber nur für kleinere Betriebe. Ab einer bestimmten Betriebsgröße treten andere Mechanismen in Kraft. Nicht mehr das Spezialistentum der Leiterin steht dann im Vordergrund, sondern ihre Fähigkeit, die im Betrieb vorhandenen Ressourcen zielgerichtet zu koordinieren.

Blickwinkel Gruppenprozess

Gruppendynamische Prozessmodelle haben eine gewisse Berühmtheit erlangt, besonders die Teamuhr nach Tuckman (1965), die in der sehr griffig die Phasen Forming – storming – norming – performing beschreibt.[87]

Seit wir Teams und Ausbildungsgruppen durch längerfristige Lernprozesse begleiten, bemühten wir uns, diese Abfolge zu beobachten. Es stellte sich daher so etwas wie Erleichterung ein, dass auch König und Schattenhofer berichten, dass sich diese Prozessabfolge empirisch nicht belegen lässt – zumindest nicht als Prozess, der vom Beginn bis zum Ende eines Gruppenlebens abläuft. Phasenmodelle sind nicht grundsätzlich zu verwerfen, aber wenn sie als Blickwinkel dienen sollen, ist es sicherlich hilfreich, den Begriff der Phase flexibler zu denken.

Die Teamuhr kann in einem Tag ihr ganzes Repertoire durchticken. Phasen können gleichzeitig in unterschiedlichen Gruppenlagern ablaufen und es müssen gar nicht alle Phasen auftreten. Auch die Reihenfolge kann unterschiedlich sein.

Sobald wir den »Phasenblickwinkel« einnehmen, erleben wir öfter diese Abfolge:

1. Orientierungsphase

Kennenlernen, beschnuppern, pendeln zwischen Sich-noch-zurückhalten oder -einbringen, die Dimension der Zugehörigkeiten ausloten. Entscheidun-

---

[87] Vgl. König/Schattenhofer, a.a.O., S. 61.

gen zu treffen fällt noch schwer, intensive Diskussionen sind dafür notwendig. Beispiel: Die Lebensmittelplanung für das erste gemeinsame Seminar dauert drei Stunden, später ist sie dann in zwanzig Minuten erledigt

2. Machtphase

Plätze werden eingenommen, die Leitung wird getestet, erste Konflikte oder spürbares Niederhalten von eventuellen Konflikten, Alpha- und Omega-Positionen treten hervor. Diese Phase tritt oft aber auch gleich zu Beginn ein, beispielsweise, wenn ein Teilnehmer während einer Gesprächsrunde, in der es um die persönlichen Zielvorstellungen geht, sagt: »In Gruppendynamik habe ich genug Selbsterfahrung, ich will lediglich etwas über Theorien und Methoden zum Thema Gruppendynamik oder Gruppenleitung lernen.«

Bei dieser Aussage müssen wir noch ein wenig verweilen. Sie kommt nämlich häufig auch in anderen Formen vor und ist immer ein Hinweis zu überdenken, ob eine direkte Reaktion darauf erfolgen soll oder ob man diesem Teilnehmer in der nächsten Situation, die sich anbietet, sein Handeln spiegelt.

Denn so eine Aussage ist ein Signal an die Leitung, dass diese Person – um in das Bild des Eisbergs zurückzukommen – nicht unter die Wasseroberfläche sehen möchte. In Gruppen, in denen es um Selbsterfahrung, Teambildung oder Teamentwicklung, Führung oder Ausbildung persönlichkeitsbezogener Fähigkeiten geht, ist dieses Abtauchen aber grundlegend. Wir können hier nicht allein auf der Sachebene – sprich bei der Theorie – verweilen. Wenn einzelne Teilnehmer die Einladung nicht annehmen können, auch persönliche Schritte zu machen, aber schon einmal da sind (sie haben sich ja auch angemeldet und damit auch den selbsterfahrungsorientierten Aspekten zugestimmt), müssen sie dahingehend gefordert werden. Denn sonst stimmt der Ausgleich zwischen anderen Teilnehmern nicht mehr, die dafür bereit sind.

Ein Teilnehmer, der eine solche Äußerung macht, sagt der Leitung, dass sie keinen Auftrag von ihm bekommt. Er hat auf jeden Fall persönliche Gründe dafür. Möglicherweise ist er im Moment nicht in der Lage, unter die Oberfläche zu gehen, und schützt sich auf diese Weise. Vielleicht hat er aber auch im ersten »Sekundenscan« die Leitung (und/oder die Gruppe) abgetastet und entschieden, dass er dieses Vertrauen nicht geben will. Es könnte aber auch sein, dass sich für ihn die Leitung erst beweisen muss, damit er Bereitschaft zur Arbeit an sich zeigen kann. Somit ist die Machtdimension beschrieben. Denn wenn das Ziel einer Gruppe in der Ausbildung von sozialen Kompetenzen liegt – und dafür steht die Erlebnispädagogik ja letztlich –, hat er den Auftrag an die Leitung schon erteilt, indem er sich zu dieser Gruppe angemeldet hat, und zieht ihn in der Erwartungsrunde wieder zurück.

Wenn der Prozess gut verläuft, geschieht dieses Zurückziehen nur vorläufig. Auch in der klassischen Gruppendynamik ging man davon aus, dass man Erwachsene ins Stolpern bringen muss, um ihnen besondere Lernräume zu eröffnen, und zwar aus zweierlei Gründen:

- Die Selbstverständlichkeiten der Alltagskommunikation müssen genügend irritiert werden, damit sie überhaupt zum Inhalt der Kommunikation werden können.
- Diese Selbstverständlichkeiten, die ja selbst Ergebnis von früherem Lernen sind, müssen infrage gestellt werden, damit die Bereitschaft entsteht, etwas Neues zu lernen. Lewin sprach vom »unfreezing«, vom Auftauen sozialer Gewohnheiten.[88]

Etwas zurückhaltender spricht man in der modernen Gruppendynamik von Niedrigstrukturierung (die Leitung bietet den Rahmen an, sonst aber zu Beginn nichts) und von initialer Verunsicherung.

Hilfreiche Fragen zur Unterstützung des Unfreezings können sein:

- »Was brauchst du konkret, damit du am Ende des Seminars sagen kannst, du hättest profitiert?«
- »Was kannst du beitragen aus deiner bisherigen Erfahrung, damit andere davon profitieren können?«
- »Welche Theorien und Methoden waren bisher für dich hilfreich, was kennst du schon?«
- »Was müsste geschehen, dass du auf keinen Fall profitieren kannst?«
- »Wann innerhalb der nächsten beiden Tage könntest du deine Ziele schon wieder neu anpassen?«

Die Leitung kann auch noch einmal den Lernrahmen abstecken und den Kontrakt neu erarbeiten. Dafür sollte, wenn nötig, auch etwas mehr Zeit investiert werden. Wenn die Situation es erlaubt und es eine Vorbereitungs- und Entscheidungsphase für ein Projekt gibt, kann hier noch einmal nachgedacht werden, ob das Projekt oder die Fortbildung für den jeweiligen Teilnehmer auch die richtige ist. Das heißt, ob er überhaupt bereit ist, sich in eine lernende Haltung zu begeben oder nicht. Wir haben in seltenen Fällen die Frage, ob jemand etwas lernen möchte oder eher nicht, unverblümt stellen müssen, um den von uns angebotenen selbsterfahrungsorientieren Lernrahmen zu wahren. Und bisher nur einmal die Antwort »nein« erhalten. Der Teilnehmer hat in beiderseitigem Einverständnis das Seminar abgebrochen.

[88] König / Schattenhofer, a. a. O., S. 51.

Machtspiele und Muskelmessen finden aber nicht nur zwischen Teilnehmern und Leitung statt, sondern natürlich auch innerhalb der Gruppe. Die Leitung tut gut daran, sich nicht auf eine Seite zu schlagen. Wenn dies aber dennoch einmal notwendig werden sollte, weil es Übergriffe gibt und jemand in Schutz genommen werden muss, ist es gut, bei nächster Gelegenheit im Sinne der Allparteilichkeit wieder die Seite zu wechseln.

3. Familiäre Phase

Entspannung wird angestrebt, Harmonie sollte herrschen, das Sich-Einigen hat große Bedeutung. Es wird nicht klar zwischen Arbeitshaltung und persönlichem Austausch unterschieden, die Leitung steht am besten in größerem Abstand zur Gruppe, da sie nicht »zur Familie« gehört und später wieder Struktur und Arbeitsrahmen vorgeben muss.

4. Differenzierungsphase

In dieser Phase besteht die optimale Arbeitssituation. Die individuellen Handlungsspielräume sind groß, Meinungsvielfalt wird zugelassen und es besteht gleichzeitig ein gut fundiertes Abkommen zur Arbeit an gemeinsamen Zielen. Man könnte diese Phase auch als Phase der Konfliktreife bezeichnen.

5. Abschlussphase

Die Gestaltung des Auseinandergehens beziehungsweise der Abschluss und die Würdigung von Gruppenprozessen sollten von der Leitung bewusst ins Blickfeld gerückt werden. Diese Phase wird oft vernachlässigt. Besonders in betrieblichen Situationen wird das Ende einer Projektphase, in der beispielsweise ein Arbeitsteam speziell zu diesem Zweck zusammengearbeitet hatte, oft durch neue Projekte überdeckt. Die Abschlussphasen sind eine gute Gelegenheit, auf Erfolge und Erfahrungen zu blicken, daraus zu lernen, und frei zu werden für das Nächste.

Blickwinkel Gruppenpolaritäten

Polaritäten, die in jeder Gruppe mehr oder weniger stark zur Geltung kommen, können auch eine Möglichkeit sein, auf eine Gruppe zu blicken. Eine Idee von möglichen Polaritäten gibt die folgende kleine Liste. Polaritäten sind immer Lernchancen, und es geht nicht darum, sie auszugleichen, sondern darum, sie zu erkennen und ihr Potenzial sehen zu lernen. So können alle Pole zum Nutzen des Gesamtprozesses werden.

Individuum	Kollektiv
Persönliche Ziele, Werte	Ziele und Werte der Organisation / Gruppe
Autonomie, Freiräume, Eigeninitiative	Vorgaben, Aufgaben, Pflichten, Kontrolle
Autorität	Unabhängigkeit, Mündigkeit
offene Entwicklung	Normen, Strukturen, Regelungen
Durchsetzen	miteinander gestalten
Rollen, Abgrenzungen	Verbindung, Vernetzung
männlich	weiblich
Macht	Liebe
Distanz	Nähe
Verstand	Gefühl

Es kann sogar Sinn haben, in einer Gruppe, die sich sehr homogen verhält, bewusst Polaritäten zu setzen, indem man Aufgabenstellungen auswählt, die das Hervortreten polarer Handlungsweisen fördern.

Der phänomenologische Blickwinkel

Dieser Blickwinkel wird von König und Schattenhofer nicht angeführt, er ist wertvolles Merkmal der systemisch-naturverbundenen Prozessarbeit (wie schon im ersten Kapitel beschrieben). In der erlebnispädagogischen Praxis kann die Einbeziehung des phänomenologischen Blickwinkels etwa so wie in folgendem Beispiel aussehen:

Beispiel Phänomene

In einer erlebnispädagogischen Projektgruppe ging es darum, einen Führungsauftrag für den bevorstehenden Tag zu vergeben. Die Gruppe war schon mehrere Tage unterwegs, und etliche hatten die Erfahrung gemacht, was es heißt, für einen ganzen Tag die Prozesse zu leiten und anschließend Rückmeldungen über die eigene Wirkkraft zu bekommen.

Aber einige waren noch nicht dran gewesen und beim Frühstück herrschte eine gewisse Nervosität. Die Teilnehmer begannen eine kleine Diskussion, wer aus welchen Gründen wohl heute in die Führungsrolle kommen solle.

Wir saßen mitten im Gebirge zwischen grandiosen Felsblöcken, die vom indirekten Sonnenlicht rötlich illuminiert waren. Dann stieg die Sonne zwischen den Felsen herauf und sandte einen Strahl – wie ein Spotlight- auf eine einzige Teilnehmerin. Sie war wie beleuchtet, während alle anderen noch im

Schatten saßen. Wir griffen dieses Phänomen auf und fragten, ob sie sich für heute »auserwählt« fühlen könnte. Sie stimmte freudig zu.

In der Situation war vorher eine Art Tauschhandel im Gange gewesen Die Teilnehmer hatten versucht, sich die Herausforderungen des kommenden Tages vorzustellen, analysierten die logistischen und konditionellen Ansprüche, erwogen die Kompetenzen der infrage kommenden Personen und hatten schon begonnen, sich den vor ihnen liegenden Auftrag wie eine heiße Kartoffel zuzuspielen. Die Aufgabe war einerseits attraktiv, andererseits auch eine Herausforderung. Ein Kräftemessen war spürbar, die Frage, wer sich mit seinem Vorschlag durchsetzen würde.

Die Dynamik wurde durch das Spiel der Sonnenstrahlen, das von der Leitung mit in den Prozess genommen wurde, in eine völlig andere Richtung gelenkt und bildete die Entscheidungsgrundlage. Sie konnte von allen akzeptiert werden, als ob höhere Mächte mit im Spiel gewesen wären.

Der phänomenologische Blickwinkel wird auch in anderen Prozessbeispielen in diesem Buch geschildert. Wir möchten an dieser Stelle noch einmal betonen, dass es nicht darum geht, Dinge, Erscheinungen oder Verhalten permanent zu interpretieren, sondern immer auch um die Gunst der Stunde, die intuitive Erfassung einer Szene. Der Augenblick zeigt, ob ein Phänomen ein Phänomen ist, also ob ein Ereignis Bedeutung für Personen hat oder nicht. Das Instrument zur Wahrnehmung folgt keiner pädagogischen Logik. Deswegen ist die Intuition der Leitungsperson als prozesssteuernder Aspekt ein spannendes Thema, das durch diese Publikation allein sicher nicht ausreichend behandelt ist. Wir sind permanent am Beobachten und Forschen, inwieweit Signale der inneren Ahnung eine Entsprechung im äußeren Geschehen entwickeln und umgekehrt. Von einer systematischen Forschung können wir allerdings nicht sprechen.

Es ist vielmehr so, dass wir uns diesem Thema mit viel Respekt, ja Ehrfurcht nähern und intuitive Fähigkeiten zu verfeinern suchen.

Persönlichkeitsentwicklung
zwischen Zielen und Markt

Dieses Kapitel geht den Wechselwirkungen zwischen dem Anspruch von per-
sönlichkeitsorientiertem Veränderungspotenzial durch erlebnispädagogische
Arbeit und marktbezogenen Erfordernissen nach. Lernerfolge sind ja nicht
immer objektiv nachvollziehbar und messbar, die Erlebnispädagogik muss
sich aber als besonders erfolgreiche Disziplin präsentieren, da sie den An-
spruch erhebt, besonders nachhaltige Wirkungen zu erzeugen. Daraus ent-
steht eine Tendenz zur Positionierung und zum Trendsetting: Es entstehen
Angebote des Erfahrungslernens mit unterschiedlich verbrämten Etiketten:
Therapiebezug, Adventure, Action and Fun oder Survival sind nur einige
Schlagworte. Die Erlebnispädagogik präsentiert sich dadurch oft nicht mehr
hauptsächlich als Pädagogik, sondern als Konsumangebot mit entsprechen-
dem Projektcharakter. Wir stellen hier sechs Thesen vor, die eine konstruk-
tive Diskussion über pädagogische versus wirtschaftliche Kräfteverhältnisse
anregen möchten.

Die häufigsten Ziele erfahrungsorientierten Lernens

Häufig definierte Ziele erlebnispädagogischer Tätigkeit liegen in einem Bereich, den man grob umrissen als »Persönlichkeitsentwicklung« bezeichnen
könnte. Es geht um die Entwicklung von Handlungskompetenz in konkreten
Situationen, um Entscheidungsfähigkeit und in Summe auch um Führungskompetenzen. Alle diese Fähigkeiten betreffen nicht nur einzelne Menschen,
sondern sind zusätzlich auf den Umgang mit Mitmenschen ausgerichtet, Persönlichkeitsentwicklung soll also auch der sozialen Entwicklung dienen. In
Projekt- und Trainingsausschreibungen finden wir Themen wie: Aufbau von
Selbstvertrauen, Erkennen von eigenen Verhaltenstendenzen und Eröffnen
neuer Verhaltensspielräume, Trainieren der Kooperationsfähigkeit in Teams,
Erlernen praktischer Skills, Bewusstmachen der Folgen des eigenen Handelns, Förderung von sozialer Kompetenz und vieles mehr.

Ziele und Prozesse

Abgesehen von den praktischen Skills, deren Beherrschung relativ leicht
messbar ist, ist das Lernen im Bereich Persönlichkeitsentwicklung schwierig
zu erfassen. Wer bestimmt und wer misst, ob Schritte getan wurden, ob sie
erfolgreich waren? Und vor allem: Wer misst, für *wen* sie erfolgreich waren?
Evaluierungssysteme funktionieren nur bedingt, da Prozesse liquid sind und

eine Erfahrung kurze Zeit später schon wieder andere Aspekte annehmen kann als etwa die in einem Evaluierungsbogen wiedergegebene.

Die Frage der Zielerreichung kann in erster Linie auch nur der Adressat erlebnispädagogischer Arbeit selbst beantworten. Er kann für sich feststellen, ob sich etwas geändert hat und ob es für ihn erfolgreich, nutzbringend und weiterführend war. Diese individuelle Evaluierung kann aber bei Weitem nicht immer eins zu eins nach außen weitergegeben, also an die erlebnispädagogische Prozessbegleiterin oder an die teilnehmende Gruppe rückgemeldet werden. Manchmal wirkt der Lernerfolg, das »Ergebnis« auf andere sogar irrational oder nicht nachvollziehbar. Die Ergebnisse folgen der inneren Logik der einzelnen Persönlichkeit.

Es sollte auch nicht unterschätzt werden, dass Erfahrungen während des Versuchs, sie sprachlich oder schriftlich wiederzugeben, eine andere Qualität bekommen, also nie genau so wiedergegeben werden können, wie sie sich in der Erfahrungswelt eines Menschen abgebildet haben.

Dennoch möchten natürlich Anbieter und Auftraggeber von erlebnispädagogischen Projekten verstehen und nachvollziehen können, was sich nach einem Projekt oder Training verändert hat. Dies wird durch möglichst konkrete Zielformulierungen erleichtert.

Es gibt dazu folgende Wege:

- Der Anbieter des Projektes gibt Ziele vor, indem er diese in der Ausschreibung formuliert und somit den Adressaten transparent macht. Indem der Adressat zum Teilnehmer wird, kann man annehmen, dass er sich von diesen Zielen angesprochen fühlt – zumindest annähernd.
- Der Auftraggeber des Projektes gibt auch Ziele vor, beispielsweise der Vorgesetzte eines Teams, indem er für sein Team bestimmte Trainingsziele angibt. Im Optimalfall sind diese Ziele mit dem Team abgestimmt, dies ist in der Trainingsrealität oft nicht der Fall.
- Auch in der Jugendarbeit kommen die Ziele meistens von Auftraggebern: Von Erziehungsberechtigen, Sozialarbeitern oder anderen Personen oder Personengruppen aus dem Umfeld des Adressaten.

Indem Ziele also vorgegeben werden, werden sie leichter messbar, sofern sie auch wirklich realistisch, konkret und messbar formuliert wurden. Hier kommen wir jedoch zu einem entscheidenden Punkt: Erlebnispädagogische Settings und Methoden sind sehr gut geeignet, Prozesse in Gang zu bringen, die emotional intensiv erfahren werden.

Aber sie sind nicht immer leicht zu steuern, da im Lernfeld Natur sowie im

Gruppenprozess stets viele Unabwägbarkeiten hinzukommen, die den Output verändern. Was passiert also mit den Zielen, egal ob sie nun vom Anbieter, vom Auftraggeber oder vom der Adressaten selbst festgelegt wurden?

Da Erfahrungen individuellen Verarbeitungsmustern unterliegen, besteht zwar grundsätzlich die Möglichkeit, anhand der Ziele die Lernerfolge zu bemessen, das Eigentliche – die individuell erlebte Erfahrung – bleibt jedoch oft unsichtbar.

Wie legitimieren wir also unsere Arbeit, wenn schon nicht durch direkt nachvollziehbare Erfolge?

Konzepte und Prozesse

Psychologische, pädagogische, therapeutische, philosophische oder anders begründete Wirkmodelle dienen der Strukturierung von Prozessen. Im Projektalltag können diese Modelle aber kaum idealtypisch umgesetzt werden: Hier spielen die Klientin, die Natur, die Gruppe, die aktuelle Verfassung der Begleiter und viele andere Faktoren mit.

Prozessbegleiter arbeiten sehr häufig mit eigenen – inhärenten – Konzepten und Persönlichkeitsmodellen, die manchmal sogar unbewusst oder spontan angewandt und sehr oft eklektizistisch sind, also ein Konglomerat aus verschiedenen Theorien und Auffassungen, die sich nicht selten sogar widersprechen.

Eine qualitative Untersuchung, die ich[89] in den Neunzigerjahren durchführte, zeigte, dass praktisch alle befragten Pädagogen ihrem Handeln individuelle Alltagstheorien zugrunde legen. Die individuelle Note der jeweiligen Alltagstheorie ergibt sich aus der Lerngeschichte des Befragten und folgt kaum je konsequent einem Persönlichkeits- oder Lernmodell.

Es gibt auch einen Trend in der Erlebnispädagogik, mit Wirkmodellen zu arbeiten, die spirituelle oder ethnische Bezüge haben. Wohin geht die Persönlichkeitsentwicklung hier?

Gehen wir einmal zurück zu der Annahme, dass sich etwas verändern soll, wenn jemand an einem erlebnispädagogischen Projekt oder Training teilnimmt, denn das scheint auf jeden Fall eine Art kleinster gemeinsamer Nenner im Reigen der Ansichten zu sein.

Denn offenbar können wir nicht ohne Ziele handeln, genauso wenig wie wir nicht *nicht* handeln können. Wir brauchen Ankerpunkte – in der Arbeit wie im übrigen Leben.

---

[89] Christine Lindenthaler: Der konzeptuelle Gehalt subjektiver Alltagstheorien von SozialpädagogInnen und dessen Bezüge zu wissenschaftlichen Theorien. Diplomarbeit, Salzburg 1991.

Um also Adressaten zu erreichen, sprechen Anbieter diejenigen Ziele an, die sie selbst für sinnvoll und erreichbar halten. Sie arbeiten dabei mehr oder weniger explizit mit den Konzepten, denen sie sich verbunden fühlen.

Persönlichkeitsentwicklung als Produkt am Markt

Sie positionieren sich mit ihren Konzepten aber auch am erlebnispädagogischen Markt. Und damit entsteht eine zweite Ebene: Persönlichkeitsentwicklung und die damit verbundenen Ziele werden nicht nur formuliert, sondern auch verkauft. Und um etwas gut verkaufen zu können, sollte es nicht nur bewährt, sondern am besten auch neu sein.

Neue Methoden und Settings entstehen, aber auch bewährte Methoden aus verwandten Disziplinen werden zu Methodenkompositionen zusammengefügt, die zumindest in der Erlebnispädagogik neu sind. Es kann eine gewisse Tendenz festgestellt werden, das Rad neu zu erfinden, beziehungsweise umgekehrt auf besonders Altes, Tradiertes, ja Archaisches zurückzugreifen, um die jeweils eigene Erlebnispädagogik (aus der Sicht des Anbieters) noch attraktiver zu machen.

Aus diesem Gesichtspunkt stehen weniger die Ziele der Klienten im Mittelpunkt, sondern eher das Bemühen von Anbietern, sich in Segmenten zu etablieren, die sie selbst für attraktiv halten. Diese Feststellung soll keine Abwertung des pädagogischen Teils der Arbeit sein, aber sie bildet jene zweite Ebene der Erlebnispädagogik, die zwar täglich präsent ist, jedoch wenig diskutiert wird. Konkurrenz unter Anbietern ist also auch ein Thema und sie kann sowohl fruchtbar als auch kontraproduktiv sein. Zum fruchtbaren Anteil an der Dynamik, die dadurch entsteht, möchten wir einige Anregungen beisteuern:

Sechs Thesen zur Auseinandersetzung:

1. Das Eingeständnis, dass sich die Erlebnispädagogik zwischen »Pädagogik« und »Markt« bewegt
Ein erster Schritt könnte sein, der Doppelnatur der Erlebnispädagogik – einerseits pädagogischer Ansatz, andererseits kommerzielles Produkt– einfach ins Auge zu sehen. Für die Aufrichtigkeit ist es förderlich, offen damit umzugehen, dass man auch etwas verkauft.

2. Nicht nur die Erfolge, sondern auch das Scheitern diskutieren
Wenn Angebote, die die Entwicklung einer Persönlichkeit anzuregen versuchen, scheitern, ist die Entwicklung nicht in die vom Auftraggeber gewünschte Richtung passiert.

Ein Thematisieren des Scheiterns brächte nicht nur die Möglichkeit mit sich, aus diesem Scheitern zu lernen, sondern auch die Chance, die Erlebnispädagogik glaubwürdiger zu präsentieren. Die Erlebnispädagogik könnte sich dadurch vom belastenden Image befreien, Probleme zu lösen, die anderswo nicht gelöst werden konnten.

3. Akzeptieren und transportieren, dass es keine »Outputgarantie« gibt

Das Ergebnis pädagogischer Tätigkeit ist immer offen, Erfolge können weder versprochen noch garantiert werden, sie sollten also nicht im Mittelpunkt der Argumentation stehen. Stattdessen könnten die Vorstellungen der Adressaten darüber, was sie lernen möchten, mehr Raum bekommen. Persönlichkeitsentwicklung rückte somit auch ein Stück in Richtung der Selbstverantwortung der Zielgruppen.

4. Am Image von Erlebnispädagogik arbeiten

Es schadet dem Image der Erlebnispädagogik, wenn man damit argumentiert, dass ihre manchmal etwas spektakulären Methoden auch entsprechend spektakuläre Ergebnisse bringen. Dies ist ein Umkehrschluss, der nicht hält. Wir denken, dass sich in dieser Hinsicht der Action-und-Fun-orientierte Strang in der Erlebnispädagogik besonders kritisch selbst hinterfragen sollte. Fritz B. Simon ist der Ansicht, dass menschliches Handeln von Tauschhandeln ohnehin nicht zu trennen ist.[90] Jedes Tun verlangt nach einem Ausgleich, jedes Bemühen um eine Gegenreaktion. So ist jedes Handeln auch »Handeln« im ökonomischen Sinn, wobei die Gegenwerte natürlich bei Weitem nicht immer nur materielle sind, damit der »individuelle Kontostand« stimmt.

5. Ein konsequenterer Blick auf die Inhalte erlebnispädagogischer Ausbildungen

Die Persönlichkeit des Erlebnispädagogen ist eine wesentliche Säule dessen, was er »rüberbringt«. Dieser Anteil sollte im Verhältnis zur Methodenkompetenz nicht unterschätzt werden. Der Persönlichkeitsentwicklung sollte in erlebnispädagogischen Ausbildungen also noch mehr Aufmerksamkeit geschenkt werden, sofern die Erlebnispädagogik nicht auf eine bloße Methodenkiste reduziert werden soll. Ziele einer solchen inhaltlichen Arbeit in erlebnispädagogischen Ausbildungen könnten sein:

- Der ausübende Erlebnispädagoge ist zu authentischem Handeln fähig: Er kann an sich selbst unterscheiden, in welchen Situationen er »bei sich«

---

[90] Vgl. Fritz B. Simon und Conecta Autorinnengruppe, a. a. O., S. 17.

ist, also authentisch handelt, und wo er Image- oder anderen Zwängen folgt, die zu vorgefertigten Handlungsmustern führen.

- Er ist fähig, an seinem individuellen Leitungsstil zu arbeiten, und sieht sich selbst als eine in Entwicklung befindliche Person.
- Er ist sich darüber bewusst, dass auch der Einsatz der Methoden in Wechselwirkung mit seiner Person und Befindlichkeit steht, und überprüft für sich, welche Methoden und Medien er wann gut und wirksam einsetzen und vertreten kann.

Die Erlebnispädagogik braucht Persönlichkeiten, denen es gelingt, sich in einer Hinsicht auf dieselbe Ebene mit ihren Zielgruppen zu stellen: die nicht diejenigen sind, die etwas lehren, sondern dass sie lediglich jemand sind, der aus einer spezifischen Kompetenz heraus Impulse für das Lernen anderer setzt. Diese Persönlichkeit ist selbst Teil dieses Lernens, da sie Teil des Systems ist. Hier schließt sich der Kreis:

In der erlebnispädagogischen Prozessbegleitung geht es auf den Seiten aller Beteiligten um dasselbe Grundthema und um immer wieder ähnliche Ziele, die mit dem Terminus »Persönlichkeitsentwicklung« grob betitelt werden können.

Beide – Begleitperson und zu Begleitende – sind in Interaktion miteinander. Auch Teilnehmer können bewirken, dass der Leitungsstil der Begleiter jeweils anders ist.

6. Die Erlebnispädagogik von vorgefertigten Kontexten befreien

Eine Herausforderung in diesem Zusammenhang ist es, die Erfahrungen und Lernprozesse der Teilnehmer wieder ein wenig von konzeptuellen Vorstellungen und Erklärungsmodellen zu befreien. Möglicherweise sollte der Versuch gewagt werden, die individuellen Lernerfahrungen wieder mehr bei den Teilnehmern zu belassen. Die Projektleitung würde sich bei diesem Experiment weniger um kognitive Formen der Auswertungen bemühen, auch wenn die Prozesse dann, wie eingangs schon erwähnt, manchmal noch schwieriger zu evaluieren wären. Dies ist kein Rückgriff auf das Modell »The Mountains Speak for Themselves«, sondern ein Befreien der Erfahrungen von der Last der Nachweisbarkeit.

Die inneren Schritte der Teilnehmenden müssen von den Prozessbegleitern nicht immer verstanden werden. Sie bräuchten noch nicht einmal von außen erkennbar sein, um als Lernschritte gelten zu dürfen – auch wenn dies im Sinne von Auftraggebern und auch für die Prozessbegleiter befriedigender wäre. Damit ist keinesfalls ein zielloses Arbeiten gemeint, denn die Intention der Prozessbegleitung liegt immer in der Anregung von Erfahrungen, die in Richtung der gesteckten Ziele führen können.

Das Befreien von vorgefertigten Kontexten, sprich auch von Deutungen der Erfahrungen brächte zusätzlich die Chance mit sich, wieder auf einen neutralen Kern der Erfahrungen zu kommen. Die individuell erlebte Naturerfahrung müsste dann nicht in Konzepte von Himmelsrichtungen, Elementen, Archetypen oder psychologischen Kategorien gepackt werden. Sie könnte ganz einfach eine individuelle Naturerfahrung sein, die für den Menschen, der sie erlebt hat, begreifbar und deutbar bleibt. Es würde manchmal genügen, Erfahrungen ausschließlich über die Sinne zu erleben, also auf eine »subjektiv-objektive« Weise zu erfassen.

Diese Haltung könnte eine Anregung für die Begleitung sein: Sie sollte eher wahrnehmen, was sie beobachten kann, nicht das, was ein Modell erklärt.

Ziele von Persönlichkeitsentwicklung

Wir möchten eine vorsichtige Formulierung eines Zieles von Persönlichkeitsentwicklung wagen, die sowohl für Prozessbegleiter als auch für deren Adressaten relevant sein könnte:

»Im Rahmen meiner Handlungsspielräume bewege ich mich so durch Lebenssituationen, dass ich ein Gefühl der Authentizität meines Handelns haben kann. Es ist mir bewusst, dass ich keine Summe von Eigenschaften bin, sondern eher ein ›wandelbarer Zustand‹. Meine Ziele wandeln sich ebenfalls, und ich kann mich von alten Erkenntnissen befreien, wenn sie mir beim Weiterlernen hinderlich sind. Es ist mir bewusst, dass das, was für mich gilt, auch für meine Mitwelt gilt.«

Dem Thema Authentizität der Persönlichkeit wird in der Erlebnispädagogik im Verhältnis zum Diskurs zu Konzepten und Modellen noch wenig Beachtung geschenkt. Wir sind uns bewusst, dass einige dieser Aussagen durchaus zu einer Kontroverse geeignet sind, und möchten anregen zu einer Erlebnispädagogikkultur der »Haltung«, in der die Selbstevaluation der Prozessbegleiter eine tragende Rolle spielt. Fragen für eine solche Selbstevaluation könnten sein:

- Bin ich authentisch auf meinem Weg oder messe ich mich mit etwas oder jemandem?
- Lasse ich meinen Klienten ihre Lösungen oder biete ich die Lösungen an?
- Wie gehe ich mit Scheitern um? Sehe ich Fehler als Entwicklungsschritte? Wie gestehe ich mir, aber auch anderen Fehler ein?

Schwierige Fragen, die Prozessbegleiter selbst auf dem Weg der Persönlichkeitsentwicklung begleiten könnten.

Dimensionen der Naturerfahrung

Die Bedeutung eines archaischen
Lernrahmens

Welche Möglichkeiten finden Menschen heute, sich persönlichkeitsentwickelnden Prozessen in der Natur auszusetzen? Dieses Kapitel geht von der Annahme aus, dass der Mensch ein Teil der Natur ist und als solcher auch urtümliche, irrationale und wilde Anteile hat. Wir sehen den Menschen als »gezähmte Wildnis«, welche die Natur als Umgebung für seine ganzheitliche Entwicklung braucht. Eine Folge intensiver Naturerfahrungen ist daher auch ein verantwortungsvolles Umweltbewusstsein und entsprechendes Handeln. Oft erwachsen auch therapeutische Effekte aus der Naturbeziehung. Darüber hinaus finden sich in diesem Kapitel kritische Anmerkungen über Erlebnis- und Abenteuerangebote der »Erlebnisgesellschaft«, die eher Konsumhaltungen fördern als soziales Lernen ermöglichen.

Die Annahme, dass der Mensch eine »gezähmte Wildnis« sei, mag ein wenig weit hergeholt sein. Wenn wir die menschliche Lebensumgebung in unseren industriellen Gesellschaften ansehen, ist da von Wildnis nicht mehr viel zu bemerken, im Gegenteil: Jedes Jahr mehr wird unser Arbeits- und Lebensumfeld von Dingen und Prozessen bestimmt, die nicht mehr direkt aus der Natur kommen, sondern von dem, was der Mensch selbst geschaffen hat. Wir leben in teils hochtechnisierten Häusern, sind dank komplexer Infrastrukturen mobil, kommunizieren über Geräte, deren Funktionsweise die meisten von uns nicht verstehen, und ernähren uns von Produkten, bei deren Herstellung die chemische Industrie eine wesentliche Rolle spielt. Geht es um unsere Gesundheit, sind wir erst recht auf ein hochspezialisiertes Expertentum angewiesen, das sich auf technische und chemische Kenntnisse gründet. Und wir können nicht klagen: Diese Entwicklungen, die uns eine so hohe Lebenserwartung bescheren (bei Menschen, die im 21. Jahrhundert geboren worden sind, soll sie 120 Jahre betragen), machen unser Leben auch sehr komfortabel: Unsere hygienischen Standards halten uns Krankheiten vom Leib, die einst eine Geißel waren, und viele von uns müssen sich nicht mehr, wie unsere Vorfahren, »im Schweiße ihres Angesichts« abrackern, um schon im mittleren Lebensalter körperliche Wracks zu sein.

Auch viele Freiheiten sind mit den Entwicklungen der Moderne verbunden: Zum Beispiel sind Mobilität und die Verwirklichung von beruflichen oder kreativen Vorstellungen keine fernen Ziele mehr, sondern prinzipiell erreichbare Annehmlichkeiten.

Die Wildnis haben wir weitgehend aus unserem Lebensalltag verbannt. Wir sind selbst zu Schöpfern geworden, denen allerdings die eigene Schöpfung zuzusetzen beginnt.

Denn trotz der vielfältigen modernen Annehmlichkeiten scheint das alles nicht genug zu sein. Besonders in sogenannten hochentwickelten Kulturen wie der unseren nehmen Unzufriedenheit und soziale Konflikte immer breiteren Raum ein. Auch das Kernkonstrukt unserer Gesellschaft, die Familie, ist davon betroffen.

Wir möchten aber keinesfalls behaupten, dass das Leben in früheren Zeiten, als der Alltag noch von handfesteren Tätigkeiten bestimmt war, besser war. Im Gegenteil: Die Nöte unserer Ahnen haben ja dazu geführt, dass sie sich Gedanken machten, wie der Alltag leichter zu bewältigen sein könnte. Es handelt sich bei der kurz umrissenen technologischen Entwicklung also nicht um eine Krux, sondern tatsächlich um eine natürliche Weiterentwicklung. Jedoch scheinen wir an deutliche Grenzen zu stoßen: Körperliche Grundbedürfnisse sind heute relativ einfach zufriedenzustellen. Auch die Abdeckung der grundlegenden sozialen und Bildungsbedürfnisse scheint nicht so schwierig zu sein. (Wir sprechen hier von der europäischen Gesellschaft.) Was könnte also den Kern der vielfältigen individuellen und sozialen Probleme unserer Zeit auszumachen?

Wir möchten dies an einem Beispiel aus der Schulpädagogik verdeutlichen:

Noch vor einigen Jahrzehnten bestimmten hierarchische und autoritative Muster den Schulalltag. Es wurde wenig von sozialen Auffälligkeiten der Kinder und Jugendlichen in der Schule gesprochen. Kein Wunder, denn sie wurden entweder subtil oder offen missbräuchlich unterdrückt, die öffentliche Aufmerksamkeit dafür war begrenzt. Die Kinder hielten den Protest und die Tendenz zur Auffälligkeit zurück beziehungsweise agierten sie auf anderen Wegen aus.

Jene pädagogischen Strömungen, welche die persönliche Entfaltung der einzelnen Kinder in den Mittelpunkt rückten, schienen die Antwort auf eine repressive Pädagogik zu sein.

Es wurde viel mit ursprünglichen reformpädagogischen Ansätzen experimentiert und vieles daran verbessert. Heute sind die Ansätze Mittelpunkt zahlreicher unterrichtsdidaktischer Konzepte, und keine ernst zu nehmende Schulpädagogik leugnet, dass entwicklungspsychologische und individuell oft sehr unterschiedliche individualpsychologische Bedürfnisse eine Rolle bei der Gestaltung des Unterrichts spielen. Viele, viele Lehrerinnen und Lehrer mühen sich tagtäglich, diesen teils sehr hohen und diffizilen Ansprüchen gerecht zu werden.

Und dennoch ist es unübersehbar: Probleme mit sozial auffälligen Schülern gehören zum Schulalltag, man braucht nicht lange zu suchen, um Lehrer zu finden, die über teils schwere soziale Auffälligkeiten in der Klasse berichten können. Wir sind der Meinung, dass diese Tendenzen keine Folge der sich ja offensichtlich weiterentwickelten pädagogischen Ansätze sein können!

Auch in den Familien ist der rote Faden – weg von der Repression, hin zur weitestgehenden Förderung der Kinder – ersichtlich. Wonach rufen die Kinder und Jugendlichen also?

Nach mehr technologischer Entwicklung der Umgebung? Ja, auch – weil Bedürfnisse dieser Art durch Medien entfacht werden, denen keiner mehr entgehen kann. Aber was, wenn alles gegeben wird? Wenn die Umgebung hygienisch und warm, die Familie gesund, das Kind satt ist und alle Möglichkeiten vorfindet, wo auch immer sich das Interesse hinrichtet? In dieser Situation befinden sich viele junge Menschen. Darüber hinaus können sie die Anreize der Erlebnis- und Abenteuergesellschaft in Anspruch nehmen, die die Sinne reizen und die Bedürfnisse nach Action und Abwechslung befriedigen.

Indessen werden die Auffälligkeiten immer mehr. Die Phasen der Anregung und Abwechslung müssen immer schneller und häufiger gegeben, die Erlebnisdosis muss gesteigert werden. Natürlich betrifft diese Tendenz nicht nur Jugendliche, sondern Menschen aller Altersgruppen.

Was in uns macht uns derart unersättlich? Was treibt uns in Erlebnisparks und zum anschließenden Sit-in mit zu vielem und zu üppigem Essen und Alkohol, um schließlich weniger müde als vielmehr erschöpft zur Ruhe zu kommen? Was wird in all den Angeboten, die ja körperliche, psychische und soziale Bedürfnisse befriedigen wollen, nicht in Betracht gezogen?

An diesem Punkt möchten wir auf unser archaisches Erbe zu sprechen kommen: Bei oberflächlicher Betrachtung bestimmte die Befriedigung der grundlegenden physischen Bedürfnisse über Hunderttausende von Jahren den menschlichen Alltag. Menschen der Vorzeit waren aber nicht nur unmittelbar mit der Aufrechterhaltung ihres Lebens befasst, sondern ständig auch mit dem Tod, dem Sterben und den Veränderungen in der Natur. Hier spielte die Vernunft, die Ratio, wohl keine größere Rolle als Emotion und Intuition. Diese Kräfte tragen wir als kollektives Erbe immer noch in uns, sie machen uns zu einer Spezies auf diesem Planeten, die sich zwar selbst gezähmt hat, aber nicht ganz damit fertig wird.

Gemeint ist damit, dass in uns Anteile schlummern, die man als »wild« bezeichnen könnte. Neben den vielen zivilisierten, also sozialen, intellektuellen und kulturellen Fähigkeiten, die den Menschen auszeichnen, tragen wir Anteile in uns, die teilweise rein persönlichen Zielen dienen oder die auf ein nur kleines soziales Umfeld begrenzt, also der Gesellschaft nicht direkt von Nutzen sind. Unter anderem dienen die archaischen Anteile in uns auch territorialen Interessen. Menschen sichern sich Lebensräume und Naturräume, über die sie verfügen können. Diese wilden Anteile wollte die Menschheit über die Kultivierung und Regelung des Zusammenlebens in den Griff bekommen, »zähmen«. Das ist durch Jahrtausende dauernde Zivilisierungsprozesse auch gelungen, aber nur teilweise. Denn es ist leicht zu erkennen, dass überall dort, wo Menschen wenige natürliche Entfaltungsräume für sich finden, das Aggressionspotenzial höher ist. Mit Entfaltungsräumen sind nicht nur Bauwerke und Sport- und Freizeitanlagen gemeint, sondern auch Naturräume, die der Mensch für die persönliche Regeneration beziehungsweise das Ausleben von Bedürfnissen braucht, die aber ansonsten keinem besonderen gesellschaftlichen Zweck dienen.

Die angesprochenen »wilden« Anteile müssen wir uns aber nicht unbedingt als barbarisch oder rücksichtslos vorstellen. Als wild möchten wir auch ausgeprägte individualistische Tendenzen bezeichnen. Diese zeigen Menschen, die sich nicht so leicht in Schemata pressen lassen und keinen standardisierten Handlungsmustern folgen. Beispielsweise geben solcherart »wilde Menschen« keine schon vorher erwarteten Antworten oder stellen Fragen, wo erwartet wird, dass nicht hinterfragt werden soll. Diese Menschen gelten oft als unangepasst und schwierig.

Auch intuitive und spirituelle Dimensionen gehören zum archaischen Erbe. Je höher die Vernunft und die kognitiven Fähigkeiten des Menschen bewertet werden, desto eher gelangen intuitive und spirituelle Ausdrucksformen in den Hintergrund. Das Sprechen über Träume, Ahnungen, »Bauchgefühle«, Sehnsüchte, über Bilder aus Alltagstrancen und Metaphysisches ist kein selbstverständlicher Bestandteil von pädagogischen Programmen. Es wird eher der Therapie oder der Religion zugeordnet. Das unterstreicht die bereits sehr fortgeschrittene Aufteilung des Menschen in Teilbereiche, für die es jeweils andere Experten gibt. Gerade auch solche Aufteilungen – man könnte schon fast sagen, die Zerstückelung menschlicher Erfahrungsebenen – sind ein Kennzeichen der zunehmenden Zähmung der Wildnis Mensch. Um Interventionen kategorisieren und standardisieren zu können, wird der Mensch selbst kategorisiert und standardisiert.

Wir möchten nun einen Zusammenhang behaupten zwischen der Entstehung von sozialen Problemen und der aktuell stattfindenden Tendenz zur immer weiteren Zähmung des Menschen. Mit anderen Worten ausgedrückt: je mehr Zähmung, desto mehr Wildheit. Vor allem aber möchten wir die zunehmende Eingrenzung und Zweckbestimmung der archaischen Entfaltungsräume in der Natur thematisieren.

Die Natur stellt einen unverzichtbaren Entwicklungsraum für den Menschen dar, der ja selbst Natur ist, und es muss erweiterte Möglichkeiten für Menschen geben, sich in diesem Entwicklungsraum verantwortungsvoll bewegen zu können. Wir denken, dass die herausragenden logischen und rationalen Fähigkeiten des Menschen einerseits zu den vielen technischen Entwicklungen der Moderne geführt haben, von denen wir alle profitieren. Andererseits wird dadurch aber ein großer Anteil des Menschseins, die irrationalen, individualistischen und intuitiven Kräfte, eingeengt. Diese Kräfte können sich hauptsächlich nur noch über ihre aggressiven und nicht-sozialen Erscheinungsformen bemerkbar machen.

Eine Folge dieser *Reservatisierung* des menschlichen Erfahrungsraums ist eine Tendenz zur übersteigerten Bewertung des Ichs, ein zurückgehendes Gefühl für große Zusammenhänge, für das »Du« und somit auch für die Natur. Menschen, die intensive persönliche Naturerfahrungen machen können, verhalten sich nicht gegen die Natur, sondern mit ihr, und sie setzen sich für sie ein. Der alte Satz »Nur Naturnähe hilft gegen Naturferne« (Wilfried Dewald) kann durchaus wörtlich genommen werden. Es gibt aber auch viele Anzeichen dafür, dass zahlreiche Menschen diese Zusammenhänge spüren und bereit sind zur Übernahme von Verantwortung für andere und die Natur.

Unser wildes, nicht rationales Erbe macht den größten Teil unserer Persönlichkeit aus. Auf dieser Theorie beruhen alle modernen psychologischen Ansätze – von der Tiefenpsychologie bis hin zu systemischen Konzepten. Auch die modernen verhaltenstherapeutischen Richtungen inkludieren diese Hypothese vom nicht durchschaubaren Inhalt der riesigen Black Box Mensch.

Selbst im Wachbewusstsein, also im rationalen Bewusstseinszustand, sind wir in einer meist unzusammenhängend und assoziativ fluktuierenden Gedanken- und Gefühlswelt. Lediglich wenn wir bewusst kommunizieren oder konzentriert einer Tätigkeit nachgehen, setzen wir sozusagen »zwischendurch« das geordnete, zivilisierte Denken ein.

Die wilden Anteile des Menschseins müssen in einer Gesellschaft, die hauptsächlich darauf setzt, dass der Einzelne funktioniert, zurückgesetzt werden. Das schafft Ursachen für psychische und soziale Probleme.

Menschen, die sich in ausreichendem Maß irrational verhalten dürfen, die also Dinge tun dürfen, für die sie keine unmittelbare logische Erklärung haben, die aber aus einer anderen Quelle heraus für sie sinnvoll ist, werden im günstigen Fall als Künstler oder Visionäre, im ungünstigen Fall als auffällig oder krank betrachtet. Der Unterschied liegt oft im Ergebnis ihres Tuns: Ist es wirtschaftlich erfolgreich oder unterhaltsam für andere, wird es als positiv bewertet, ist es nicht von offensichtlichem Nutzen, wird es schon schwerer sein, dafür Toleranz zu finden. Irrational kann einerseits ein Handeln sein, das keinen unmittelbar nützlichen Zweck verfolgt, wie das Besteigen eines Berges, aber daran stößt sich ja kaum jemand.

Es kann sich aber auch um persönliche Rituale handeln oder um spirituelle Hinwendungen in der Natur, wie wir es von der Visionssuche kennen. Diese Hinwendung kann in aller Stille geschehen, dann ist sie von außen nicht unbedingt zu bemerken, sie kann aber auch lautstärker sein, jedenfalls ist es immer ein persönlich bedeutsames Geschehen, für das der jeweilige Mensch den ungestörten Aufenthalt in der Natur braucht.

Dazu ein Beispiel:

Einer unserer Teilnehmer hatte während der Kernphase einer Visionssuche unerwarteten Besuch: Der Förster kam und machte ihn darauf aufmerksam, dass er sofort das Gebiet zu verlassen habe. Der Teilnehmer hatte sich bereits auf die persönliche Auszeit von drei Tagen und zwei Nächten an diesem Ort vorbereitet. Wir hatten zwar mit dem Grundbesitzer und auch mit dem zuständigen Förster für das von uns ausgewählte Gebiet eine Vereinbarung getroffen, dass wir die Region für die Visionssuche nützen dürfen, der Teilnehmer war aber trotz Info weiter weggegangen und dadurch in ein anderes Gebiet gelangt.

Jedenfalls verhielt sich der Förster äußerst aggressiv, er wollte sogar handgreiflich werden, was unser Visionssuchender abwehren konnte. Er schaffte das folgendermaßen: Er versuchte, dem Förster zu erklären, warum er hier sei. Er erzählte ihm, dass er in seinem Hauptberuf als psychiatrischer Krankenpfleger auf einer Station der Jugendpsychiatrie arbeite und vorhabe, mit diesen Jugendlichen auch in der Natur zu arbeiten. Dafür mache er eben gerade eine Weiterbildung, wobei diese Visionssuche ein Teil davon sei. Der Förster beruhigte sich augenblicklich und – immer noch sehr emotionell – berichtete unserem Teilnehmer, dass seine eigene Tochter aufgrund vielfältiger Probleme schon öfter und auch längerfristig in der Jugendpsychiatrie gewesen sei. Er habe das Personal dort immer bewundert. Aber er hätte noch nie daran gedacht, dass man auch in der Natur so eine Art Therapie machen könne und dass durch »so etwas« vielleicht sogar seiner Tochter geholfen werden könne. Er ließ Kulanz walten und erlaubte den durch einen Zufall zustande gekommenen Aufenthalt in seinem Gebiet.

In unserer zivilisierten Alltagsumgebung ist es im Allgemeinen schwieriger, sich archaisch zu verhalten. Bei einem mehrtägigen Aufenthalt draußen, inklusive der der Nächte, können Konventionen fallen und Gedanken, Pläne, Träume, Handlungen entstehen, die im Alltag permanent gezähmt werden.

Zum Beispiel ist eine solch urtümliche – allerdings sehr einfache – Handlung, wenn ein Mensch als äußeren Rahmen für einen inneren Prozess eine Nacht in einem Wald verbringen will und dafür ein Feuer entzündet. Schon sind in den meisten Gebieten die Grenzen des Erwünschten und Erlaubten überschritten, archaische Bedürfnisse hin oder her: Offenes Feuer ist in unseren Wäldern verboten, ja auch der Aufenthalt über Nacht.

Das Argument, dass die Lebenswelt der Tiere durch den Aufenthalt des Menschen in der Natur beeinträchtigt wird, ist leider ein sehr vordergründiges und hat meist mehr mit territorialen (eben auch archaischen) Interessen von Menschen zu tun. Die Lebenswelt der Wildtiere wird durch unseren modernen Lebensstil ohnehin kontinuierlich mehr und mehr eingegrenzt, und vor allem dürfen wir nicht vergessen, dass wir auch – durch uns selbst gezähmte – Wildtiere sind. Die Brutalität der menschlichen Art kommt in »übergezähmten«, naturfernen Lebensräumen zur höchsten Blüte, wie man leicht anhand von Kriminalstatistiken nachvollziehen kann.

Wir denken, dass unsere technologisierte und auf »Themeninseln« beschränkte Lebenswelt die beschriebene Wildnis in uns nicht auslöschen konnte und dass die Tendenz der Menschen, in ihren archaischen Lebensraum zumindest für zeitweilige Prozesse zurückzukehren, in Zukunft noch deutlicher hervortreten wird. Menschen suchen die Natur nicht nur zur Erholung und Erbauung und für Spaziergänge auf, sondern auch, um Inspiration, Heilung und Kontakt zu den Erscheinungsformen der Natur zu finden, eventuell sogar auch, um Aggressionen auszuagieren.

Die heutzutage zur Verfügung gestellten Erlebnisreservate werden für diese Bedürfnisse nach intensiver Naturerfahrung nicht ausreichen beziehungsweise entsprechen sie nicht den archaischen Bedürfnissen. Die Anzahl der Menschen, die die Natur für innere, vielleicht auch für rituelle Bedürfnisse wieder nützen möchten, steigt. Allerdings ist es auch nachvollziehbar und liegt auf der Hand, dass Natur geschützt werden muss vor dem Menschen.

Zurzeit müssen sich jedoch Menschen oftmals in den Wäldern förmlich verstecken und gar nicht wenige tun es auch, manchmal in Missachtung geltender Gesetze und leider auch manchmal ohne Rücksicht auf die Mitbewohner der Natur.

Es gibt ja schon umfassende Bemühungen, den Menschen ökologische Zusammenhänge in Form von Wissen näherzubringen. Sie spielen eine bedeutende Rolle und sind kostbarer Bestandteil einer ökologischen Pädagogik. Unseres Erachtens aber sind sie als Rahmen für die Entwicklung eines ausgewogenen sozialen Verhaltens des Menschen nicht weitreichend genug. Sie sind zwar angereichert mit emotionalen Komponenten, aber sie berücksichtigen nicht die urtümlichen Kräfte der menschlichen Natur. Viele der angebotenen Erfahrungsmöglichkeiten haben ebenfalls Konsumcharakter. Die angebotenen Medien sind teilweise spektakulär, aber sie bieten keinen Platz mehr für angemessene Arbeit an pädagogischen Zielen und sinnvolle Reflexion der persönlichen Erfahrungen.

Conclusio

Je mehr das »Wildtier« Mensch in Lebensräume gedrängt wird, die das Ausleben von archaischen Anteilen nicht mehr zulassen, desto eher kommen diese archaischen Anteile im Verhalten wieder zum Vorschein. Eine Erlebnispädagogik, die intensive Naturerfahrung im Zusammenhang mit einer lösungsorientierten Begleitung – die auch intuitive und spirituelle Prozesse ernst nimmt – ermöglicht, kann ein konstruktiver Beitrag zu einer friedfertigeren Gesellschaft sein. Allerdings dürfen Erfolgsansprüche in dieser Hinsicht nicht an die Pädagogik allein ausgelagert werden.

Es wäre überhaupt zielführend, hohe Erwartungen im Zusammenhang mit pädagogischen Prozessen zurückzustellen. Entwicklung findet meist in kleinsten Schritten statt. Diese kleinen Entwicklungsschritte wahrzunehmen, Variationen zum bisherigen Denken und Handeln zu entdecken und die kleinen Schritte auch als Erfolge wertschätzen zu können, ist eine grundlegende Fähigkeit, die lebenslang weiterentwickelt werden kann.

Grenzland Prozessbegleitung

Häufig tauchen im Zusammenhang mit systemischer Prozessbegleitung in der Natur folgende Fragen auf: »Aber ist das nicht schon Therapie?«, »Darf ich diese Methoden überhaupt mit meinen Zielgruppen einsetzen, reiße ich da nicht etwas auf?«, »Was, wenn jemand während einer themenbezogenen Arbeit mit Naturmaterialien, zum Beispiel Biografiearbeit, in eine traumatische Situation zurücksinkt und ich ihn nicht mehr herausbegleiten kann?« Oder: »Ist nicht die ganze Erlebnispädagogik eine therapeutische Disziplin, weil allein schon das ungewöhnliche Lernsetting innere Bewegungen verursachen kann, die über pädagogische Lernziele hinausgehen?«

Diese und ähnliche Fragen sind Anlass, uns näher mit diesen Fragen auseinanderzusetzen: Wo hört Pädagogik auf und wo beginnt eine therapeutische Intervention? Woran kann ich erkennen, dass ich mich als Pädagogin noch in »meinem« Fachbereich befinde? Welche Themen kann ich angehen, welche nicht?

Wir wollen darüber hinaus auch einen Beitrag zur Diskussion zum Thema Abgrenzungsfragen zwischen Therapie und Pädagogik leisten. Wir favorisieren hierbei ein flüssiges Verständnis der beiden Arbeitsbereiche, die sich nicht durch eine eindeutig definierte Grenzlinie trennen lassen, sondern zwischen denen ein breiter Grenzstreifen liegt: das Land zwischen Pädagogik und Therapie. Dieses Land soll in diesem Kapitel als chancenvolle Realität beschrieben werden, damit sich jene Verlegenheitssituation auflösen kann, in die Pädagogen scheinbar notgedrungen und nicht gerüstet in »therapeutische« Arbeitsanforderungen hineinschlittern und sich dann entweder bewähren oder abgrenzen müssen.

Das Land zwischen Pädagogik und Therapie wird von vielen Pädagogen täglich besucht, oft ohne dass sie es selbst so wollen, weil es in der Natur vieler pädagogischer Arbeitskontexte liegt. Umgekehrt ist es für Therapeuten einfacher, dieses Grenzland zu meiden, da ihr Arbeitsrahmen strenger definiert ist und kaum den Bereich Alltagsbegleitung beinhaltet.

Begriffe und Vorstellungen von Begriffen

Sehen wir uns zunächst einmal die Begriffsbildungen an, die die beiden Bereiche sprachlich trennen, und hinterfragen wir sie. Heinz von Foerster warf Begrifflichkeiten leichter Hand über Bord.

Wir nehmen uns daher seine posthume Schützenhilfe: Im Vorwort zu Varga von Kibeds und Sparrers Buch »Ganz im Gegenteil« ordnet Foerster die in jenem Werk beschriebenen Verfahren auf humorvolle Art zu:

»Schließt man sich einer Wortbildung an, die einen Lehrbereich gewisser Fachrichtungen mit der Nachsilbe ›-ik‹ charakterisiert, wie Physik, Mathematik, Rhetorik etc., dann fällt die vorliegende Abhandlung in den Bereich der Problemik.«[91]

Was kann uns das sagen? »Pädagogik« ist auch nur eine Wortbildung? Genau wie Physik, Mathematik, Rhetorik etc.? Könnte es vielleicht sein, dass dasselbe auch auf Begriffe zutrifft, die mit »ie« enden, wie zum Beispiel »Therapie«? Natürlich geht es nicht an, auf all diese Wortbildungen, mit denen Fachleute mehr oder weniger konkret umrissene Fachbereiche verbinden, einfach zu verzichten. Zur Verdeutlichung beleuchten wir kurz die beiden Begriffe mithilfe von Definitionen.

Wir definieren die »Pädagogik« über einen ausgewählten »Erziehungsbegriff«.[92]

»Erziehung ist das Einwirken auf ein Individuum mit dem Ziel, dieses einerseits an überindividuelle Standards (Werte, Normen, Verhaltenserwartungen etc.) anzupassen, andererseits – gewissermaßen gegenläufig – dieses zu und in seiner Individualität zu ermuntern und deren erwünschte Seiten zur Blüte zu bringen (i. e. Individuation im Sinne von Potenzial- und Talententdeckung und -entwicklung etc. in der Absicht, ihm die Wertschätzung durch die soziale Umgebung zu erleichtern).«

»Psychotherapie lässt sich von anderen Behandlungsmethoden vor allem dadurch unterscheiden, dass sie sich psychologischer Mittel bedient, um ihre Behandlungsziele zu erreichen. Es ist ihr Vorgehen, nicht so sehr ihr Anwendungsbereich, der durch den Begriff Psychotherapie beschrieben wird.«[93]

91 Heinz von Foerster: Vorwort. In: Matthias Varga von Kibéd / Insa Sparrer: Ganz im Gegenteil. Tetralemmaarbeit und andere Grundformen Systemischer Strukturaufstellungen – für Querdenker und solche, die es werden wollen, Heidelberg 2009, S. 9–11, hier S. 9. In weiterer Folge entscheidet sich von Foerster, das Buch doch unter »Heuristik« einzuordnen, denn dies kommt von »heureka!« (»Ich hab's gefunden«), da es ja nicht um Probleme, sondern um das Auffinden von Lösungen geht, für unseren Zusammenhang ist aber nicht das hier genannte Ziel so bedeutungsvoll wie der lockere Umgang von Foersters mit den »iken«.
92 Pädagogik ist ein Metabegriff und meint die Lehre, Theorie und die Wissenschaft von der Erziehung und Bildung nicht nur von Kindern, sondern auch von Erwachsenen in unterschiedlichen pädagogischen Feldern (Familie, Schule, Freizeit, Beruf). Vgl. Dieter Lenzen: Erziehungswissenschaft. Ein Grundkurs, Reinbek 2006.
93 Klaus Grawe / Ruth Donati / Friederike Bernauer: Psychotherapie im Wandel: Von der Konfession zur Profession, Göttingen 1994, S. 10.

Die Theorie schafft die Grenzziehung zwischen den beiden Bereichen also ohne Weiteres.

Aus praxisnaher Sicht sehen wir Handlungsbedarf, etwas genauer auf den Grenzverlauf zwischen den Bereichen Pädagogik und Therapie zu achten. Hierfür ein Beispiel:

Das Grenzland Sozialpädagogik

Viele Pädagogen kommen im Rahmen ihrer Tätigkeit in Situationen, in denen sie Know-how brauchen, das man als therapeutisch bezeichnen muss: Dies trifft besonders auf die Fachdisziplin Sozialpädagogik zu:

Viele Sozialpädagogen teilen sich den Alltag rund um die Uhr mit ihren Klienten. Situationen, in denen Verhaltensauffälligkeiten stringent werden und in voller Blüte zum Tragen kommen, gehören zum täglichen Brot. Und viele Adressaten sozialpädagogischer Tätigkeit sind gleichzeitig auch psychotherapeutische Klienten. Aber die intensivsten emotionalen Situationen und krisenhafte Verläufe treten oft nicht in der Therapiestunde, sondern im – sozialpädagogisch betreuten – Alltag auf. Wer würde Sozialpädagogen verwehren, in diesen Situationen therapeutisch (siehe Definition) zu handeln – ja müssen sie es nicht vielmehr tun? Es lässt sich gar nicht vermeiden, dass hier Klienten Verhaltensweisen und Symptome zeigen, die auf eine unmittelbare und auch professionelle Reaktion warten, die möglicherweise heilende Wirkungen zeigt. Allein der professionelle Einsatz einer lösungsorientierten Sprachführung wäre in einer solchen Situation eine Intervention, die heilende Wirkungen nach sich ziehen kann. Hätte hier die Pädagogin als Therapeutin gehandelt und ihr Terrain überschritten?

Und ist es nicht manchmal auch umgekehrt? Befindet sich nicht die Therapie manchmal im Bereich der Pädagogik, also im entwicklungsfördernden Bereich?

Und vor allem: Von welchen Methoden sprechen wir überhaupt? Hier wird schon deutlich: Welche Methoden sind nun »noch« pädagogisch und welche sind »bereits« therapeutisch?

Das eine soll das eine bleiben und das andere das andere

Ganz dezidiert möchten wir feststellen, dass es selbstverständlich Bereiche gibt, in denen sich pädagogische und therapeutische Arbeit nicht überschneidet: Das Begleiten von psychischen Aufarbeitungsprozessen ist in erster Linie therapeutisches Betätigungsfeld, und wir möchten keinesfalls dazu ermuntern, als Pädagoge »Therapeut« zu spielen.

Uns geht es vielmehr um Situationen, in die Pädagogen zwangsläufig kommen. Situationen, die für Klienten jene Angelpunkte sind, an denen sie vielleicht Hilfe annehmen können, in denen sie sozusagen einen therapeutischen Auftrag erteilen, obwohl die Hilfe anbietende Person kein Therapeut ist. Und für diese Arbeit im Grenzland sehen wir Würdigungsbedarf.

Beispiele für Grenzlandaktivitäten

Ein Beispiel bietet die Technik des Spottings, das für die Arbeit an inneren und äußeren Konflikten eingesetzt werden kann – und von Konflikten ist die sozialpädagogische Realität ja leider nur allzu tief durchsetzt. Spotting ist ein Instrument, das großer Sensibilität in der Anwendung bedarf, um einem zuvor künstlich polarisierten Konflikt über die Schwelle zu helfen und in eine integrative Phase zu steuern. Spotting kann in der sozial- oder erlebnispädagogischen Arbeit sehr gut eingesetzt werden, um zum Beispiel eine vorangeschrittene Gruppenspaltung zu schlichten (mehr dazu siehe auch im Methodenkapitel).

Ein weiteres Beispiel für den Randbereich gibt die aus Familientherapie bekannte Timelinearbeit, die von Peter Nemetschek mittlerweile »Lebensflussmodell« genannt wird. Sie ist eine Arbeitsform mit Gegenständen als Referenzobjekte, mit der es bereits umfassende Erfahrungen im Rahmen der systemischen Erlebnispädagogik gibt:

Mittels Naturmaterialien werden Lebenswege gestaltet mit dem Ziel, den Gestalter in der darauffolgenden Aufarbeitung so zu begleiten, dass er Ressourcen, Lösungen oder andere stärkende Aspekte besser wahrnehmen und wieder aufspüren kann. Es können auch Orientierung gebende Aspekte für mögliche Verhaltensvariationen auftauchen.

Durch eine lösungs- und ressourcenorientierte Begleitung kann von dieser Methode profitiert werden, und Krisenaspekte bekommen ihre Würdigung, sie werden aber nicht schwerer gewichtet als die lösungsweisenden Anteile. Wichtig ist hier, wie auch bei anderen themenbezogenen Arbeiten mit Naturmaterialien, dass diese Methoden nicht als Diagnoseinstrument für die Prozessbegleiter dienen sollen, sondern dass sie einzig dem Gestalter selbst helfen sollen, auf bisher nicht wahrgenommene Facetten und Möglichkeiten zu kommen.

Dieses Verfahren bietet eine einerseits entwicklungsfördernde, also klassisch pädagogische Seite, aber auch eine kurative, also therapeutische: Sie bildet einen Rahmen, in dem Probleme in Ressourcen umgedeutet werden können, und es können bereits vorhandenen Bewältigungsstrategien entdeckt werden, wo bisher vielleicht nur Krisen oder Probleme gesehen wurden.

Als weitere Beispiele für therapeutische Verfahren im pädagogischen Alltag können beinahe alle Methoden der systemischen Erlebnispädagogik genannt werden, die erstmals in der kreativ-rituellen Prozessgestaltung zusammengefasst wurden,[94] oder auch viele der Methoden, die Kersten Reich in seinem noch umfassenderen Methodenpool zur systemisch-konstruktivistischen Pädagogik beschreibt.[95]

Nicht zuletzt können jene Methoden angeführt werden, die Reichel und Rabenstein als Instrumentarium für Berater sammeln und beschreiben.[96] Und so erhebt sich die Frage: In welchem Bereich wurden Methoden, die heute als psychotherapeutisch gelten, eigentlich entwickelt?

Insoo Kim Berg hatte etwa die Idee zur mittlerweile legendär gewordenen Wunderfrage in einem sozialarbeiterischen Setting. Als sie in der Arbeit mit einer Familie an einem Punkt angekommen war, an dem sie sich dachte, dass hier eigentlich nur ein Wunder helfen könne, kam die Erkenntnis, dass diese Fragestellung einen methodischen Zugang bietet.[97]

Das ganze Feld der sprachlichen Begleitung von persönlichkeitsbildenden Prozessen kann nicht nur in therapeutischen, sondern natürlich auch in pädagogischen Arbeitsfeldern eingesetzt werden. Vielfach kommt allerdings eine fundierte Ausbildung in Gesprächsführung nicht oder nur sehr fragmentarisch in den Curricula von pädagogischen Grundausbildungen vor. Für Therapeuten ist Gesprächsführung ein zentrales Arbeitsverfahren und wird in den Ausbildungen äußerst differenziert vermittelt, vielfach geübt, reflektiert und immer wieder einer Qualitätsprüfung unterzogen.

An diesem Punkt wird deutlich, worauf Pädagogen sehr selbstkritisch schauen müssen, wenn sie sich in das Grenzland begeben: Habe ich genügend Instrumente und persönliche Kompetenzen in meinem methodischen Rucksack, wenn ich auf dieses Feld gehe? Genauso wie ein gut ausgestattetes Erste-Hilfe-Paket zur Standardausrüstung von Erlebnispädagogen gehört, muss das methodische Sicherheitspaket in Form von Ausbildungen, permanenter Selbstreflexion und fallweiser Kontrolle durch fachliche Aufsicht und Supervision selbstverständlicher Bestandteil der Grundausstattung sein.

---

[94] Vgl. Kreszmeier / Hufenus, a. a. O.

[95] Kersten Reich (Hg.): Methodenpool. Siehe: url: http://methodenpool.uni-koeln.de, aufgerufen am 6.6.2012.

[96] René Reichel / Reinhold Rabenstein: Kreativ beraten: Methoden und Strategien für kreative Beratungsarbeit, Coaching und Supervision, Münster 2001.

[97] Insoo Kim Berg, Wiedergabe einer Originalerzählung aus einem Seminar mit der Autorin, Salzburg 1994.

Kommen wir zu weiteren methodischen Feldern, die eine Verführung ins Grenzland darstellen:

Auch Jakob Moreno sammelte seine elementaren Erfahrungen, die später zur Ausdifferenzierung des Psychodramas führten, in seinem Engagement im Straßentheater mit Jugendlichen und in der Theaterpädagogik. Heute gehört szenisches Arbeiten in vielen Bereichen auch zum pädagogischen Instrumentarium und führt zu vielfältigen Erfahrungen der Lösung und Heilung.

Wie man es auch dreht und wendet: Auf all die oben genannten Fragen nach klarer Trennung und Abgrenzung der Bereiche Therapie und Pädagogik gibt es keine wirklich zufriedenstellenden Antworten.

Denn es spielen auch noch andere Aspekte eine Rolle: Zwei Fachbereiche, die sich per definitionem voneinander abgrenzen und mit unterschiedlichen Rahmen und Kontrakten arbeiten, die in verschiedenen Ausbildungen vermittelt werden, die einen anders gewichteten gesellschaftlichen Status haben, die nicht gleich entlohnt werden und die in verschiedenen Gesetzen verankert sind, können doch nicht die gleichen Verfahren einsetzen!

Wir machen hier wieder einen Schwenk zur Erlebnispädagogik. Die Erlebnispädagogik versucht zwar seit Längerem, sich von der Fessel der Reputation als finales Rettungskonzept zu lösen, aber es will nicht so recht gelingen.

Warum? Ein Grund dafür könnte sein, dass die Erlebnispädagogik in Räumen arbeitet, die von vornherein ein hohes therapeutisches Potenzial erschließen. Verschiedene Faktoren führen dazu: die Ferne des angebotenen Lernrahmens von der Alltagsrealität und das damit verbundene Veränderungs- und Anregungspotenzial, die Natur als Lernumgebung, die immer noch häufige Zielgruppe der Erlebnispädagogik, die Jugendlichen, die andere Maßnahmen schon erfolgsarm durchlaufen haben. Dies alles legt nahe, sehr viel von der Erlebnispädagogik zu erwarten, ja es wird gewissermaßen verlangt, dass am Ende kurative Erfolge herauskommen.

Ein Faktor, durch den man in der Erlebnispädagogik auch relativ leicht auf therapeutisches Terrain kommt, könnte auch die durchgehende Präsenz der Leitungspersonen sein, die bei längeren Projekten bis zu mehreren Monaten – rund um die Uhr – andauern kann. Die Pädagogen können durch diesen Rahmen von den Klienten besonders konstant und authentisch erlebt werden, was die Bezugsfähigkeit der Teilnehmenden begünstigt und tiefe Prozesse der sozialen Hinwendung möglich macht.

Durch all diese Faktoren bietet sich die große Chance, erlebnispädagogische Arbeit auch kurativ zu nützen, oder die Chance, dass zumindest Prozesse entstehen, die weit über die pädagogischen Grundaufgaben der entwicklungsfördernden Begleitung hinausgehen. Und viele praktizierende Erlebnispädagogen werden es bestätigen: Es besteht nicht nur die Chance, sondern es geschieht auch häufig, dass heilsame Prozesse ausgelöst werden. Es werden hier bewusst keine Beispiele genannt, die Erfolge der Erlebnispädagogik sind mittlerweile gut belegt und wir verweisen hier auf die deutschsprachigen Bibliografien zur Erlebnispädagogik.[98] Diese Gedankenführung hat aber nicht zum Ziel, die Erlebnispädagogik wieder in den Status »Finales Rettungskonzept« zu hieven, sie soll nur zeigen, wie leicht der Fachbereich ins Grenzland führt.

Aber da selbstverständlich das Setting alleine nicht genügt, um zu Erfolgen zu kommen, muss es zur methodischen Grundbildung von Erlebnispädagogen gehören, solche Prozesse auch begleiten zu können. Wo sonst sollen die erforderlichen Kenntnisse und die damit verbundenen notwendigen Eigenerfahrungen erworben werden als in einer erlebnispädagogischen Zusatzausbildung? Denn immer braucht es ja auch die Verbindung von praktischer Kompetenz, um die nötigen impulsgebenden Strukturen im Outdoor zu schaffen und der methodischen Kompetenz, die dadurch angeregten Prozesse zu begleiten. Jedenfalls handelt sich um einen sehr hohen Anspruch, und die am häufigsten genannten Ziele erlebnispädagogischer Arbeit weisen auf einen inhärenten therapeutischen Anspruch hin. Nicht zu sprechen vom englischsprachigen Urbegriff für die Erlebnispädagogik, der Erlebnistherapie.[99]

Es genügt unseres Erachtens auch nicht, einfach Therapeuten zum erlebnispädagogischen Projekt beizuziehen. Denn viele der entwicklungsfördernden Situationen entstehen im Tun, in der praktischen Handlung: beim Bau des Planencamps, im Seekajak bei Windstärke 4 und vieles mehr. Therapeuten müssten in diesen praktischen Skills mindestens dieselben Standards erfüllen wie ausgebildete Erlebnispädagogen, damit keine duale Begleitsituation entsteht, in der die Kompetenzen getrennt sind. Teilnehmer sind nach unseren Erfahrungen selten bereit, sich an eine Person zu wenden, die nur für das »Innere« zuständig ist, aber im übrigen Rahmen nicht in die Führung gehen kann.

Auf wessen Konto gehen Erfolge?

Schließlich stellt sich in der Auseinandersetzung mit all diesen Grenzlandfragen noch die folgende Frage: Wer könnte je nachweisen, auf wessen »Konto« Entwicklungserfolge von Klienten gehen, die sich in Doppel- oder Mehr-

---

[98] Z.B. auf http://www.erlebnispaedagogik.de oder http://www.uni-lueneburg.de/einricht/erlpaed/institut_intro.htm, jeweils aufgerufen am 6.6.2012.

[99] Vgl. dazu Rüdiger Gilsdorf: Von der Erlebnispädagogik zur Erlebnistherapie: Perspektiven erfahrungsorientierten Lernens auf der Grundlage systemischer und prozessdirektiver Ansätze, Bergisch Gladbach 2004.

fachbetreuung befinden: Sind sie den Psychotherapeuten zuzuschreiben, den Pädagogen, vielleicht sogar einer Lehrerin, den Eltern, der Peer-Group oder jemand ganz anderem? Erfolge können selbstredend ohnehin nur zu Erfolgen werden, wenn die Klienten aus sich heraus Schritte machen und sich entscheiden, die gebotenen Hilfen anzunehmen und mitzuarbeiten. Wenn sie dann im Rahmen von Evaluierungsverfahren oder während eines Entwicklungsgesprächs selbst beschreiben können, welche Interventionen ihnen geholfen haben, wäre das ein Differenzierungsniveau, das wahrscheinlich selten vorkommt oder schwer möglich ist.

So ist beispielsweise der Diplomlehrgang systemische Erlebnispädagogik von *Natur als Partnerin* von einer einzelnen Kommission in Österreich Ende der Neunzigerjahre Jahre nicht im Rahmen einer Gütesiegelverleihung anerkannt worden, weil Bedenken gegen die Anwendung und hiermit unter »Laien« verbreiteten »therapeutischen Methoden« geäußert wurden. Erlebnispädagogen sollten nicht therapeutisch wirksam werden, weil sie hier die Grenze zur Therapie überschreiten. Interessant hierbei ist allerdings auch die Tatsache, dass jene Kommission mit Personen besetzt war, die ähnliche Konzepte für andere Trägerinstitutionen anbieten und mit vergleichbaren Methoden nach dem oben kritisch beleuchteten dualen Konzept arbeiteten.

Plädoyer für heilendes Wirken

Wir nähern uns also nun den Anliegen, die wir mit diesem Kapitel verfolgen und die eher wie ein Plädoyer ausfallen:

- Pädagogen, besonders aber Erlebnispädagogen brauchen Methoden im fachlichen Talon, die über das pädagogische Standardrepertoire hinausgehen, um im Projektalltag wirksam arbeiten zu können. Diese Methoden müssen sie natürlich unter qualifizierter Anleitung erlernen.
- Therapeuten brauchen Pädagogen und Alltagsbegleiter, da diese viel mehr Zeit mit den Klienten verbringen und damit einerseits die Grundlage für therapeutische Interventionen schaffen und andererseits wertvolle Hinweise für eventuell notwendige Diagnosen liefern können.
- Eine konkurrierende Betrachtung der beiden Arbeitsbereiche ist der Arbeit beider fachlicher Stränge nicht dienlich und schon gar nicht den oft gemeinsamen Adressaten.
- Ein guter nächster Schritt im Diskurs zwischen den beiden Fachbereichen wäre die gegenseitige Anerkennung der nahe verwandten Ziele und die bewusste Wahrnehmung, dass Leistungen beiderseits im besten Wissen und Gewissen unter oft belastenden Arbeitsbedingungen erbracht werden.

- Ein visionärer zweiter Schritt wäre die Akzeptanz der Tatsache, dass Pädagogen schon längst auch therapeutisch arbeiten, und zwar unter Rahmenbedingungen, die deutlich weniger Psychohygiene ermöglichen, und dass die Berufsgruppe eine höhere gesellschaftliche Reputation und Vergütung für ihre Arbeit bekommt.

Wir lassen im Folgenden relativ ausführlich Autoren zur Wort kommen, die zu diesem Thema schon Stellung bezogen haben:

Astrid H. Kreszmeier, Hans P. Hufenus:

»Die Psychotherapie wird bei uns im Allgemeinen ranghöher bewertet als die Pädagogik. Wer sich eine psychotherapeutische Ausbildung leisten kann oder will, erwartet eine Veränderung (Verbesserung) seiner beruflichen Möglichkeiten. Viele erhoffen sich damit ein Sprungbrett in die Selbständigkeit, weg von den vielleicht einengenden Strukturen ihrer Stelle und vor allem weg von der miesen Laune, dem Widerstand und den Rückfällen, mit denen man als Sozialpädagoge, Sozialarbeiter oder Lehrer jeden Tag zu tun hat. Wer eine psychotherapeutische Ausbildung abgeschlossen hat, wird dafür kämpfen, dass die Grenzen zwischen Pädagogik und Therapie gewahrt bleiben. Nur so wird er sich davor schützen können, diese nervtötenden Dinge tun zu müssen, die den pädagogischen Alltag ausmachen. Das ist auch sein Recht.

Ein anderes Argument – es wird oft als erstes angeführt –, ist die unterschiedliche Verantwortung, die mit dem pädagogischen oder psychotherapeutischen Handeln verknüpft ist. Ganz allgemein gilt: Psychotherapie geht in die Tiefe, und eine Psychotherapeutin muss auch mit Krisen umgehen können, sie muss jemanden zu psycho-sozialer ›Gesundheit‹ führen können; sie ist eine ›Ministerin für Inneres‹. Eine Pädagogin muss auch mit Krisen umgehen können, aber vor allem muss sie dafür sorgen, dass die äußeren Bedingungen nicht zu solchen führen, sie ist eine ›Expertin für Äußeres‹.«

Und weiter:

»Obwohl es eher die Pädagogen sind, die mit der oft harten Realität ihrer Schützlinge (...) als Erste konfrontiert werden, und auch sie es sind, die durch ihr tagtägliches Dasein die Menschen bedeutsam prägen, wird weithin angenommen, dass Psychotherapie irgendwie tief greifender, also auch wirkungsvoller sei als Pädagogik. Deshalb ist kaum jemand beunruhigt, wenn Psychotherapeuten pädagogisch tätig werden (müssen), aber viele zeigen sich empört, wenn Pädagogen psychotherapeutische Prozesse begleiten (müssen), so, als würden dabei allergrößte Gefahren losgetreten, so, als könnten sie immensen Schaden anrichten.

Wenn Pädagogen Schaden anrichten, dann für gewöhnlich nicht, weil sie sich als psychotherapeutische Quacksalber aufspielen, sondern weil sie die pädagogische Arbeit überfordert. Und darüber hinaus soll es schon vorgekommen sein, dass es auch Psychotherapeuten bei ihrer Arbeit nicht viel anders ergeht.

Gehe ich als Psychotherapeutin zu streng mit der Psychotherapie um? Damit wir uns richtig verstehen: Die Erfindung der Psychotherapie ist eine wunderbare Sache, aber gegen den Mythos, der rund um sie entsteht, gegen den wollen wir gerne Stellung beziehen. (...)

Es mag sein, dass es in seltenen Fällen so etwas gibt wie die reine Psychotherapie oder die reine Pädagogik, aber es sind Ausnahmefälle. Die Regel ist die mehr oder weniger klare, die mehr oder weniger bewusste Vermischung der beiden Disziplinen – das ist auch gut so. Ganz im Gegensatz zu jenen, die in dieser Vermischung eine Gefahr für die betroffenen Menschen befürchten, sehen wir in ihr einen Vorteil, ja eine Chance, die sich bietet. Wenn sich innerhalb eines pädagogischen Rahmens etwas tut, was unserer Seele zu mehr Frieden verhilft, oder wenn innerhalb eines therapeutischen Settings auch ganz praktische Dinge gelernt werden können, dann ist das doch wunderbar.«[100]

An dieser Stelle kommen wir auch auf die Ursprünge des Fachgebietes Erlebnispädagogik, die meist bei Kurt Hahn angesetzt werden, der überdies den Begriff der »Erlebnistherapie« und nicht der Erlebnispädagogik verwendete.

In der einschlägigen englischsprachigen Literatur ist immer noch von »Adventure therapy« die Rede, auch wenn nicht explizit (psycho)therapeutisch gearbeitet wird. Im Band »Therapy within Adventure. Proceedings of the Second international adventure Therapy Conference«[101] kann man sich einen beispielhaften Überblick verschaffen über die unterschiedlichsten Facetten therapeutischen Konstruierens (mittels des Settings), Beobachtens und Intervenierens in handlungsorientierten Lernsituationen.

Wir möchten uns mithilfe der folgenden Zitate für eine Synergie von Pädagogik und Therapie im erlebnispädagogischen Setting einsetzen. Die systemischen Ansätze bieten vielerlei Gründe, die starre Grenze zwischen Therapie und Pädagogik aufzugeben und in eine Richtung zu blicken, in der nicht die Art der Ausbildung der Prozessbegleiter, sondern die Weisheit der Klienten den Königsweg zur Lösung bietet.

[100] Gilsdorf, a.a.O., S. 150.
[101] Kaye Richards/Barbara Smith: Therapy within Adventure, Proceedings of the Second International Adventure Therapy Conference, Augsburg 2003.

Hier sind wir im Grunde schon mittendrin:

Aus systemisch-konstruktivistischer Sicht ist es gar nicht möglich, dort Schaden anzurichten, wo jemand es nicht zulässt.

Wilhelm Rotthaus, Kinder- und Jugendpsychiater mit systemischem Arbeitsansatz, verdeutlicht dies folgendermaßen:

»Es [in diesem Falle das Kind, Anm. d. A.] wird aber – abgesehen von den Fällen extremer Gewalt – in seinen Handlungen nicht durch die Umwelt festgelegt, sondern bestimmt eigenständig innerhalb dieses Möglichkeitsraumes beziehungsweise dieses Verhaltensspielraums über seine Handlungen«.[102]

Hier ist es also nur die Anwendung von Gewalt, die einen Menschen so aus dem Gleichgewicht bringen kann, dass er sich dafür entscheidet, den Vorgaben anderer zu folgen und nicht seinen eigenen, sodass er die Fremdbestimmung als für die bessere Alternative erachtet. Herleiten könnte man diese Aussage auch aus Maturanas und Varelas Beschreibung der destruktiven Interaktionen: Darunter verstehen die Wissenschaftler »alle Perturbationen, die zu einer destruktiven Veränderung führen«.[103] Systeme beugen sich also sehr wohl auch Einflüssen von außen, wenn sie sich andernfalls im Bereich der »destruktiven Veränderung« wiederfinden würden, nämlich im Bereich der »Strukturveränderungen, die zum Verlust der Organisation einer Einheit und daher zu ihrer Auflösung als Einheit einer bestimmten Klasse führen«.[104]

Da Gewaltanwendung natürlich nicht zum Repertoire pädagogischen Handelns gehört, können wir immer die These der halbierten Verantwortung heranziehen: Klienten und Pädagogen (Therapeuten) sind – salopp gesprochen – zur Hälfte verantwortlich für den Erfolg: Klienten für den Fortschritt und Pädagogen für das Setzen des Rahmens, in dem Entwicklungsschritte möglich werden. Auch Kreszmeier und Hufenus bestätigen dies:

»Dennoch begegnen wir immer wieder jener Frage: ›Ja ist denn das nicht gefährlich, ist denn das nicht therapeutisch, was ihr da macht?‹ Ehrlich gesagt, ist uns in der kreativ-rituellen Praxis noch nichts besonders Gefährliches untergekommen.«[105]

---

[102] Eine Ausnahme bildet hier lt. Rotthaus die Anwendung von Gewalt: »Es (in diesem Falle das Kind, Anm. d. A.) wird aber – abgesehen von den Fällen extremer Gewalt – in seinen Handlungen nicht durch die Umwelt festgelegt, sondern bestimmt eigenständig innerhalb dieses Möglichkeitsraumes beziehungsweise dieses Verhaltensspielraums über seine Handlungen.«

[103] Maturana/Varela, a.a.O., S. 108.

[104] Ebd.

[105] Kreszmeier/Hufenus, a.a.O., S. 151.

Natürlich kann man argumentieren, dass Kreszmeier selbst Psychotherapeutin ist, aber dennoch sehen wir die Angst, dass durch eine Ausbildung in systemischer Erlebnispädagogik »therapeutische Methoden von nicht Therapeuten an Laien weiter vermittelt werden und diese dann am Klientel angewandt werden«[106], als defizitorientert. Zum einen werden keine Laien ausgebildet, sondern Fachleute mit pädagogischer oder psychosozialer Grundausbildung (übrigens auch Psychotherapeuten und Supervisoren). Zum anderen können wir auch der Vorstellung, dass eine Methode »am Klientel angewendet wird«, nichts abgewinnen. Methodisches Arbeiten ist ein interaktiver Prozess, der sich an dem anlehnt, was der Klient von sich gibt und zulässt. Wir nehmen als Prozessbegleiter hier die buchstäblich halbe Verantwortung auf uns (diese aber voll und ganz), von der auch Huschke-Rhein spricht: »Zuverlässig und berechenbar können Pädagogen nur Kontexte beeinflussen und verändern, nicht aber die autopoietischen, selbstreferentiellen Systeme selber.«[107]

Im Folgenden möchten wir auf die Meinung der Autoren der wichtigsten Quellen konstruktivistischer Gesprächsführung horchen, die auch in der systemisch-erlebnispädagogischen Prozessbegleitung ihre Anwendung finden:[108]

In einem Werkstattbuch zur lösungsorientierten Kurztherapie und zugehörigem Lernmaterial vermitteln Insoo Kim Berg und Peter De Jong diese Gesprächstechniken auf eindrucksvoll praxisnahe Weise und legen die beschriebenen Methoden vielen anderen Berufsgruppen, nicht nur Therapeuten, ans Herz:

Peter De Jong, Insoo Kim Berg:

»Wir glauben, dass dieses Buch vielen Interessenten nützlich sein kann. Wir sind der Ansicht, dass es – mit den Videobändern und dem Übungshandbuch – dazu dienen kann, Auszubildende in Kursen über Beratung, Psychologie, psychiatrische Krankenpflege und Sozialarbeit zu unterrichten. Wir glauben auch, dass es Beratungszentren für Kinder, Jugendliche und Familien sowie psychosozialen Zentren und anderen Sozialdiensten nützlich ist, die ihre Ausbildung daran orientieren wollen, Lösungen zu finden. Wir haben selber feststellen können, dass sich dieses Material sehr

---

[106] Martina Gasser: Unveröffentlichte Expertise. In: Expertise zur Antragsstellung der ZAQ-Zertifizierung. Innsbruck, 2003, S. 3.

[107] Der Autor bezeichnet die Folge dieses Phänomens als die »Halbierung der Verantwortung«, siehe Huschke-Rhein, a. a. O., S. 32.

[108] Zur Unterscheidung der systemischen Ansätze verweisen wir auf den Artikel »Systemisch – ein Trend« von Christine Lindenthaler. In: »Erleben und Lernen. Internationale Zeitschrift für handlungsorientiertes Lernen« (2004) 3/4, S. 47–51.

breit anwenden und nutzen lässt. Wir selber haben es bei den genannten Gruppen benutzt und sind von ihnen ermutigt worden, es in der Form, wie wir es Ihnen hier anbieten, aufzubereiten.«[109]

In einem Seminar konnte ich (C.L.) persönlich erleben, wie engagiert sich Insoo Kim Berg für die lösungsorientierte Kurztherapie auch in Sozialarbeit und Sozialpädagogik einsetzte und darauf hinwies, dass der Terminus »therapy« die amerikanische Auffassung von Interventionen zur Förderung von Verhaltensänderung wiedergibt und sich nicht auf Psychotherapie beschränkt, wie bei uns in Mitteleuropa geläufig.[110]

Wir nutzen also die Techniken der lösungsfokussierten Gesprächsführung und beschränken uns dabei natürlich nicht auf die Wunderfrage, sondern arbeiten mit allen Fragetechniken wie Klassifikationsfragen, Prozentfragen, der Skalierungstechnik, Übereinstimmungsfragen, Subsystemvergleichen, mit Fragen nach Ausnahmen, mit zirkulären Fragen, mit Als-ob-Fragen, mit Fragen nach Ressourcen, mit der Kristallkugeltechnik und vielem mehr.

All diese Techniken werden auch von deutschsprachigen Autoren als beraterische beziehungsweise auch als pädagogische Techniken beschrieben und nahegelegt.[111]

Wenn wir weitergehen in unserer Auflistung von Argumenten für ein verantwortungsvolles Betreten des Grenzlandes, kommen wir zu maßgeblichen deutschsprachigen Autoren im Bereich systemisch-konstruktivistische (auch ökologische) Pädagogik, zum Beispiel Rolf Huschke-Rhein, Professor a.D. für allgemeine Pädagogik an der Universität zu Köln. Er sieht die Pädagogik als Beratungswissenschaft in der »Pädagogischen Konsultation« und beschreibt diese als folgendermaßen gefächert:

Rolf Huschke-Rhein:

»In der Praxis richten sich die pädagogischen Bemühungen auf die drei Basissysteme: biologisches System (körperliches Wohlergehen), psychisches System (psychisches Wohlergehen) und soziales System (soziales Wohlergehen), die, systemisch betrachtet, miteinander hoch vernetzt sind und die Basis für eine gelingende Selbstorganisation darstellen.

---

[109] De Jong / Berg, a.a.O., S. 19.
[110] Seminar »Lösungsorientierter Kinderschutz« vom 19.–20.1.1996 im Kinderschutzzentrum Salzburg, Referentin: Kim Insoo Berg.
[111] Z.B. Reich: Methodenpool: http://methodenpool.uni-koeln.de oder: Günter G. Bamberger: Lösungsorientierte Beratung. Praxishandbuch, Weinheim, Basel / Berlin 2001, sowie Reichel / Rabenstein, a.a.O.

Diesen drei Systemen gilt speziell die Aufgabe der ›Pädagogischen Konsultation‹.«[112]

Hier wird der kurative Bestandteil des pädagogischen Tätigkeitsfeldes impliziert. Huschke-Rhein verdeutlicht seine Ansicht im Weiteren:

»In konzeptioneller Hinsicht stellt die neuere Entwicklung eine Öffnung des Therapiebegriffs in Richtung eines offenen und damit auch pädagogisch anwendbaren Beratungskonzepts dar.«[113]

Und:

»Ein Grundproblem der Pädagog ik besteht in der ›Steuerung‹ (Lenkung/Leitung) eines anderen Menschen bei maximaler Selbststeuerung dieses anderen (also ›Fremdsteuerung‹ vs. ›Selbstorganisation‹). Es stellt sich besonders eindrucksvoll bei der Frage der (therapeutischen) Interventionen.«[114]

Das Verhältnis von Fremd- und Selbstorganisation in der Erziehung verbildlicht der Autor mit einer einfachen Grafik:

Fremdsteuerung ——————————— Selbstorganisation

Zwischen diesen Polen spielt sich Pädagogik, aber auch Therapie ab. Nun können wir folgende hilfreiche Unterscheidungen des Wirkbereiches für beide Fachgebiete finden, die sich dadurch laut Huschke-Rhein sogar zu einem Auftrag zusammenfügen:

»Ich schlage vor, ›Konsultation im weiteren Sinne‹ von ›Konsultation im engeren Sinne‹ zu unterscheiden. Jede Erziehung, vor allem die der kleinen Kinder, ist Förderung der Selbstorganisation, wenn und solange sie dem Vorsatz dieser Förderung verbunden bleibt. Die allbekannten pädagogischen Basisarbeiten – wie Unterstützung, Pflege, Förderung, Hilfe –, die Eltern oder Erzieher von klein an den Kindern angedeihen lassen, weil sie noch äußere Hilfe, Sorge und Pflege benötigen, gehören nach dem vorgestellten Schema des Modells auf die linke Seite, ebenso wie die sogenannten ›kurativen‹ Leistungen, aber auch die dann folgenden institutionellen Angebote der pädagogischen Einrichtungen. Dieser zunächst

---

[112] Rolf Huschke-Rhein: Einführung in die systemische und konstruktivistische Pädagogik, a.a.O., S. 8.
[113] Ebd., S. 85.
[114] Ebd., S. 86.

äußerlich notwendige Komplex pädagogischer Maßnahmen kann unter
›Konsultation im weiteren Sinne‹ verstanden werden.«[115]

Daraus sei zu schließen:

»Alle konsultativen und alle kurativen Tätigkeiten gehören von Anfang an
zum Auftrag und zum Geschäft der Pädagogik. Darum ist es mir wichtig
zu betonen, dass Hilfe, Unterstützung, Förderung, Beratung und auch
Therapie von Anfang an zur ›normalen Pädagogik‹ hinzugehören.[116]

Im Bemühen um eine pädagogische Bildungstheorie und in diesem Zusammenhang zum Begriff der Synergie meint Huschke-Rhein:

»Warum sollte nicht auch in der Pädagogik eine kombinierende Auswahl
bestimmter günstiger Teilbereiche des Bildungssystems (…) zu neuen und
günstigen Systemzuständen des Bildungssystems führen, also zu einem
›Synergie-Effekt‹, der zur qualitativen Optimierung der Bildungspro-
zesse beiträgt? (…) Das Spannende in diesem neuen Gebiet der System-
forschung liegt darin, dass es sich gleichsam zwischen Pädagogik und
Therapie bewegt. Synergetische Arbeit kann ja nach den Erfordernissen
entweder Kontinuität der Diskontinuität bevorzugen. Die Pädagogik ist,
vereinfacht gesagt, meist mehr an voraussehbaren und kontinuierlichen
Entwicklungsprozessen interessiert; die Psychotherapie aber arbeitet oft
im Gegensatz dazu eher darauf hin, einen Bruch mit einem bisherigen
krankmachenden Systemzustand zu erreichen, strebt also einen diskon-
tinuierlichen Systemprozess an. Systemisch möchte ich nicht den einen
oder den anderen Zustand im Voraus positiv oder negativ beurteilen; jede
Sichtweise der Systemprozesse hat ihre Bedeutung. Darum habe ich vor-
geschlagen, dass eine pädagogische Bildungstheorie beide Systemformen
in sich aufnehmen muss, sowohl die stabilen Systeme als auch die instabi-
len, chaotischen Systeme, und dass zwischen diesen beiden Formen drit-
tens die zyklischen, periodischen Systemformen stehen.«[117]

Und :

»Pädagogik ist die Kunst der Balance, und zwar vor allem die Kunst,
eine Entwicklung zwischen Stabilität und Chaos hindurchzusteuern,
d.h. ihren Weg ständig zwischen der Stabilität erwartungskonfor-
men Verhaltens und der möglichen Instabilität autopoietischer Turbu-

[115] Ebd., S. 24 f.
[116] Ebd., S. 25.
[117] Ebd., S.209.

lenzen auszubalancieren. (...) Jede pädagogische Handlung ist darum auch eine Kunst. Sie ist jederzeit verbunden mit dem Risiko des Scheiterns aufgrund der niemals vorausberechenbaren Realisation geplanter Erziehungsziele.«[118]

Von dieser »Kunst« könnten Erlebnis- und natürlich auch andere Pädagogen und Therapeuten sicherlich »viele Lieder singen«, würden sie ihre Erfahrungen musikalisch zum Ausdruck bringen. Leider bleiben die zahllosen pädagogischen Erfolge in – wenn man so will – therapeutischen Hoheitsgebieten meist unerwähnt, ebenso natürlich die Misserfolge. Immerhin: Fehler können auch als Entwicklungsschritte gedeutet werden. Beim Versuch, therapeutisch-kurative Methoden in einen größeren Anwendungszusammenhang als den der Psychotherapie zu sehen, nehmen wir schließlich noch eine Anleihe beim »Großmeister« der lösungsorientierten Kurztherapie:

Steve De Shazer:

»Beim Schreiben dieses und auch schon des vorherigen Buches (De Shazer, 1991)[119] habe ich das Wort Therapie durchweg nur mit dem größten Widerwillen und Zögern weiter benutzt. Obwohl es nicht ganz das richtige Wort ist, habe ich es gebraucht, da es das einzige verfügbare Wort ist, mit dem ich wenigstens anfangen konnte zu sagen, worüber ich spreche, was das ist, was meine Klienten und ich da tun. Leider sagt ›Therapie‹ sowohl mehr als auch weniger aus als das, was ich ausdrücken will, wenn ich den Begriff benutze. Aber mir ist noch kein anderes Wort eingefallen oder zu Ohren gekommen, das seinen Platz einnehmen könnte.«[120]

Berg und De Jong ersetzen übrigens den Ausdruck »Therapeut« mit dem Begriff »Praktiker«, um die Multidisziplinarität der die vorgeschlagenen Methoden anwendenden Berufsgruppen zu unterstreichen.

Aber wir können getrost wieder nach Europa zurückkehren, denn unser Nachbarland Deutschland bietet am Institut für Allgemeine Pädagogik an der Universität zu Köln einen systemisch-konstruktivistischen Arbeitsschwerpunkt, der eine weitere Fundgrube für unser Thema ist:
Kersten Reich entwickelte dort in prominenter Gesellschaft den Ansatz der interaktionistisch-konstruktivistischen Pädagogik, der Pädagogen sogar ausdrücklich anrät, ihre Arbeitspalette mit Methoden aus der systemischen

[118] Ebd., S. 34.
[119] Steve de Shazer: Das Spiel mit Unterschieden. Wie therapeutische Lösungen lösen, Heidelberg 1992.
[120] Ders.: »... Worte waren ursprünglich Zauber«, a. a. O., S. 21.

Beratung (die ja mittlerweile nicht mehr so häufig als Therapie bezeichnet wird, siehe Huschke-Rhein) zu bereichern.

Kersten Reich:

>Die systemische Beratung, die in unterschiedliche Ansätze zerfällt (...), ist insbesondere aufgrund ihres lösungsorientierten Ansatzes für die Pädagogik interessant. Sie versteht Beratungsprozesse als Hilfe zur Selbsthilfe, was sich mit klassischen pädagogischen Ansprüchen deckt. (...) Ähnlich wie im letzten Kapitel geht es mir hier vorrangig um methodische Fragen, die ich recht einseitig dahingehend prüfen will, inwieweit Pädagogen sich Methoden von der systemischen Beratung beziehungsweise Therapie abschauen könnten.«[121]

Welche Methoden könnten wir Pädagogen uns also laut Reich abschauen?
Im Kapitel »Systemische Methoden: Was Pädagogen von der systemischen Beratung lernen können« zählt Reich folgende Methodenfelder auf:[122]

1. Zirkuläres Fragen
   (Arbeiten mit Rückkoppelung in kommunikativen Prozessen)
2. Skulpturen
   (von Aufstellungsskalen über das Sculpting bis zur Familienaufstellung)
3. Beobachterlandschaften
   (vom Arbeiten mit Assoziationen bis zur biografischen Arbeit)
4. Reframing
   (durch den Beobachter vollzogener Wechsel des Kontextes)
5. Rekonstruktionsarbeit mit Gruppen
   (Aufdecken früherer Quellen des Lernens)
6. Das »Reflecting Team«
   (gezielt eingesetztes Beobachterteam, das Beobachtern – hier: Pädagogen im pädagogischen Prozess – Rückmeldungen gibt)
7. Systemische Supervision
   (Sichtweisen von Beobachtern, die einen Überblick verschaffen)
8. Weitere
   (Bei den systemischen Methoden gibt es keinen Abschluss)

---

[121] Kersten Reich: Systemisch-konstruktivistische Pädagogik. Einführung in Grundlagen einer interaktionistisch-konstruktivistischen Pädagogik, Neuwied 2002, S. 235.
[122] Ebd., S. 236–255.

Natürlich geht es nicht nur darum, dass sich die Pädagogik psychologische, therapeutische oder andere Methoden »abschaut«, vielmehr eher darum, dass die Pädagogik in ihrer wissenschaftlichen Ausprägung als Erziehungswissenschaft oder, wie Huschke-Rhein vorschlägt, als Beratungswissenschaft gar keine als völlig eigenständig abgrenzbare Methodologie bietet und sich naturgemäß der Methoden ihrer Nachbardisziplinen bedienen muss!

Dazu eine Verdeutlichung aus einer anderen Quelle:

Eckhard König:

> »Die Betrachtung verschiedener alltäglicher Erziehungssituationen macht deutlich, dass Erziehung und damit der Gegenstand von Erziehungswissenschaft nicht scharf von anderen Bereichen abgrenzbar ist. Insofern macht es auch relativ wenig Sinn, Erziehung scharf zu definieren. (...) Erziehung hat sich als eigener Lebensbereich im Laufe der kulturellen Entwicklung herangebildet und von anderen Lebensbereichen abgegrenzt, ohne dass die Abgrenzung im Einzelnen völlig scharf und eindeutig zu treffen ist. Das hat zur Folge, dass auch der Gegenstandsbereich der Erziehungswissenschaft nicht völlig scharf und eindeutig zu treffen ist. So sind zum Beispiel die Grenzen zwischen Erziehungswissenschaft und Psychologie, aber auch zwischen Erziehungswissenschaft und Betriebswirtschaft nicht scharf, sondern eine Reihe von Fragestellungen wird derzeit durchaus im Zusammenhang unterschiedlicher Disziplinen thematisiert. Zugleich gibt es keinen festen und unveränderlichen Kanon erziehungswissenschaftlicher Themen, sondern neue Fragestellungen und neue Themenbereiche (zum Beispiel Altenbildung, pädagogische Diagnostik, Rehabilitationspädagogik, Führungspädagogik) können entstehen, sich verändern oder auch wieder an Bedeutung verlieren.«[123]

Lehrer, die das Fach »Pädagogik« unterrichten, werden wahrscheinlich schon irgendwann einmal im Laufe ihrer Arbeit auf die Frage gestoßen sein, was an dem, was sie unterrichten, nun das eigentlich »Pädagogische« sei, denn allzu oft geraten sie in die Schwesternbereiche Psychologie, Soziologie, Therapie, Philosophie und weiter hinaus.

Hat sich damit die Pädagogik nun vollends aufgelöst? Natürlich nicht, obwohl – oder weil – sie eine der wohl ältesten Disziplinen menschlichen

---

[123] Eckhard König: Erziehungswissenschaft/Pädagogik: Begriffe. In: Hierdeis/ Hug (Hg.), Taschenbuch der Pädagogik, Band 2, Hohengehren 1997, S. 323–331, hier S. 324.

Handelns ist (erzogen wurde schon immer) und nunmehr, zu Beginn des dritten Jahrtausends westlicher Zeitrechnung, zwei fundamentale Grundfragen mit sich herumträgt:

Die eine ist die eben beschriebene und sie heißt: Was ist der eigentliche Aufgabenbereich der Pädagogik? Und die andere, uns noch mehr beschäftigende ist die systemisch-pädagogische Gretchenfrage »Wozu erziehen?«, die sich vor dem Hintergrund der autopoietischen Unabhängigkeit des Individuums stellt. Aber dieser Frage hat sich Wilhelm Rotthaus, ärztlicher Leiter des Fachbereichs Psychiatrie und Psychotherapie des Kinder- und Jugendalters der Rheinischen Kliniken Viersen, in überaus praxisfreundlicher Weise gewidmet. Auch er sieht »Erziehung als interaktiven Prozess, in dem Handlungen aller beteiligten Partner gleich wichtig sind, auch wenn Kinder und Erwachsene unterschiedliche Rollen und Aufgaben haben«.[124]

So sehen wir (die Autoren) uns nun als systemische Prozessbegleiter und können uns der Prägungen durch die Systemtheorie(n) schon lange nicht mehr verwehren. Einmal angelangt beim systemischen Denken und Handeln, ist der Weg zurück nicht passend und birgt allenfalls Weiterentwicklungen in Richtung integraler Ansätze.[125] Und hier passt vielleicht auch eine Feststellung, die wir immer wieder einmal, manchmal sogar zur Verteidigung, vorbringen müssen: Bei den systemischen Ansätzen handelt es sich um keine Schule und nicht um einen durchgehend neuen Ansatz. Es werden vor allem viele Methoden mit eingeschlossen, die schon vorher praktiziert wurden, als sie noch nicht »systemisch« genannt wurden.

Versöhnliches und Konstruktives zwischen Pädagogik und Therapie trägt schließlich auch Gilsdorf bei, den wir als Exponenten einer systemisch-prozessdirektiven Pädagogik auffassen dürfen:

Rüdiger Gilsdorf:

> »Erlebnispädagogik und Erlebnistherapie, so hatte ich argumentiert, sind zwei Ausprägungsformen ein und derselben Art und Weise, Lernen zu verstehen und zu begleiten. Eine Auseinandersetzung mit den in dieser Arbeit diskutierten Konstrukten, Prozessen und Haltungen sollte daher, unbesehen der hier durchgehend verwendeten therapeutischen Terminologie, auch für das pädagogische Feld relevant und nützlich sein. Pädagogik und Therapie, so ließe sich nun hinzufügen, sind letztlich selbst Konstruktionen, die es nur insofern als getrennte Handlungsbereiche gibt, als wir sie so denken und praktizieren. In mancherlei Hinsicht hat das Feld

---

[124] Rotthaus, a.a.O., S. 10.
[125] Wilber, Eros, Kosmos, Logos, a.a.O., S. X.

erfahrungsorientierten Lernens schon Schritte in Richtung Überwindung dieser Spaltung getan. Konsequent im Sinne der hier diskutierten Ideen weitergedacht, sollte es sich die Freiheit nehmen, diesen Aufbruch ins Ungewisse unbeirrt fortzusetzen. Was sich dabei sicherlich von Setting zu Setting verschieben wird, ist die Art der Balance zwischen Aktion und Reflexion, Prozess und Ergebnis, innen und außen.

Je weniger das eine aber vom anderen abgespalten wird, umso reichhaltiger und befriedigender dürften sich die Lernprozesse für alle Beteiligten gestalten. Und von den vielfältigen Möglichkeiten, das eine mit dem anderen zu verbinden, sind sicherlich die meisten noch gar nicht erfunden.«[126]

Natürlich passt auch diese Linie zu unseren Anliegen und wir sind Rüdiger Gilsdorf dankbar für seinen differenzierten Beitrag zur Rückübersiedlung der Erlebnispädagogik in eine Erlebnistherapie unter den beschriebenen Voraussetzungen.

Die phänomenologischen Ansätze: Therapie a priori?

Und dennoch möchten wir noch einen Schritt weitergehen. Denn wir schließen in unsere Auffassung von systemischem Arbeiten auch phänomenologische Ansätze mit ein, die von den bisher zitierten Autoren nur Reich (mit der Einbeziehung von Skulpturenarbeit und Beobachterlandschaften und Rekonstruktionsarbeit), Gilsdorf (mit der Beschreibung von Methoden aus Psychodrama und Ritualarbeit) sowie Kreszmeier und Hufenus näher beleuchten.

Der phänomenologische Arbeitsansatz könnte am ehesten an jene Grenze führen, an der genau geprüft werden muss, ob es einen Auftrag seitens der Klienten gibt, beispielsweise beim Einsatz von systemischer Aufstellungsarbeit:

Wir sind zwar nicht ganz der Meinung Albrecht Mahrs, der sich wünscht: »Wer Familienaufstellungen macht, braucht eine solide psychotherapeutische Grundausbildung und langjährige klinische Erfahrung. Familienaufstellungen sind, so einfach sie gelegentlich erscheinen, ein sehr machtvolles Instrument, dessen Handhabung große Kompetenz voraussetzt, nicht zuletzt wegen sehr schwieriger, krisenhafter Zuspitzungen, die dabei immer eintreten können«[127], aber natürlich ist dieses Statement absolut ernst zu nehmen. Obwohl, und hier kommen wir wieder auf unsere sozial- und erlebnispäd-

---

[126] Rüdiger Gilsdorf, a. a. O., S. 544.

[127] Albrecht Mahr: Die Weisheit kommt nicht zu den Faulen. Vom Geführt werden und von der Technik in Familienaufstellungen. In: Gunthard Weber (Hg.): Praxis des Familienstellens. Beiträge zu systemischen Lösungen nach Bert Hellinger, Heidelberg 1998, S. 30–39, hier S. 37.

agogischen Erfahrungen zurück, solche »Zuspitzungen« hier zum Alltag gehören und auch entsprechenden Umgang brauchen, für den Pädagogen methodisch gewappnet sein müssen. Aber wir wollen dem nicht mit komplexen Aufstellungen begegnen, sondern arbeiten lediglich mit einfachen Aufstellungstechniken, wie sie auch Reich beschreibt. Diese dienen der raschen Informationsgewinnung und dem Überblick und bieten eine willkommene handlungsorientierte Abwechslung zu diversen Abstimmungsverfahren oder Befragungen.

Wir sehen die Techniken der Familien-, Struktur- und Organisationsaufstellungsarbeiten als eigenen Sektor, der nicht unbedingt zu jenen Verfahrensbereichen gehört, die in eine pädagogische Arbeit miteinfließen sollten, obwohl die meisten Institutionen, die Ausbildungen in diesen Techniken anbieten, keine psychotherapeutische Grundausbildung oder klinische Praxis verlangen und somit auch Pädagogen zutrauen, diese Arbeit zu machen.[128]

Die phänomenologische Pädagogik schließlich bildet einen besonderen Zugang, der schon zu Beginn dieses Buches beschrieben wird. Es geht dabei nicht um schlüssige und nachvollziehbare Erklärungen, denn Phänomene sind oftmals nur aus einem individuellen Blickwinkel überhaupt Phänomene.

In gewisser Weise entzieht sich die phänomenologische Pädagogik also der objektiven Betrachtung und bildet damit keine Vergleichsbasis und auch keine Abgrenzungsmöglichkeit von therapeutischen Verfahren. Hier können Erzählungen über Lernprozesse besseren Einblick verschaffen.

Pädagogische Diagnostik

Hier nun noch ein paar Gedanken zur Frage der Diagnostik, die in der Therapie zu den wichtigen Säulen gehört, in der Pädagogik jedoch hinterfragt werden muss:

Die Begründer der lösungsorientierten Kurztherapie wehren sich heftig gegen die Diagnostik. De Shazer und Berg warnen sogar ausdrücklich davor: »KlientInnen sind keine Puzzles!«[129] Aus diesem Grund wenden wir sämtliche themenbezogenen Arbeiten in der Natur nicht als Diagnoseverfahren an. Als systemische Prozessbegleiter bescheiden wir uns auf das Herstellen von impulsgebenden Strukturen, die Erarbeitung von Zielen und die Fokussierung darauf und auf die sensible Förderung der Prozesse inklusive deren

---

[128] Über die Gründe wissen wir nicht Bescheid, aber möglicherweise liegen sie ebenfalls im Verständnis einer Nicht-Trennbarkeit von Prozessbegleitung und Therapie?

[129] De Jong / Berg, a. a. O., S. 31ff.

Reflexion. Jenes tiefere Verstehen von Ursachen oder die Einordnung von Verhaltens- und Handlungsweisen in Klassifikationssysteme sehen wir nicht als Bedingung für den Erfolg der Prozesse.

Hier treffen wir uns auch wieder mit Heinz von Foerster, der sinngemäß meint, Diagnosen vermitteln Scheinwahrheiten, die der Wahrnehmung von Beobachtern entspringen und sich oft sehr weit entfernt von der psychischen ›Wirklichkeit‹ des Klienten befinden. Zudem stehen sie nicht selten dem Finden einer guten Lösung im Wege.[130]

Wir sind hier in einem Bereich, wo uns der Systemansatz zeigen kann, etwas mit »links« zu machen, nämlich zu versuchen, sehr vertraute Denkweisen zu verändern, so, als ob wir etwas mit der linken Hand machen, was wir üblicherweise mit der rechten tun:

Die Beweggründe des Klienten zu verstehen kann zwar in eine vertiefte Problemsicht führen, bedeutet aber gleichzeitig auch eine Konzentration auf das Problem, auf das wir uns ja gar nicht orientieren wollten. Lösungen können wir als Prozessbegleiter weder vorschlagen noch anbieten. Schon gar nicht können wir Handlungspläne (die üblicherweise die Folge von Diagnoseverfahren sind) für Klienten erstellen. Lösungen und alternative Handlungsansätze entstehen in winzig kleinen (manchmal auch größeren) Erlebnissen während eines Prozesses, oft auch schon während der Zielerarbeitung, und können ihrer Realisierung dann am besten entgegensehen, wenn sie von dem Klienten kommen und nicht vom Prozessbegleiter entworfen wurden.

[130] Vgl. von Foerster / Pörksen, a. a. O., S. 16.

Naturerfahrung und Spiritualität

Durch intensives Sich-Erleben in der Natur werden Dimensionen unseres Seins berührt und in Bewegung gebracht, die in nüchterner Sprache schwer zu beschreiben sind. Wenn wir uns selbst als »Hervorbringung« der Natur begreifen, verwundert das nicht. In der Erlebnispädagogik werden diese Erlebensdimensionen von vielen Anbietern mittlerweile bewusst mit eingedacht, ja auch angestrebt und als spirituelle Erfahrung bezeichnet. Das Erleben des Eingebundenseins in größere Zusammenhänge, die Zugehörigkeit zur Schöpfung, und Gefühle, die tief in die Persönlichkeit hinein- und gleichzeitig aus ihr herausreichen, sind nur Versuche zu beschreiben, wie sich solch eine Erfahrung darstellen kann. In diesem Kapitel möchten wir beschreiben, wie das menschliche Bedürfnis nach Spiritualität in der Erlebnispädagogik häufig interpretiert wird. Gleichzeitig möchten wir eine stille, nicht wissende, von tradierten Symbolen weitgehend befreite eigene Interpretation einbringen.

Menschen berichten vom tiefen Eintauchen in eine Verbundenheit mit der Natur, ja mit dem ganzen Kosmos, sie erzählen von einer gefühlten Kommunikation mit lebenden und bereits verstorbenen Menschen, mit nicht-materiellen Entitäten und von emotionalen und kommunikativen Ereignissen, die sie schwer mit Worten beschreiben können, da sie die Fesseln der Sprache sprengen und höchstens in Bildern, Gedichten, Liedern oder Geschichten zu fassen sind. Wir haben Erzählungen von Kommunikation und Verbindung mit dem Feuer gehört, mit dem Meereswasser, mit Bäumen oder Teilen von Bäumen, zum Beispiel den Wurzeln, oder mit Tieren. Durch unsere eigenen intensiven und oft langfristigen Aufenthalte in der Natur sind uns solche Erfahrungen auch persönlich nicht fremd. Menschen, die urteilsfrei und ohne den Rahmen einer konfessionellen Voreinstellung an solche Themen herangehen, haben möglicherweise sogar eine größere Freiheit, Schilderungsversuche solcher Ereignisse zu machen, ohne diese mithilfe der Bilder ihrer Konfession zu bewerten.

Natürlich berichten wir hier nichts Neues, alle initiatischen Formen der Prozessbegleitung, wie die von indigenen Traditionen überlieferte und teilweise neuadaptierte Vision Quest, bauen auf der dem Menschen möglichen spirituellen Erfahrungsdimension auf (siehe auch Kapitel »Visionssuche im Kontext von pädagogischen Prozessen«, S. 195).

Natürlich haben auch religiöse Traditionen ein Vokabular dafür: Der Sucher in der Wüste ist ein bekanntes Motiv. Allerdings trifft in den Zusammenhängen einer Religion – wie hier dem Christentum und dem Judentum – der Suchende auf Kommunikationspartner, die durch die Religion schon vorerschaffen sind: Gott, der Teufel, Dämonen, Engel, also Bilder, die aus der tradierten Überlieferung stammen.

Menschen, die sich von Religionen – die wir als kulturhistorische gewachsene Konstrukte betrachten – freimachen, stehen vor dem Rahmen der persönlichen, individuellen Konstruktionen. Deshalb halten wir es nicht für so wesentlich, ob man für sich entscheidet, in den Bildern einer Religion zu bleiben, oder sich daraus entfernt.

Dies wird immer eine persönliche Entscheidung des einzelnen Menschen bleiben. Religions- und Glaubensgemeinschaften sind allerdings hilfreich, wenn es um das Teilen und um die Einbettung spiritueller Erfahrungen geht.

Doch ein nicht zu übersehendes Phänomen unserer Zeit ist die Flucht vieler Menschen aus den überkommenen religiösen Vorgaben und Institutionen. Eine Heerschar von spirituell rechtschaffen suchenden Menschen findet ihre Erklärungen und für gut befundenen Rahmenbedingungen in anderen Religionen oder in – mittlerweile nicht mehr zu überschauenden – Ersatz- und Konglomeratspiritismen. Allerdings geben jene meistens nicht das ersehnte soziale Netz für den Vollzug der rituellen Bedürfnisse im Jahres- und Lebenskreis.

Menschen, die in »ihrer« Religion verwurzelt sind, finden in ihr ein geschütztes Zuhause und Bilder des spirituellen Gegenübers, die ihnen als das ersehnte »Du« dienen. So generieren Christen eine Kommunikation mit dem Vatergott, mit Christus, Maria oder den Heiligen. Hindus haben andere Gegenüber, Muslime ebenfalls, Anhänger von indigenen Traditionen haben auch ihre eigenen, überlieferten Wesenheiten.

Wir stehen vor der Tatsache einer spirituell vielfältigen Welt, in der die Freiheit von der einstigen religiösen Doktrin zur Herausforderung für die spirituelle Entwicklung der einzelnen suchenden Menschen wird. Wohin auch immer sich Menschen wenden, in unserem Zusammenhang ist es wichtig zu bemerken, dass auch in diverse erlebnispädagogische Modelle Weltbilder einfließen, die religiösen Traditionen entstammen – zumal die oben erwähnten spirituellen Erfahrungen ja nicht von der Hand zu weisen sind.

Oftmals handelt es sich um schamanische Weltbilder, Modelle aus indigenen Traditionen oder Mischmodelle. Sie alle zeichnet das Kulturfremde (aus mitteleuropäischer Sicht) aus, das als exotisch (fremd, außergewöhnlich) wahrgenommen wird.

Das Exotische hat Attraktorenfunktion: Wir nehmen an, dass Rituale und Bilder, die nicht aus der eigenen Lebensbiografie stammen, gerne angenommen werden, weil sie unter anderem nicht von vornherein mit Erfahrungen verbunden sind, die an Ungeliebtes oder gar Traumatisches aus der eigenen Lebensgeschichte erinnern.

Möglicherweise haben diese fremden Formen auch etwas anzubieten, das im Weltbild der eigenen Kultur und Überlieferung fehlt oder verkümmert ist. Rhythmus und Tanz kommen beispielsweise in manchen Traditionen hohe Bedeutung zu, körperlicher Ausdruck wird in der christlichen Praxis traditionell abgewertet. Dieser Aspekt bietet Chancen und Gefahren. Die Chancen liegen in der Ermöglichung von Erfahrungen und Erkenntnissen, die die »eigene« Kultur nicht oder nur unzureichend anbietet. Zusätzlich hilft die Attraktorenwirkung mit, Prozesse zu unterstützen, die heilend wirken und ans Leben binden und so mit dazu beitragen, destruktive Tendenzen abzumildern. Ferner kann der Zugriff auf kulturell Fremdes jenen Menschen helfen, die sich selbst nicht so eindeutig einer Herkunft zuordnen können oder wollen, damit sie dort eine Art von Heimat finden.

Gefahren der Übernahme von religiösen Rahmenvorstellungen sehen wir in der unreflektierten Nachfolge und in der Unterordnung an »Meister«, die entwicklungshemmend sein kann.

»Ein guter Meister ist daran zu erkennen, dass er statt vielen Schülern viele Meister hervorbringt!« Dieses chinesische Sprichwort bietet unseres Erachtens eine Orientierungshilfe im Erlernen der »Unterscheidung der Geister (beziehungsweise der Meister)« (Ignatius von Loyola). Wenn wir auf jenen Teil der erlebnispädagogischen Angebote blicken, die mit indigenen Ritualen arbeiten, können wir auch einen gewissen Personenkult in Bezug auf die jeweilige Leitungsperson ausmachen, den wir für nicht förderlich halten.

Wesentlich erscheint uns zu sein, dass wir uns nicht für oder gegen gewisse religiöse oder spirituelle Traditionen aussprechen, das liegt uns vollkommen fern. Wir wollen aber wiederholen, dass eine im Naturraum verankerte Pädagogik jene angesprochenen Prozesse auslöst, die auch spirituelle und inspirative Entwicklungen miteinschließen. Dies führt dazu, dass es eine neue Ebene der Auseinandersetzung in der erlebnispädagogischen Theorie braucht.

Genauso wie wir es nicht für nötig halten, dass Erlebnispädagogen zugleich auch Therapeuten sein müssen, müssen sie natürlich auch keine Priester sein, um Prozesse gut begleiten zu können. Deshalb halten wir es für wichtig, zu einer Art von Weltbetrachtung zu kommen, die wir als »demütig« bezeichnen möchten. Sie sollte (für die Pädagogik) befreit sein von Symbolen und Bildern überlieferter Traditionen und sich nicht-wissend und bewertungsfrei geben.

Beispiel:

Eine Teilnehmerin machte während einer Singleerfahrung Bekanntschaft mit Wildschweinen, die ganz knapp neben ihrem Lager den Bach überquerten und wenige Meter neben ihrem Schlafplatz vorbeitrappelten. Sie hatte sich offenbar auf einen Wildschweinpfad gelegt, wurde aber von den Tieren nicht behelligt. Es kam nur ab und zu vor, dass eine Familie den Bach gleich neben ihr überquerte. Für M. war das ein tief prägendes Erlebnis. Sie ist eine überzeugte Katholikin und berichtete, dass sie während der Singleerfahrung ganz im Gebet versunken war. Die vorbeilaufenden Wildschweine waren für sie ein gezielter Hinweis ihres Gottes, dass sie von nun an mit einer bestimmten Zielgruppe von Jugendlichen arbeiten sollte, was sie sich auch schon insgeheim gewünscht hatte. Überhaupt bildete das Solo für sie eine solide Bestätigung ihres Glaubens.

In derselben Gruppe war ein Teilnehmer, der sich ganz der schamanischen Heilarbeit verschrieben hatte. Ein sehr kompetenter, hochbegabter Mensch, ausgebildet von verschiedenen Meistern. Auch er nahm die Geschichte der katholischen Teilnehmerin ohne wertende Kommentare auf, obwohl sein Deutungssytem ein anderes war. Wie destruktiv wären hier Bewertungen!

Wir haben manchmal auch muslimische Teilnehmer in unseren Gruppen oder Menschen, die vom »Spirituellen« am liebsten gar nichts wissen möchten.

Eine wertneutrale Haltung der Leitung in Bezug auf einzelne Prozesse und persönliche Interpretationen ist entscheidend.

Ein weiteres Beispiel für eine spirituelle Naturerfahrung:

Während eines dreitägigen Einführungsseminars in die systemische Erlebnispädagogik wurden die Teilnehmer angehalten, einen passenden Platz für ihr persönliches Schlaflager zu finden. Eine Teilnehmerin, eine etwa 50-jährige Frau, von Geburt Französin, kam am nächsten Morgen flatternd vor Aufregung zurück. Sie hatte am Vortag noch gut Deutsch gesprochen, heute war sie nur mehr in der Lage, sich englisch mit uns zu unterhalten, weil sie die passenden Worte für ihre Erfahrungen auf Deutsch nicht finden konnte. Während der morgendlichen Befindlichkeitsrunde las sie uns schließlich unter Tränen einen englischen Text vor, den sie in der Nacht geschrieben hatte.

Der Text handelte von der Ausbeutung der Natur durch die Menschen und von der Gewalt, die davon ausgeht, wenn sich jemand etwas nimmt, das einem nicht gehören kann. Sie berichtete, dass die umgebende Natur in der Nacht sie zu dieser Geschichte inspiriert hätte und dass sie es wie einen Auftrag empfunden hätte, diese Botschaft weiterzugeben.

Ein anderer Teilnehmer erzählte während eines Seekajaktrekkings in Griechenland von großen Ängsten, in die er verfiel, weil er nicht wisse, welchen Kräften er sich zuwenden sollte. Ein Beispiel für die Last, die konfessionelle Freiheit bedeuten kann.

Was immer uns auch geschildert wird, wir vertreten in unseren Gruppen keine konfessionelle Ausrichtung oder Interpretation. Die Art, wie wir die Welt betrachten, scheint uns weniger bedeutsam zu sein als die Schlussfolgerungen, die Menschen aus spirituellen Naturerfahrungen ziehen können.

Oft handelt es sich um persönliche Erkenntnisse oder Entscheidungshilfen, manchmal kommen aber auch Botschaften vor, die in Richtung eines nachhaltigen Lebensstils verweisen oder auch für andere Personen Relevanz haben.

Wie auch im Kapitel »Visionssuche in pädagogischen Kontexten« beschrieben, halten wir es für wesentlich besser, wenn praktizierende Erlebnispädagogen nicht die eigene Interpretation von Spiritualität in die Prozesse einbringen. Denn im Wesentlichen hat Spiritualität mit Inspiration zu tun, die in erster Linie aus dem Blickfeld des Betroffenen eine klare Bedeutung hat.

Ähnlich der Grenze zwischen Pädagogik und Therapie ist also auch das Grenzland zwischen Pädagogik und Spiritualität ein weiter Streifen.

Auch in diesem Feld müssen sich Prozessbegleiter verantwortungsvoll mit der Frage auseinandersetzen, auf welche Seite dieses Landstreifens sie sich stellen wollen und von wo aus und mit welchen Bildern sie als Begleitperson agieren.

Wir sind der Meinung, dass die systemischen Grundhaltungen, die auch in diesem Buch beschrieben werden, eine ausreichende Basis bilden, Menschen durch vielfältigste – auch inspirative – Prozesse zu führen.

Wir wünschen uns aber für jene Menschen, die ihre spirituelle Erfahrung und Interpretation von Welt im Rahmen von pädagogischen Programmen auch anderen zugänglich machen wollen (und sei es nur über die Verwendung von kulturell geprägten Symbolen) jene Demut, die Meister und keine Nachfolger hervorbringt.

Visionssuche im Kontext
von pädagogischen Prozessen

Dieses Kapitel beschreibt eine reduzierte, auf grundlegende Elemente zuge-
brachte Form der Visionssuche im Rahmen von pädagogischen Prozessen. Der
Text bildet keine Anleitung für die Leitung von Visionssuchen, diese muss
unbedingt auf der Grundlage intensiver Eigenerfahrung erfolgen. Anliegen
dieses Kapitels ist das Vorstellen eines Konzeptes von Visionssuche, das auf
traditionelle, kulturell gebundene Symbole verzichtet. Die »pädagogische«
Visionssuche ist ein Rahmen für eine Kette von Intensiverfahrungen mit päd-
agogischen Leit- und Zielvorstellungen.

Visionssuche, Vision Quest, Hanblecheia etc. – alte Namen für einen alten
Weg zur Einkehr in sich selbst, zum Eintauchen in die Erfahrung der äußerlichen Kargheit und des innerlichen Reichtums. Die Vision Quest ist eine
rituelle Struktur, die vor allem von amerikanischen indigenen Traditionen gepflegt wurde und wird, aber auch in anderen Kulturen der Welt zu finden ist,
allerdings nicht so genau überliefert. Im Wesentlichen handelt es sich um einen
begleiteten Rückzug in die Natur, in der sich der Mensch ohne Nahrung und
ohne festes Dach über dem Kopf seinen inneren und äußeren Projektionen
aussetzt, um Antworten und Orientierungshilfen für vorher schon gestellte
Fragen zu bekommen. Es handelt sich aber auch um ein Initiationsritual.

Mit begleitetem Rückzug ist gemeint, dass der suchende Mensch zwar in
der Zeit der Kernphase auf sich gestellt ist, die Vorbereitung und Nachbereitung der Vision Quest jedoch einer festen Struktur und Eingebundenheit in
eine Gemeinschaft erfolgt und durch erfahrene Personen geleitet wird.

Für den »westlichen« Menschen wurde die Vision Quest von Steven Foster
und Meredith Little in der von ihnen gegründeten »School of Lost Borders«
nicht nur wiederentdeckt, sondern auch neu aufbereitet. Seither wird diese
von der School of Lost Borders tradierte Form der Vision Quest von vielen
ausgebildeten Leitern auch in Europa weitergepflegt und -gelebt. Es gibt keinen Anlass, diese mittlerweile klassische Form, die in mehreren hervorragen-
den Publikationen detailreich beschrieben wurde (siehe Literaturverzeich-
nis), zu verändern oder zu verbessen.

Im Kontext der Erlebnispädagogik zeigten sich für uns dennoch einige Themen, die uns zu einer kürzeren, kargeren und stärker neutralisierten Form der
Visionssuche im Feld erlebnispädagogischer Rahmenbedingungen gebracht
haben:

Die klassische Vision Quest bedient sich der Symbole von Kulturen, die von den Teilnehmern der Vision Quest ohne entsprechenden Wissenshintergrund nicht immer verstanden werden. Nicht alle Menschen, die der Visionssuche positiv gegenüberstehen, teilen darüber hinaus den weltanschaulichen Zugang der sie überliefernden Naturvölker. Die Zumessung von Bedeutung zu Himmelsrichtungen, Naturrequisiten wie Adlerfedern, Rasseln, Räuchermaterial und die Auslegung von Tierbegegnungen oder die Deutung von Begegnungen bilden für manche Menschen, die an sich sehr interessiert an der Visionssucheerfahrung wären, nicht den geeigneten und erwünschten Zugang.

Wir wollten die Verzichts-, Suche- und Einlasserfahrung in der Natur für Menschen aufbereiten, die beispielsweise anderen Glaubens oder auch Agnostiker sind und die Symbole anderer spiritueller Traditionen nicht für sich in Anspruch nehmen möchten. Auch für Personen, die die tradierten Symbole aus anderen Gründen nicht wollen, ist eine neutralere Aufbereitung des rituellen Rahmens sinnvoll. Nicht zuletzt für Menschen, die überhaupt Scheu vor dem Ritus zeigen, weil sie keine spirituelle Erfahrung suchen, sondern eine psychologische, spricht einiges für eine noch reduziertere Form des Geschehens. Beispielsweise ist das Bauen und Verwenden von Rasseln dazu geeignet, Menschen in veränderte Bewusstseinszustände zu geleiten, dieses Element setzen wir in der pädagogischen Variante nicht ein.

Die hier vorgetragenen Argumente sind in Gesprächen mit Menschen an uns herangetragen worden, für die diese Themen relevant waren. Des Öfteren haben wir auch gehört, aus Respekt vor der Einmaligkeit eines Ritus, der aus den Quellen einer fremden Kultur kommt, sich im wahrsten Sinne des Wortes nicht »mit fremden Federn« schmücken zu wollen.

Aber warum dann überhaupt ein Ritus im pädagogischen Kontext?

Rituale stehen in engem Zusammenhang mit der Heranbildung von sozialen Strukturen in der Entwicklung der Menschheit. Sie dienten und dienen nicht nur der Markierung von Phasen im Jahresablauf oder in der Biografie von Einzelnen, sondern sie haben eine tief greifendere soziale Funktion. Nicht ohne Grund haben alle religiösen Traditionen dieser Welt vielfältige und große rituelle Formen hervorgebracht.

Rituale eignen sich aber auch zur Manifestation und Etablierung von Macht, da sie eine Hierarchie herstellen zwischen Personen, die der transzendenten Ebene näher stehen beziehungsweise diese repräsentieren (Priester, Zeremonienleiter etc.), und Personen, die die Zeremonienleiter brauchen, um einen Status in der Gesellschaft zu bekommen beziehungsweise einen anderen Status der Beziehung zur transzendenten Ebene bekommen zu können (Priesterweihe, früher auch Kaiserkrönung).

Eine Welt ohne Rituale ist zwar theoretisch denkbar, aber sie entspricht nicht der gelebten sozialen Realität des Menschen. Riten haben neben dem Aspekt der Gefahr durch Machtmissbrauch auch viele positive und entwicklungsfördernde Auswirkungen:

- Riten geben dem Menschen Klarheit über seine Position in der Gesellschaft und im Lebenszyklus, vor allem unterstreichen sie die Zugehörigkeit des Menschen zum System.

- Die mit dem Ritual verbundenen Aufgaben sind sinnstiftend, lustvoll (oft mit Festen in Verbindung), aufregend (Herausforderungen, die während der Schwellenphase zu meistern sind), heilend (indem der Mensch im Ritus erfährt, dass er nicht allein mit seinen Themen und Anliegen ist).

- Riten fördern die Gemeinschaft und die persönliche Verantwortungsübernahme, da sie oft mit Aufgaben und Pflichten verbunden sind, die nicht delegiert werden können.

- Rituale ermöglichen das Gefühl des Eingebundenseins und wirken der Gefahr der Entwicklung eines überdimensionierten Egos entgegen.

Das Problem der Konsumgesellschaften der Welt ist, dass es außerhalb von kirchlichen Gemeinschaften kaum Übergangsrituale gibt, da die Kirchen die Rituale zu ihren Hoheitsansprüchen zählten, wodurch die meisten Rituale nur mehr für die Mitglieder der Kirchen galten und noch gelten. Menschen, die sich außerhalb dieser Gemeinschaften stellen, haben keinen Anteil mehr daran, was dazu führt, dass sich immer mehr Gemeinschaften entwickeln, die neue Riten mit alten Formen zelebrieren, teilweise mit den unterschiedlichsten weltanschaulichen Hintergründen. Wo diese Rituale gar nicht mehr stattfinden, bilden sich andere Formen heraus, die die Zugehörigkeit aufzeigen sollen: Das Tragen von bestimmter Kleidung, die Wahl der Automarke, die Art des Wohnens, die Auswahl der sozialen Kontakte und vieles mehr sind ebenfalls Möglichkeiten, um Zugehörigkeit zu erreichen oder zu zeigen, dass man zugehörig sein möchte.

Beispiele für Riten, die persönliches Wachstum und soziale Integrität fördern – und die in unserer Gesellschaft weitgehend fehlen –, sind:

- Riten, die die Geburt eines Kindes und den dadurch neuen Lebensstatus der Eltern feiern (die kirchlichen Taufen sind ein Ritus zur Aufnahme in die Glaubensgemeinschaft, sie werden erst seit einigen Hundert Jahren mit der Geburt in Verbindung gebracht)

- Rituale zum Übergang von der Pubertät in die Adoleszenz

- Riten, die Ablöseprozesse zwischen Eltern und Kindern unterstützen

- Heiratsriten
- Riten, die die Ablösung von geliebten Menschen nach Tod oder Trennungsprozessen unterstützen, und solche, die der ganz persönlichen Lebensgestaltung dienen, indem sie das Finden von individuellen Antworten auf die unterschiedlichsten Fragen fördern, wie die Visonssuche

Riten sind also eine gesellschaftliche Errungenschaft, ein komplexes Verhalten des Menschen, das nur im sozialen und kulturellen Zusammenhang ganz verstanden werden kann.

Da rituelle Strukturen derart eng mit der sozialen Entwicklung des Menschen verbunden sind, sehen wir sie auch als Teil von pädagogischer Arbeit. Ein besonderes Juwel von Ritual ist die Visionssuche, die in der von uns praktizierten Form jener Grundstruktur folgt, die laut Arnold van Gennep in Initiationsritualen aller Kulturen zu finden ist:[131]

Rituale definieren sich durch eine *Struktur*, durch *Symbole* und durch eine *Funktion*. Initiatonsriten vieler Kulturen lassen sich auch dadurch vergleichen, dass sie einer Art »Dreierschritt« (Dreiphasenstruktur) folgen:

- Der erste Schritt: Die Vorbereitungsphase, der »Ruf«, das Entstehen einer Frage, die Ankündigung einer neuen Lebensphase oder das Verspüren einer Entwicklung, die Veränderung unumgänglich macht. Dieser Ruf ist es, der moderne Menschen auch offen sein lässt für die Erfahrung der Visionssuche. Oft sind es Phasen der Neugestaltung von Lebensabschnitten, Ablöse- oder Bindungsprozesse, das Offensein für neue Aufgaben oder Entwicklungsphasen, die durch das Älterwerden gesetzt werden. Diese Phase ist auch laut van Gennep in vielen Kulturen gekennzeichnet von einem räumlichen Weggehen, von einer Trennung, von Verzicht, von der Aufgabe von etwas.

- Der zweite Schritt: Die Kern- oder Umwandlungsphase, die Schwellenphase (die Zeit, die jemand hinter einer definierten »Schwelle« verbringt, die auch räumlich definiert ist), das völlige Weggehen von der sozialen Kommune und das Erleben des Ausgeliefertseins und Aufgehobenseins an die und in der Natur, an die Leere, die Fülle, an die eigenen Projektionen und Muster, das Stehen vor Aufgaben, die entweder die Leiter des Ritus gegeben haben (zum Beispiel Fasten) oder die sich während der Schwellenphase durch äußeres oder inneres Erleben stellen.

- Der dritte Schritt: Die Integration, die Rückkehr in die soziale Struktur, durch die Soloerfahrung neu erlebt und gefärbt: das Wiederauf-

---

[131] Arnold van Gennep: Übergangsriten (Les rites de passage), Frankfurt/New York 2005.

genommen werden, das Akzeptiertwerden als jemand, der hinter die Schwelle gegangen ist, das Teilen der äußerlichen Annehmlichkeiten der Gemeinschaft und das Teilen der Erfahrungen, ohne dass diese Erfahrungen von jemandem gedeutet werden. Das Sich-anders-Erleben in einer Gemeinschaft, die die drei Phasen auch miterlebt und mitgetragen hat. Möglicherweise gibt es in dieser Phase sogar klare Antworten auf die ursprünglich gestellte Frage. Es ist aber auch möglich, dass in der Umwandlungsphase auch die Frage, die Quest, umgewandelt wurde und sich unerwartete Perspektiven ergeben, die eine neue Form der Suche zugrundelegen. Die Integrationsphase wird bewusst auch noch in der Gemeinschaft verbracht, die sich derselben Herausforderung gestellt hat, sie wirkt aber natürlich noch länger und darüber hinaus.

Ziele der Visionssuche in pädagogischen Kontexten

Die Visionssuche im Rahmen pädagogischer Programme ist also eine rituelle Struktur, die intensive Selbsterfahrungen ermöglichen soll:

- Sie soll den Teilnehmern helfen, sich selbst in Entbehrungssituationen zu erfahren, um die Ressourcen, die sonst zur Verfügung sind, besser erkennen und schätzen zu lernen.
- Sie soll die Kraft ritueller Strukturen spürbar und lebendig machen. Sie soll überhaupt die Lücke der selten praktizierten Initiationsrituale in der westlichen Kultur füllen.
- Die Visonssuche kann spirituelle, inspirative Erfahrungen eröffnen, aber auch ganz elementare, körperliche, psychische oder soziale Aspekte bewusst machen.
- Darüber hinaus dient sie dazu, Fragestellungen, Themen und Ziele zu klären, beziehungsweise kann es auch sein, dass allein der Wert bewusst wird, den eine klare Fragestellung ausmachen kann.
- Sie soll den Teilnehmern erfahrbar machen, wie wir durch die Art unserer Fragestellungen an das Leben gestaltend auf dieses einwirken können, und tief gehende Sinnerfahrungen bereiten.

In diesem Sinne ist die Visionssuche auch eine große ritualisierte Analogie zur pädagogischen Alltagsarbeit, wo die Pädagogen ja auch einen Rahmen bereitstellen, in dem Entwicklungsprozesse anderer möglich werden sollen. Die Visionssuche im pädagogischen Kontext ist bewusst so angelegt, dass nicht die spirituelle Erfahrung im Mittelpunkt steht, sondern die Erfahrung der persönlichen Entwicklung und des persönlichen Platzes in sozialen Bezügen.

Dennoch machen viele Teilnehmer Erfahrungen, die sie als spirituell bezeichnen. Die archaischen Wurzeln des Rituals fördern diese Wahrnehmung. Da die Anhörung beziehungsweise das Spiegeln spiritueller Erlebnisse andere Erfahrungs- und Wissensvoraussetzungen der Begleiter braucht als rein pädagogische, ist eine grundlegende Ausbildung in der Begleitung von Visionssuchen sehr wichtig.

Beispiel Franziska

Eine Teilnehmerin an einer Visionssuche hatte während einer Nacht in der Kernphase eine – wie sie berichtete – intensive spirituelle Erfahrung: Sie lag unter ihrer Schlafplane, das Wetter war ausnehmend schlecht, es schüttete nicht nur aus Kübeln, auch der Wind war extrem stark. Es handelte sich um eine Kaltfront, die in diesen Tagen landesweit Flüsse über die Ufer steigen ließ und viele Verwüstungen verursachte. Franziska lag also unter ihrer Plane, die kaum so zu spannen gewesen war, dass sie ausreichend Schutz bot. Es regnete quasi »quer«, und es war unvermeidlich, dass sie nass wurde. Sie hatte auch keinen Biwaksack als zusätzliche Hülle über ihrem Schlafsack, sodass sie relativ rasch mehr oder weniger im Feuchten lag, da ihr Platz zwar im Wald, aber dennoch ein wenig ausgesetzt war. Sie harrte aus und kämpfte gegen diverse Ängste. Vor allem der Verlust der eigenen Kraft war für sie ein Thema. Fasten, Kälte und Nässe, das Alleinsein zwischen den Bäumen. An Schlaf war nicht zu denken. Sie wechselte ab und zu ihre Position, aber egal, wie sie lag und in welche Richtung sie sich auch drehte, es regnete in ihr Gesicht und auf ihren Schlafsack, und wenn sie unter der Plane hinausblickte, sah sie rundherum bemooste Stämme und herausragende Wurzeln der umgebenden Bäume, von denen ihr auch das Wasser entgegenspritzte. Diese Bäume, respektive die Stämme und Wurzeln, schienen ihre einzigen Gefährten in dieser misslichen Situation zu sein. Irgendwann während der Nacht bekamen diese Wurzeln allmählich eine andere Dimension: Es schien Franziska, dass sie zu pulsieren begannen. Das war nicht optisch sichtbar, aber energetisch sehr deutlich. Die pulsierenden Kräfte bewegten sich auf sie zu, wieder zurück in die Wurzel und wieder zu Franziska unter der Plane. Sie fühlte sich so intensiv bestrahlt, dass sie die Wurzeln als eigene Wesen wahrzunehmen begann. Sie schienen auch Botschaften für sie zu haben, von denen sie aber nicht berichten konnte, weil sie am nächsten Tag keine Sprache mehr dafür hatte. Jedenfalls wurde dieses Pulsieren zu einer emotionalen Kraft. Sie begann, eine tiefe Liebe für diese Wurzeln zu fühlen, auch für die Bäume natürlich, schließlich für den ganzen Wald, in dem sie lag. Die Unannehmlichkeiten wurden belanglos. Die Gefühle der Liebe und des Wahrgenommenwerdens schienen auf einer Art

Gegenseitigkeit zu beruhen. Sie war zu diesem Zeitpunkt, dessen Länge sie nicht bestimmen konnte, aber auf mindestens zwei Stunden schätzte, auf eine gewisse Art »verliebt« in diese Bäume. Die Stärke und Qualität der Emotionen war etwas, das Franziska bisher nur aus Beziehungen mit Männern kannte, sie nahm sogar eine sexuelle Komponente war und in den tiefsten Phasen der Erfahrung fühlte sich die Empfindung an wie ein »emotionaler Orgasmus«. Auch Franziska (wie die Frau mit der intensiven spirituellen Erfahrung, die im Unterkapitel »Spirituelle Naturerfahrung« geschildert wird), sprach davon, dass dieses Erleben so fremdartig, intensiv und schön gewesen sei, dass sie es nie vergessen würde.

Struktur der Visionssuche im pädagogischen Kontext

Die Vorbereitung der Fragestellung

In jedem Fall soll die Vorbereitung der Fragestellung, der Quest, die jemand in eine Visionssuche mitnimmt, schon einige Zeit vorher angeregt werden. Sei es, dass sich die Frage von selbst ergibt und dann aufgegriffen wird oder dass sie von außen angestoßen wird. Wir empfehlen als Unterstützung zur Generierung dieser Frage, mindestens einen Tag, vielleicht auch schon eine Nacht allein in der Natur zuzubringen.

Viele Menschen tragen sich im Vorfeld einer Visionssuche mit unbestimmten, aber auch bestimmten Erwartungen, Hoffnungen, Emotionen, Aufgeregtheiten und Ängsten. Sie wissen ja auch schon im Vorfeld, dass das Fasten ein Teil davon ist, und es kann sein, dass Zweifel oder Befürchtungen aufkommen. Die Informationen zu Struktur, Symbolen und Funktion der Visionssuche sollen den Teilnehmern also schon vorher bekannt sein, damit sie sich aus eigenen Stücken dafür entscheiden können. In dieser Vorbereitungsphase können sie auch schon einmal intensiver erleben, wie sich das Alleinsein in der Natur für sie anfühlt.

Die Trennungsphase

Die visionssuchende Gruppe begibt sich gemeinsam in das Naturgebiet, in dem die Visionssuche stattfindet, sie trennt sich ab von den alltäglichen sozialen Bezügen. Das Gebiet muss sorgfältig ausgewählt sein, damit die erforderliche Erfahrung des Alleinseins gewährt werden kann: Es muss weitläufig und groß genug sein, dass alle Teilnehmer einen Platz finden können, an dem sie unbeeinflusst von anderen die Schwellenphase verbringen. Das gesamte Gebiet soll möglichst wenig von anderen Menschen frequentiert werden. Die Teilnehmer geben schon am ersten Tag Utensilien ab, die sie während der nächsten Tage nicht brauchen werden: Uhren, Handys, Privatproviant, Bücher, Notizbücher, Schreibzeug, Zigaretten, kurz alles, was die Erfahrung des unbeschäftigten Geistes beeinträchtigen könnte.

An einem geeigneten Ort errichtet die Gruppe das Planencamp, ganz detailgenau, mit besonderer Sorgfalt. Das Camp wird in der Vorbereitungszeit und in der Nachbereitungsphase gemeinsame Heimat und räumlicher Anknüpfungspunkt sein.

Auch die Errichtung einer Schwitzhütte und die Absolvierung des Reinigungsprozesses dienen in dieser Phase noch der Ablösung vom Alltag und der Verdichtung der aktuellen Gruppenerfahrung. Diese Gruppe wird es ja auch sein, mit der man seine Erfahrungen teilt, wenn man zurückkommt, sie soll also eine solide Basis bilden für gelebtes Vertrauen und Anteilnahme.

Die Schwitzhütte und die in ihr abgehaltenen Runden sind ohne indigene Bezüge: Es wird nicht auf die Himmelsrichtung geachtet bei der Konzeption des Eingangs, sondern auf die landschaftliche Gegebenheit: Es sollte ein unkomplizierter, naher und ungefährlicher Zustieg zum Wasser und zum Feuer direkt vom Ausgang weg möglich sein. Das Wasser kann ein vorbeifließender Bach oder Fluss, aber auch eine Gumpe oder ein Tümpel sein. Das Vorhandensein einer geeigneten Wasserstelle ist Voraussetzung für die Auswahl des Schwitzhüttenplatzes.

Die Schwitzhüttenzeremonie ist lediglich Teil der rituellen Struktur »Visionssuche«, sie wird im pädagogischen Kontext– im Unterschied zu tradierten Formen – nicht als Ritual per se eingesetzt. Sie dient der ritualisierten körperlichen Reinigung und psychischen Zentrierung, der Verfestigung des sozialen Erlebens und dem Einstimmen auf die Frage der Visionssuche. Es werden drei Runden abgehalten, die jeweils für sich unter einem bestimmten Thema stehen können: Bitte, Dank, Quest etc. Ansonsten ist an Gesprächen, Gesängen und Themen erlaubt und erwünscht, was geäußert werden möchte. Die Leitung begleitet den Prozess in der Schwitzhütte und gibt evtl. auch Stellungnahmen zu einem Thema ab. Sie arbeitet in diesem konzentrierten Rahmen prozessorientiert. In der Schwitzhütte, unter den dort bestehenden speziellen Bedingungen werden die Elemente Feuer, Wasser, Erde und Luft sehr unmittelbar erlebt. Die Elemente werden aber nicht gedeutet. Die Schwitzhütte im pädagogischen Kontext ist viel mehr als eine Natursauna, sie ist aber auch kein eigenständiges Ritual, sie ist Teil der rituellen Struktur.

Die Trennungsphase dauert mindestens eineinhalb Tage. Am zweiten oder auch am dritten Tag werden die Teilnehmer nach einer ausführlichen Befindlichkeitsrunde in Form einer rituellen Gestaltung auf den Weg gesendet. Alles, was nicht gebraucht wird, kann im Camp gelassen werden. Vielleicht entscheidet zu diesem Zeitpunkt noch jemand, etwas wegzulassen, was am

Vortag noch nicht möglich war. Die Teilnehmer werden während dieser verabschiedenden rituellen Gestaltung zu Zeuginnen des Weggehens auch der anderen. Dies ist ein wichtiges dramaturgisches Element, um noch einmal die Zusammengehörigkeit der Gruppe spürbar werden zu lassen. Zugleich ist die rituelle Gestaltung ein Strukturelement der Visionssuche. Naturmaterialien können dabei als Gestaltungsbeitrag dienen oder auch symbolisch eingesetzt werden. Sie haben aber keinen vorweg angenommenen symbolischen Gehalt, sondern erhalten die Bedeutungszuschreibung durch die Teilnehmer.

Die Umwandlungs- oder Schwellenphase

Es handelt sich bei der Schwellenphase der Visionssuche um ein dreifaches Fasten:

- Physisches Fasten: Der Verzicht auf feste Nahrung und Konsum für mindestens zwei Nächte und zweieinhalb Tage
- Soziales Fasten: Der Verzicht auf soziale Kontakte in dieser Zeit. Sollte es zu Begegnungen kommen, soll der Rückzug gewählt werden.
- Räumliches Fasten: Auf die Abwechslungen des Herumziehens während der Zeit sollte verzichtet werden. Die Qualität und die Ereignisse des einen Ortes, der aufgesucht wird, sollte reichen.

Der Nahrungsverzicht für zweieinhalb Tage bedeutet für den menschlichen Organismus keineswegs eine Krise, obwohl die Fastenerfahrung sehr unterschiedlich empfunden und geschildert wird. Es müssen keine besonderen Vorkehrungen getroffen werden. Die Fastenfähigkeit ist Teil unseres phylogenetischen Erbgutes und Unterzuckerungszustände sind normal und unbedenklich. Am Vortag wird jedoch nur mehr eine leichte Suppe eingenommen, um den Körper auf das Fasten vorzubereiten. Trinkwasser nehmen die Teilnehmer mit, nach Bedarf, Jahreszeit und Region wird auch ein Wasserdepot angelegt, von wo sich die Visionssuchenden Nachschub holen können.

Das dreifache Fasten ermöglicht ein bewusstes Zulassen und Ziehenlassen jener kognitiven und Verhaltensmuster, die die Suchenden auch im Alltag beschäftigen, aber normalerweise mit Aktivitäten überdecken. Es gibt in der Schwellenphase nicht viele Aktivitäten, die auf den Visionssuchenden warten: Zum vorher schon gesuchten Platz gehen oder – in einer anderen Variante – sich einen geeigneten Platz suchen, die Schutzplane aufziehen und die Schlafstelle vorbereiten, das ist im Grunde alles. Andererseits bestimmt der Aufenthalt in der Natur auch ganz wesentlich die Entwicklung der Situation: Es kann sein, dass Gelegenheiten entstehen, in denen jemand aufgefordert ist, auf etwas zu reagieren oder einfach zu beobachten, was rund herum geschieht.

Beispiel Sonja

Eine Visionssucherin hat einen Platz an einem kleinen Flüsschen gefunden, das ihr ideal erscheint: Es gibt eine ebene Schlafstelle unter einem Baum, der auch noch zusätzlich Schutz bietet. Die Frau, nennen wir sie Sonja, ist sehr glücklich, einen so schönen Platz gefunden zu haben. Sie lässt sich auf ihrer Isomatte nieder, um den friedlichen Ausblick zu genießen. Doch dann bekommt sie Besuch: Ein Mäuschen läuft über ihre Matte. Noch nicht weiter aufregend. Doch es kommen mehr! Immer mehr, es scheint sich fast um einen stark frequentierten Mäusemarktplatz zu handeln. Sonja ist schon ein wenig verzweifelt, es scheint so, dass sie hier nicht bleiben kann, da der Platz von den Mäusen beansprucht wird. Sie lässt sich aber etwas einfallen: Sie beginnt mit den Mäusen zu sprechen: Sie bittet sie, ihr den Platz nur für diese eine Nacht zu überlassen, da es für sie sehr wichtig sei, diese genau hier zu verbringen. Sie erzählt später, dass sie diese Bitte wirklich von Herzen vorgetragen habe. Die Mäuse hätten die Szenerie verlassen und seien die ganze Nacht nicht wieder gekommen.

Auf solche Situationen kann man sich nicht vorbereiten. Sie entstehen einfach, und es ist auch nicht möglich, auf altgewohnte Verhaltensmuster zurückzugreifen. Die Situation bietet jedoch an, irrationale Strategien einzusetzen, die im Alltag überhaupt nicht gefragt sind. Zeigen diese Strategien noch Erfolg, wie im Erlebnis von Sonja, wird ein Erleben möglich, dass so speziell und charakteristisch für die Visionssuche ist: Die Suchende erlebt sich und die Mäuse in einem Zusammenhang, beide als Teile eines Systems, das sogar Kommunikation untereinander zulässt.

Solche Erlebnisse sind Grundlage oder Auslöser für manchmal sehr tiefe und freudvolle Erfahrungen des sich Aufgehoben- und Begleitetfühlens. Sonja war mit einer Fragestellung bezüglich ihrer Arbeitsstelle in die Visionssuche gegangen. Die Begegnung und die scheinbar gelungene Kommunikation mit den Mäusen zeigten ihr, dass es wirksam wäre, wenn sie »mit dem Herzen« kommuniziert, erstens für ihre eigene Entscheidung, zweitens mit den Menschen, mit denen sie verhandeln würde müssen.

Beispiel Birgit

Birgit verbringt die erste Nacht abseits der Gruppe allein im Wald. Sie liegt bereits im Schlafsack unter der Plane, als eine Wildschweinbache samt Frischlingen auftaucht. Die Bache stolpert über die Schnüre ihrer Plane und läuft weiter. Die Frischlinge laufen direkt über den Bauch von Birgit! Die Tiere zeigen keine Anzeichen, dass ihre Wege gestört worden wären, und laufen weiter in den Wald hinein. Birgit erzählt während der Integrationsphase, dass sie in einem frühen Stadium schwanger sei. Die Wildschweinfamilie habe ihr gezeigt, dass sie im großen Strom der Ereignisse sei, wo es um das Thema Familie geht, und dass es nichts weiter zu tun gäbe und nichts passieren könne.

In diesem Beispiel geht es eigentlich nicht um eine Fragestellung oder Entscheidung. Birgit hatte sich im Vorfeld auch schwergetan, eine Fragestellung zu formulieren, sie sah in der Antwort, die sie sich schlussendlich selbst gab, eine Bestätigung dessen, was sie vorher schon gemeint hatte. Allerdings war das Erlebnis so stark, dass sie sich deswegen besonders »geadelt« fühlte. Es ist für einen Menschen nicht selbstverständlich, als Unterlage für Wildschweinbabygetrappel zu dienen. Vor allem weil die kleinen Frischlinge sie nicht als Fremdkörper registriert hatten, sondern als etwas selbstverständlich Zugehöriges, fühlte sich Birgit der Natur besonders nahe und verbunden.

Auch solche Erlebnisse werden nicht vergessen. Es macht einen Unterschied, ob man schwanger ist und sich freut oder ob man sich trotz Schwangerschaft einer solchen Erfahrung überhaupt aussetzt und sich dann solche Phänomene zeigen.

Beispiel Markus

Markus geht auf Visionssuche und nimmt sich vor, in der Schwellenzeit etwas zu schnitzen, denn er scheut sich vor dem Nichtstun während einer solch langen Zeit. Es ist ihm zwar bewusst, dass er damit nicht konsequent das umfassende »Fasten« ausführt, er hält sein Vorhaben daher auch geheim. Werkzeug hat er mit: Auf einem Gürtel sitzt ein Multifunktionsgerät, dass ihm alle handwerklichen Tätigkeiten während dieser Zeit ermöglichen soll. Doch schon auf dem Hinweg zu seinem Platz, bleibt er, als er einen etwas wilderen Bach überquert, mit seinem Gürtel an einem Ast hängen, der in den Bach hängt. Der Gürtel löst sich (wohl nicht »ordentlich« zugemacht) und wird sofort weggeschwemmt. Er kann ihn nicht mehr erreichen. In der Integrationszeit erzählt er lachend, dass er dieses Ereignis als einen sehr deutlichen Hinweis auffasste, dass er sich nicht immer etwas vornehmen sollte. Auch das Unterlaufen von vorgegebenen Anforderungen wurde ihm als Verhalten bewusst, das er im Alltag auch öfter an sich beobachte. Auf diese Weise begann er ernsthaft, sein Verhalten zu reflektieren. Er überlegte auch, ob er das Ereignis und die anschließende Nachdenkpause nicht unbewusst selbst hervorgerufen habe, weil der Gürtel offensichtlich nicht gut verschlossen war, was ihm sonst nicht passiere.

Beispiel Mirjam

Mirjam hat alles gerichtet, was sie für die beiden Nächte, die sie draußen verbringen wird, braucht. Der Schlafplatz ist fertig, und sie möchte sich zur Ruhe legen, da es schon dunkel ist.

Es kommt ein Fuchs an den Platz. Er scheint zeigen zu wollen, dass dies sein Schlaflager sei. Mirjam versucht mehrmals, den Fuchs zu vertreiben, es gelingt nicht. Schließlich legt sich der Fuchs mit der Schnauze auf ihren Rucksack und schläft auch hier. Am Morgen zerrt er an ihrer Plane.

Hätte die Teilnehmerin den Fuchs auch bitten sollen, ihr den Platz für eine gewisse Zeit zu überlassen? Wäre er dann gegangen?[132] Welchen Stoff für Selbstreflexion liefert die Situation?

Weitere Beispiele

Eine Teilnehmerin hatte heimlich ihr Mobiltelefon mitgenommen, verlor es jedoch schon eine halbe Stunde nach dem Weggehen ebenfalls in einem Bach.

Sie äußerte später, dass sie »die Sprache der Natur« genau verstanden hätte und froh darüber sei, das Telefon verloren zu haben. Selbst wäre sie zu »schwach« gewesen, es zurückzulassen.

Eine andere Teilnehmerin hatte auch ihr Handy mitgenommen und rief von ihrem Visionssucheplatz ihre Eltern an. Sie hatte – ebenfalls heimlich – ein Buch zum Lesen mit. Ihr war bewusst, dass sie sich selbst um eine besondere Erfahrung brachte, aber sie konnte eben nicht anders. In der Integrationsphase, als sie die Geschichten der anderen hörte, wurde ihr noch deutlicher, was vielleicht auch bei ihr hätte geschehen können, und es tat ihr sehr leid, dass sie die Chance nicht wahrgenommen hatte. Aber sie äußerte, dass sie sich nun mehr damit beschäftigen wolle, was sie »wirklich« wolle.

Ein anderer Visionssucher hatte einen Sack Schokolade beim Auto versteckt. Er nahm einen kilometerlangen Fußmarsch auf sich, um sich den Sack zu holen. Er war später total verärgert über sich, dass er die Visionssuche nicht »ernster« genommen hatte.

Diese Beispiele zeigen auf, dass ein großer Teil an Eigenverantwortlichkeit bei den Teilnehmern bleibt. Nicht alle gewünschten pädagogischen Effekte lassen sich durch den gesetzten Rahmen planen, so förderlich er auch sein

---

[132] Silvia Koch Weser schildert eine ähnliche Situation auf dem Platz eines Jaguars bei einer Visionssuche in Nordamerika. Vgl. Silvia Koch-Weser / Geseko von Lüpke: Vision Quest. Visionssuche: Allein in der Wildnis auf dem Weg zu sich selbst, Klein Jasedow 2009.

mag. Auch die Natur tut das Ihrige dazu und nicht zuletzt die Menschen, die sich in die Wildnis begeben, selbst.

Die allermeisten Visionssucher lassen Kommunikations- oder Konsummittel zurück, aber es gibt eben auch Ausnahmen, vor allem, wenn man mit Adressaten aus der Sozialpädagogik arbeitet. Es ist nicht weiter schlimm, wenn sich Teilnehmer über Anforderungen der Solozeit hinwegsetzen. Durch Ereignisse wie in den obigen Beispielen geschildert kommen sie auch oft zu eindrücklichen Erlebnissen, die nicht weniger erwünschte Effekte haben können, als wenn sie von vornherein alle Herausforderungen angenommen hätten.

Probleme

Sollte jemand Probleme während der Schwellenzeit bekommen, ist eine Rückkehr ins Camp möglich, den Teilnehmern wird aber vorher erklärt, dass persönliche Krisen zu dieser Zeit gehören. Gerade diese schwierigen Phasen sind es, die zu nachhaltigen Selbstreflexionseffekten führen können. In diesem Zusammenhang sind krisenhafte Erlebnisse sogar ein Geschenk. Es kann im Camp auch ein Gespräch mit den Visionssucheleitern erfolgen, das vielleicht dazu führt, dass der Teilnehmer seinen Platz wieder aufsucht, vielleicht möchte er aber auch hierbleiben. Dies ist auch möglich, allerdings nicht direkt im Gruppenlager, sondern ein wenig abseits, sodass die Präsenz der Leiterinnen spürbar, aber dennoch eine Soloerfahrung nicht ausgeschlossen ist.

Hinweis auf die Rolle der Begleiter

Die Begleiter gestalten den gesamten Rahmen, leisten auch viel Versorgungsarbeit und tragen pädagogisch und »energetisch« die Visionssuche der Teilnehmenden mit. Sie fasten selbst nicht und sind auch nicht durchgehend im Camp, obwohl das Camp grundsätzlich schon die meiste Zeit belegt sein sollte. Sie sind in einer dienenden Rolle, aber auch strenge Hüter des Rahmens.

Die Integrationsphase

Die Bedürfnisse der Rückkehrer aus der Visionssuche am Morgen des Beginns der Integrationsphase sind erfahrungsgemäß sehr unterschiedlich. Manche haben großen Rededrang, andere möchten sich erst einmal sortieren, die meisten schätzen den heißen Tee, der schon bereitgehalten wird.

Der Platz für die Runde des Fastenbrechens ist schon vorbereitet. Er kann unterschiedlich gestaltet sein, es sollte auf jeden Fall ein Kreis (rituelle Struktur) sein, wo – schön gestaltet – für jeden und jede eine erste feststoffliche Kleinigkeit vorbereitet ist: ein Apfel, vielleicht ein Stück Knäckebrot, ein paar Gurkenscheiben (Achtung Ameisen) oder eine Karotte. Wir haben öfter schon Steinmännchen gebaut, welche die Plätze markieren, oder andere Zeichen gesetzt.

Erst wenn alle da und bereit sind, versammelt sich die Gruppe und nach ein paar einleitenden Worten der Leiter essen die Teilnehmer ihre erste Mahlzeit.

Nachdem alle aufgegessen haben, gibt es eine lockere Phase, die etwa bis Mittag dauert und in der Zeit ist, die individuellen Schlafplanen aufzubauen und alles zu richten. Mittags trifft sich die Gruppe wieder zur vorbereiteten Suppe. Am Nachmittag dieses Tages beginnt die Phase des Teilens der Erfahrungen. Auch diese Runde ist vom äußerlichen Setting her noch ritualisiert. Sie kann am Platz des Fastenbrechens stattfinden, jedenfalls aber in einem wirklich runden Kreis, es sollte keine allzu legere Sitzordnung sein. Diese Regeln sind Anbindungen an die Elemente des Rituals und unterstreichen die Bedeutung des Geschehens, erhöhen aber auch die gefühlte Würde aller Teilnehmenden.

Nach und nach erzählen alle, wie sie die Zeit erlebt haben. Falls jemand nicht Bezug auf die beim Weggehen geäußerte Frage nimmt, kann am Ende nachgefragt werden. Die Prozessleiter äußern besondere Assoziationen, die sie während der Erzählungen haben, im Anschluss oder spiegeln in ihren Worten das Gesagte. Es werden aber keine Deutungen, Wertungen und Interpretationen geäußert.

Manchmal drängt sich auch ein Name für die Sucher auf, was in tradierten Formen der Visionssuche ein integraler Bestandteil ist. In dieser Runde werden öfters Zusammenhänge bewusst, die vorher noch gar nicht gesehen wurden. Diese können durch die Leiter wiedergegeben werden, das kann eine Hilfe zum Verständnis für die betreffenden Personen sein. Manchmal sehen auch die anderen Teilnehmer Zusammenhänge, und es sollte niemandem das Wort verboten werden, aber es ist nicht vorgesehen, dass die Suchenden Rückmeldungen von den anderen bekommen, weil ja alle sehr mit der eigenen Geschichte beschäftigt sind.

Allein die Prozessbegleiter sind frei von diesen intensiven Selbsterfahrungen und lassen sich sehr aufmerksam auf die Erzählungen ein.

Es soll keine Geschichte in irgendeiner Weise zensuriert werden, sollte aber jemand von den Teilnehmern an den Erzählungen anderer herumdeuten, wird darauf hingewiesen, dass es nicht um Interpretationen geht. Die strenge Trennung von Wahrnehmung und Interpretation ist oft nicht leicht aufrechtzuerhalten, besonders, wenn sich Deutungen oder das Herstellen von Zusammenhängen aufdrängen. Sollte ein Rückkehrer mit einem ihm gespiegelten

Zusammenhang nichts anfangen können, muss die Leitung dies respektieren und ihren Zusammenhang als Hypothese verwerfen.

Nach dieser intensiven Phase des Austausches, des Teilens und der Integration folgt die gemeinsame Zubereitung eines Festmahls. Das Kochen am offenen Feuer darf ruhig länger dauern. Das Hantieren mit den Lebensmitteln, den einfachen Kochutensilien und das Bearbeiten der Kochstellen sind praktische Tätigkeiten, welche die Anbindung zum Alltag wiederherstellen, sie sind eine Art Verbindungsglied.

Auch in dieser Phase kann es noch zu Erlebnissen kommen, die von der Phänomenologie her eher in der Schwellenzeit erwartet werden, ein Beispiel dafür:

Beispiel Katharina

Nach dem Zurückkommen von einer dreitägigen Auszeit im Rahmen einer Vissionssuche befindet sich die Gruppe in der lockeren Phase der Vorbereitung auf das erste Abendessen. Die Erfahrungen der Schwellenphase wurden bereits am Nachmittag ausgetauscht und es ist jetzt Zeit, bei Bedarf auch noch ein wenig im Wald herumzustreunen. Ich (die Leiterin) entferne mich von der Gruppe, da ich von einer Anhöhe aus auf den Gruppenplatz blicken möchte. Als ich von dort zurückkomme, begegne ich einer der Rückkehrerinnen. Sie steht im Wald und hat ein Rehkitz auf den Armen, das sie völlig hingegeben streichelt und küsst. Ich gehe langsam auf die beiden zu. Die Teilnehmerin, Katharina, wirkt total verzückt, sie erzählt, dass das Rehkitz auf sie zugelaufen sei und sie glaube, dass es von der Mutter verlassen worden sei. Sie wolle es mit nach Hause nehmen und dort aufziehen. Leise versuche ich ihr klarzumachen, dass sie das Kitz so schnell wie möglich wieder auf den Boden legen soll, da es sonst keine Chance mehr habe, von der Mutter wieder angenommen zu werden. Die Teilnehmerin befindet sich in diesem Moment in einer anderen Logik. Sie kann es nicht glauben, dass sie es zurücklassen muss, sie würde sich um das Kitz kümmern wie eine Mutter.

Ich kann sie jedoch dazu bewegen und sie legt das Kitz zurück auf den Waldboden. Ich bleibe mit einigem Abstand in der Nähe und beobachte, wie die Rehgeiß wenige Minuten, nachdem wir uns entfernt hatten, zurückkommt. Das Kitzlein steht auf und folgt der Geiß, als ob nichts gewesen wäre.

Katharina schien in einem veränderten Bewusstseinszustand gewesen zu sein, als sie mit dem Kitz dagestanden war. Sie war minutenlang davon überzeugt, dass dieses eigens zu ihr gekommen war, um ihr Kind zu sein. Es gab noch zwei längere (von ihr gesuchte) Gespräche mit Katharina, inwieweit dieses Ereignis mit ihrem Alltagsleben zu tun habe. Beim ersten Gespräch meinte sie, dass dies eine Manifestation ihres Kinderwunsches sei, beim zweiten Gespräch lehnte sie diese Variante ab. Aus späteren Gesprächen erfuhr ich von ihr, dass das Thema mit dem Kinderwunsch genau den Kern getroffen habe. Aber kurz zuvor hatte sich ihr Freund von ihr getrennt und sie wollte das alles zu diesem Zeitpunkt nicht wahrhaben.

Dieses Beispiel zeigt deutlich, wie tief die emotionalen Wellen ihm Rahmen von Visionssuchen – auch in pädagogischen Kontexten – gehen können. Unsere Erfahrung zeigt aber auch, dass die Ereignisse und Gefühle bei den teilnehmenden Personen selbst, ob Jugendliche oder Erwachsene, am besten aufgehoben sind. Wir erleben immer wieder, wie sehr es unsere zugewandte Aufmerksamkeit als Prozessbegleiter braucht, aber wie wenig unseren Trost, schon gar nicht unser Mitleid oder unsere Wertungen. Auch die Angst, dass Gefühle oder Krisen aufbrechen können, die jemand nicht mehr kontrollieren kann, stellt sich eher als »hilfloser Helfer« dar. Bei konsequent ressourcen- und lösungsfokussierter Begleitung ist der Helfer Angst nicht notwendig.

Angst hat aber eine wichtige psychische Funktion und sollte nicht tabuisiert werden. Verspürt ein Pädagoge Angst, er könnte mit einem bestimmten Verfahren (Visionssuche, Biografiearbeit etc.) etwas auslösen, das altes oder neues Leid verstärkt, ist das ein Hinweis, dass er dieses Verfahren noch nicht einsetzen sollte. Die Grenzen der methodischen Anwendbarkeit von großen rituellen Strukturen sowie dem themenbezogenen Arbeiten mit Naturmaterialien liegen in der Person des Begleiters, nicht in der vermeintlichen Gefährlichkeit der Struktur.

Die systemische Grundanschauung der Selbstorganisation – in diesem Falle der psychischen Integrität – sehen wir immer wieder aufs Neue bestätigt.

Im weiteren Verlauf der Integrationsphase gibt es noch so viel Zeit als nötig, um in offenen Gesprächsrunden noch einmal Themen zu bringen, die vielleicht nachhängen, den Austausch suchen, die Gemeinschaft erleben, um gut aus der Visionssuche gehen zu können.

Zu den Grundhaltungen in der Begleitung von Visionssuchen mit pädagogischen Zielen gehört auch, dass Erlebnisse nicht unnötigerweise mystifiziert werden oder dass die Geschichten Einzelner, weil sie vielleicht attraktiver sind als die der anderen, mehr oder gar zu viel Raum bekommen. Nach Abklingen der Gespräche wird das Camp von allen gemeinsam abgebaut und durch ein speziell gestaltetes Tor (rituelle Struktur) der Rückweg angetreten.

Die teilnehmenden Menschen sollen Gelegenheit haben, ihre Erlebnisse, Erfahrungen und auch Nachwirkungen nach einigen Wochen wieder in dieser Gruppe beziehungsweise wenn das nicht möglich ist, mit den Leitern nachbearbeiten zu können. Dieses Angebot gehört zur verantwortungsvollen Durchführung von Visionssuchen, auch im pädagogischen Kontext.

Zusammenfassung

Die Visionssuche im pädagogischen Kontext ist ein ritualisierter Rahmen zur Bearbeitung von persönlichen Fragestellungen und zur Förderung des Eintretens von persönlichen Sinnerfahrungen. Sie folgt den Grundbestandteilen von Ritualen – Struktur, Symbole und Funktion –, verzichtet dabei aber vor allem auf festgelegte Symbole tradierter Visionssuchen. Struktur und Funktion ähneln sich. Die Visionssuche im pädagogischen Kontext ist besonders für Menschen geeignet, die die bedeutungsgebundenen Symbole der Ursprungstraditionen der Visionssuche nicht annehmen können oder wollen.

Adressaten der systemischen
Erlebnispädagogik

Erlebnispädagogik in sozialpädagogischen Kontexten (eine Auswahl)

Kaum ein anderer pädagogischer Fachbereich bietet für die Erlebnispädago-gik so gute Einbindungsmöglichkeiten wie die Sozialpädagogik. Wohl Tau-sende Projekte wurden in den letzten Jahrzehnten mit sozialpädagogischen Zielgruppen durchgeführt und evaluiert.[133] Dass Erlebnispädagogik »wirkt«, ist also empirisch gut belegt. Der bestehende Erfahrungs- und Theoriehin-tergrund diesbezüglich müsste also eine gute Basis für eine rege aktuelle Pro-jektlandschaft bieten. Dennoch können wir – zumindest in Österreich – ei-ne große Vorsicht bei öffentlichen Stellen und auch bei sozialpädagogischen Trägerorganisationen ausmachen, erlebnispädagogische Projekte in größerem Stil umzusetzen oder tiefer im Konzept zu verankern. Dieses Kapitel beleuch-tet das Thema Erlebnispädagogik in sozialpädagogischen Kontexten und gibt Einblick in ein Projektbeispiel.

In Österreich haben sich sogar die in den Achtziger- und Neunzigerjahren größten Projektträgerorganisationen so weit zurückgezogen, dass sie groß-teils nur mehr interne Projekte veranstalten und keine offenen Ausschreibun-gen mehr machen.

Auch die wiederauftauchende Tendenz zu individualpädagogischen Maß-nahmen weist darauf hin, dass es zu wenige Projekte gibt, die mit gruppenpäd-agogischem Ansatz arbeiten. Denn obwohl die Individualpädagogik eine spe-zielle Legitimation und Zielgruppenorientierung hat, greifen Jugendämter als Auftraggeber teilweise auch deswegen darauf zurück, weil es praktisch keine Angebote am »offenen Markt« für erlebnispädagogische Projektgruppen gibt.

Auch in der Öffentlichkeit ist Erlebnispädagogik in Zusammenhang mit Sozialpädagogik kaum Thema. Nur wenn es Aufregungen um bestimmte Projekte gibt, wird lautstark berichtet. (Nur schlechte Nachrichten sind gute Nachrichten?)

Ansonsten scheint die Waldpädagogik, wie sie beispielsweise von den öster-reichischen Bundesforsten betrieben wird, zum gegenwärtigen Zeitpunkt aktueller zu sein. Ökologische Ziele sind leichter anschaulich zu machen und weniger angreifbar als pädagogische und psychosoziale. Wir finden in den Medien häufig Artikel über Förster, die mit Schulklassen unterwegs sind, um ihnen Nutzen und Wert des Waldes näherzubringen, Ferienprojekte mit erlebnispädagogischem Anspruch, die den Eltern vermitteln, dass ihr Kind

---

[133] Vgl. Torsten Fischer / Mario Kölbliner: Zur Wirksamkeit des Erfahrungslernens. In: Alex Ferstl / Peter Schettgen / Martin Scholz, a. a. O., S. 72–85.

im Tipilager bei diversen abenteuerorientierten Aktivitäten pädagogisch wertvoll betreut wird, und Berichte von Schulklassen, die beim Rafting[134] ihre sozialen Kompetenzen schulen sollen.

Andererseits ist die Nachfrage von Sozialpädagogen nach einer fundierten erlebnispädagogischen Ausbildung groß. *Natur als Partnerin* verzeichnet reges Interesse an den angebotenen Ausbildungslehrgängen in systemischer Erlebnispädagogik.

Das Ziel der meisten an unseren Lehrgängen teilnehmenden Sozialpädagogen ist, den Ansatz in der eigenen Einrichtung zu implementieren. Das ist natürlich ein begrüßenswertes Ziel, allerdings deutet es auch auf die Tendenz zum organisationsinternen Cocooning hin: Weitgehend geschützt vor dem öffentlichen Blick, wird mit den Klienten gearbeitet. Die Dokumentationen darüber bleiben in der Schublade und werden – bestenfalls für die zuweisenden Stellen oder um das Unternehmen zu positionieren – aus dieser hervorgeholt.

Auch im Archiv von *Natur als Partnerin* finden sich Dutzende Projektdokumentationen, die als Abschlussarbeiten zum Diplomlehrgang systemische Erlebnispädagogik »Handeln als Methode« verfasst wurden. Erfolge und Scheitern im Rahmen dieser Projekte werden darin genauso authentisch geschildert wie Schwierigkeiten und Weiterentwicklungen im Kollegenteam.

Es kann also auch nicht davon die Rede sein, dass es in Österreich keine erlebnispädagogische Projektlandschaft gibt. Aber sie blüht weitgehend im Verborgenen, und die Lerneffekte eines Erlebnispädagogen, eines Teams oder einer Institution können dadurch wenig beitragen zur Weiterentwicklung des ganzen Ansatzes.

Diese rückläufige Tendenz von erlebnispädagogischen Projekten im Bereich Sozialpädagogik, die per definitionem auch solche sind, weil sie im Sinne der Erreichung von persönlichkeitsentwickelnden Zielen angelegt sind, sehen wir

---

[134] Rafting gehört aus unserem Verständnis nicht zum erlebnispädagogischen Methodenrepertoire, da es sich um ein konsumorientiertes Angebot handelt, in dem die Jugendlichen selbst wenig Möglichkeiten haben, verantwortungsvolles Handeln zu initiieren, zu üben und zu reflektieren. Der Kick steht im Vordergrund, und die diffizilen Möglichkeiten, soziale Handlungen – oder Nicht-Handlungen – zu beobachten, sind äußerst eingeschränkt, da die Wahrnehmung hauptsächlich auf die äußeren Bedingungen gerichtet sein muss (um zum Beispiel nicht aus dem Raft zu fallen etc.). Dasselbe gilt aus unserer Sicht für das Arbeiten in Hochseilgärten, das u. E. die Teamfähigkeit nicht ausreichend schulen kann, da die einzelnen Akteure notgedrungen mehr damit beschäftigt sind, sich selbst durchzubringen. Oftmals sind die Anlagen so gestaltet, dass ein gegenseitiges Helfen in großen Bereichen des Seilgartens gar nicht möglich ist, da gewisse Abstände einzuhalten sind.

nicht nur in Zusammenhang mit aktuellen Finanzierungsengpässen durch die Wirtschaftskrise, sondern auch im Kontext einiger Faktoren, die wir hier differenzieren möchten, ohne einen Anspruch auf Vollständigkeit zu erheben:

Faktor Team

Erlebnispädagogik sollte nicht als konkurrierender Ansatz zu anderen fachlichen Angeboten in einer Einrichtung präsentiert werden. Erlebnispädagogische Projekte bewirken höchstwahrscheinlich nicht mehr oder anderes als Musikpädagogik, Karateunterricht, Gewaltpädagogik oder ganz alltägliche sozialpädagogische Interventionen, sie bewirken es einfach auf eine andere Weise.

Es kann auch problematisch sein, innerhalb des Teams Kollegen für diese Form der Arbeit aktiv gewinnen oder überzeugen zu wollen, da diese Arbeit einer persönlichen Interessens- und Motivationshaltung entspringen muss, um engagiert ausgeführt werden zu können. Dieses Interesse kann und muss nicht von allen geteilt werden. Wir haben auch schon beobachtet, dass Erlebnispädagogen sich mit einem gewissen Nimbus des Abenteurers oder Reformierers von vermeintlich verkrusteten Strukturen umgeben. Widerstände vonseiten des Kollegenteams sind in solchen Fällen beinahe vorprogrammiert. Bescheidenheit steht der Erlebnispädagogik gut. Denn sie ist die Grundlage, auf der Vertrauen wachsen kann. Wenn sie zur pädagogischen Wunderwaffe wird, könnte es sein, dass diese Waffe auch gegen diejenigen gewendet wird, die sie einsetzen wollen. Oder dass es zu Rückschlageffekten im System kommt, die den Adressaten schaden können.

Die erfolgreiche Einflechtung erlebnispädagogischer Arbeit in den sozialpädagogischen Alltag braucht große Loyalität und Mithilfe auch von den Teammitgliedern, die nicht direkt am Projekt beteiligt sind. Denn sie sind immer auch mit betroffen. Sei es durch eine Veränderung der Dienstpläne und Urlaubszeiten, durch organisatorische Arbeiten, die für ihr »Bezugskind« anfallen, oder durch das Einstehen für das Projekt den Jugendlichen gegenüber schon im Vorfeld. So spielt das ganze Team in der Vorbereitungsphase eine wichtige Rolle, genauso natürlich in der Nachbereitung.

Als hilfreich hat sich gezeigt, wenn die Argumente von Skeptikern im Team aufmerksam wahrgenommen werden und eine selbstverständliche Unterstützung nicht von vornherein erwartet wird. Vielmehr sollte die Person, die den Ansatz einbringen möchte, sich bewusst werden, dass es ohne die anderen nicht geht.

»Wer braucht was?« könnte eine leitende Frage sein. Hier ein paar salopp und auch ein wenig frech formulierte Ausformungen dieser Frage:

- Braucht der Erlebnispädagoge eine Bestätigung seiner Zielvorstellungen, seiner Qualifikation oder seines Status in der Einrichtung?
- Brauchen die Adressaten der Arbeit eine niedrigere oder höhere Dosis des alltagsfernen, erlebnispädagogischen Lernens oder vielleicht gar keine?
- Brauchen die Widerstand leistenden Kollegen ihre gewohnten Strukturen, weil die sozialpädagogische Arbeit ohnehin schon schwer genug ist und veränderte Rahmenbedingungen eine Art »Aufraffen« erfordern?
- Brauchen die Erlebnispädagogen die Hilfe ihrer Kollegen oder brauchen die Kollegen Hilfe vom Erlebnispädagogen im Team?
- Braucht die Einrichtung ein Vorzeigeprojekt?
- Brauchen die Jugendämter Belege für gesetzte Maßnahmen?
- Braucht die Schule, die Lehrstelle diese Projekte?
- Was brauchen die Angehörigen beziehungsweise die Peers?

Können diese Fragen so beantwortet werden, dass am Ende nicht die Bedürfnisse und Zielvorstellungen der agierenden Pädagogen im Mittelpunkt stehen, sondern die Bedürfnisse der Zielgruppe, ist der Boden für eine erlebnispädagogische Projekttätigkeit aufbereitet.

Als Hansjörg Lindenthaler in den Achtzigerjahren begann, erlebnispädagogisches Arbeiten im Rahmen einer sozialpädagogischen Mädchenwohngemeinschaft einzubringen, geschah dies zwar mit der grundsätzlichen Zustimmung des Teams und der Teamleitung. Allerdings konnte sich noch niemand so recht vorstellen, dass auch alle Mädchen an dem ersten angebotenen Wochenende von sich aus teilnehmen wollten. Das war auch eine realistische Einschätzung der Situation. Dadurch war klar, dass irgendjemand am Wochenende im Haus Dienst machen musste, um die erwünschte freiwillige Teilnahme zu ermöglichen.

So wurde es dann auch geplant, allerdings hieß dies für Lindenthaler, das Projekt in seiner Freizeit durchzuführen, da es kein Budget für zusätzliche Stunden gab. Es war auch keine Ausrüstung vorhanden, die kam aus dem privaten Fundus und aus Leihgaben. So wurden die ersten Wochenenden und Nachmittage mit zwei, manchmal drei der Mädchen durchgeführt, bis sich herumgesprochen hatte, dass es da ganz »leiwand«[135] zugehe.

---

[135] Ein österreichisches Trendwort aus den Achtzigerjahren, heute würden die Jugendlichen, je nach Subkultur, wohl »geil«, »cool«, »krass« oder Ähnliches sagen.

Die Wochenendgruppen wurden größer, die Angebote vielfältiger. Es wurden Berichte über die Entwicklungsschritte verfasst und an die Jugendämter weitergeleitet. Die befassten Sozialarbeiter begannen sich vermehrt für den Ansatz Erlebnispädagogik zu interessieren und wollten ein Konzept von der Einrichtung. Zu diesem Zeitpunkt war die Projekttätigkeit schon so weit gediehen, dass Lindenthaler jeweils mit einem Kollegen oder einer Kollegin unterwegs war. Nach drei Jahren wurde schließlich das erste langfristige Sommerprojekt mit einem Großteil der Wohngruppe in Schweden durchgeführt. Es dauerte acht Wochen und trug den Titel »Regenbogen«. Der Betrieb im Haus für die »Daheimgebliebenen« wurde normal weitergeführt, das Projekt mit vom Land Salzburg zusätzlich zur Verfügung gestellten Mitteln finanziert. Es folgten weitere längerfristige Projekte. 1995 fuhr schließlich die gesamte Belegschaft mit allen Mädchen für drei Wochen nach Schweden. Bis heute positioniert sich diese Einrichtung erfolgreich über die Erlebnispädagogik am sozialpädagogischen Markt.

Besonders die Phase vor Durchführung des Regenbogen-Projektes bildete für das Team eine große Herausforderung. Hieß es doch, den beiden Projektleiter, die während der ganzen Wochen durchgehend im Dienst sein würden, den nachher nötigen Zeitausgleich zu ermöglichen und dies so zu koordinieren, dass die beiden in dieser wichtigen Nachbearbeitungsphase dennoch phasenweise präsent waren. Alle leisteten ihren Beitrag, um gute Voraussetzungen für das Gelingen des Projektes zu schaffen.

Das Regenbogenprojekt wurde nach der Rückkehr der Gruppe in die Heimat auch in einem öffentlichen Rahmen präsentiert. Die Mädchen leisteten – mit Unterstützung – alle Vorbereitungsarbeit, die dafür notwendig war: Sie gestalteten eine Diashow, luden Verwandte, Bekannte, Sozialarbeiter, Politiker und alle Unterstützer ein. Sie verfassten eine professionell gestaltete Einladung und schalteten ein Zeitungsinserat. Sie buken »Bannocks« und gestalteten ein Planencamp im Veranstaltungssaal. Sie standen für Interviews und Gespräche zur Verfügung und genossen sichtlich ihren Auftritt.

Dieser Abend war denkwürdig auch für das Team: Er bildete einen wertvollen Meilenstein für die weitere Integration des Ansatzes – auch in Form ganz kleiner Projekte – in den Jahreskreis.

Was heute selbstverständlicher Teil der Arbeit ist, hatte also einen ganz kleinen Anfang, der – unter anderem – durch Geduld und Verständnis für die Kollegen wachsen konnte.

Faktor Ausbildung

Die Bezeichnung »Erlebnispädagoge« oder »Erlebnispädagogin« ist nicht gesetzlich geschützt, es kann sich prinzipiell jeder so bezeichnen. Viele Menschen, die mit diesem Arbeitsansatz arbeiten wollen, unterziehen sich aber einer Ausbildung. Der Markt ist voller unterschiedlicher Angebote, die offensichtlich auch gut angenommen werden. Dank der Präsentationsmöglichkeiten heutzutage, zum Beispiel via Internet, ist es für Interessenten einfach geworden, die für sie jeweils interessante Ausbildung auszuwählen. Es gibt zwar nach wie vor Pädagogen, die keine spezifisch erlebnispädagogische Ausbildung haben und sich dennoch als Erlebnispädagogen bezeichnen, eine Zahl ist jedoch schwer zu quantifizieren.

Wir denken, dass ein wesentlicher Vorteil einer Ausbildung im Fachbereich Erlebnispädagogik die Rückmeldungen sind, die Teilnehmer von Ausbildungsleitung und Kollegen über ihre persönlichen Ressourcen, aber auch ihre blinden Flecken bekommen. Rückmeldungen zur Wirkung der eigenen Person in der Anleitung von Aufgaben sind eine wichtige Voraussetzung zur Weiterentwicklung pädagogischer Kompetenz.

Oft sind Methoden und Medien schon bekannt oder zumindest teilweise vertraut, es befinden sich häufig sehr kompetente Teilnehmer in den Ausbildungsgruppen, der Ansatz ist ja mittlerweile nicht mehr unbedingt neu. Die Ausdifferenzierung der persönlichen Leitungskompetenz ist aber ein Prozess, der einen guten Teil Selbsterfahrung beinhaltet.

Menschen, die sich einer fachlichen Qualifizierung stellen, sei es nun in der Erlebnispädagogik oder anderswo, haben verständlicherweise auch den Wunsch, die erworbenen Qualifikationen im eigenen beruflichen Praxisfeld umzusetzen. Aus den oben schon genannten Gründen raten wir zu Geduld und Bescheidenheit. Und erinnern daran, dass eine Ausbildung, die auf die Entwicklung personaler Kompetenzen abzielt, im Grunde auch dann noch nicht zu Ende ist, wenn der Lehrgang selbst abgeschlossen ist.

Faktor Zielgruppe

Nicht alle pädagogisch relevanten Zielsetzungen sind »ein Fall für die Erlebnispädagogik«. Und es ist schwierig einzuschätzen, ob potenzielle Adressaten für erlebnispädagogische Projekte von der Tendenz her »verhaltensauffälliger« werden. Individualpädagogische Ansätze arbeiten jedenfalls wieder mit Versprechungen, die aus der Erlebnispädagogik schon längst verschwunden schienen: mit der Darstellung eines Ansatzes als finales Rettungskonzept für Jugendliche mit speziellem Hilfebedarf.

Auch als Realityshow wird die Erlebnispädagogik neuerdings wieder in die Diskussion eingebracht: Die Zuseher vor dem Bildschirm fahren quasi mit in die Wüste und können erleben, wie – durchaus kompetente – Pädagogen mit Jugendlichen arbeiten, die zu Hause und in professionellen Einrichtungen nicht mehr haltbar waren.

Natürlich erfüllen diese Projekte genauso ihren Sinn, wir denken Erlebnispädagogik aber eher als präventives Konzept. In den pädagogischen Alltag einer sozialpädagogischen Einrichtung integriert, kann die Erlebnispädagogik dazu beitragen, Natur- und Gruppenerleben wieder zu einem selbstverständlichen Teil des Alltags von Jugendlichen werden zu lassen. Ein Gedanke, der in Zeiten der zunehmenden Digitalisierung von sozialen Kontakten wieder bedeutsamer wird. Es könnte sogar sein, dass erlebnispädagogische Ansätze in Zukunft wieder viel bedeutsamer werden, da basales Erleben (in Bezug auf die Körperlichkeit, aber auch auf soziale Kontakte) immer weniger Bestandteil der normalen Alltagserfahrung von Heranwachsenden ist.

Beispieldokumentation für integrierte erlebnispädagogische Projekttätigkeit:

Das folgende Projektbeispiel ragt nicht durch seine besondere Einzigartigkeit heraus, es soll lediglich beschreiben, wie Erlebnispädagogik integrativ – eingebettet in den Jahresablauf einer Institution – angelegt werden kann. Darüber hinaus soll es einen kleinen Einblick über die Möglichkeiten der Einbettung systemischer Methoden in einen Projektalltag geben.

Erlebnispädagogik im Jahreskreis, Projektzyklus mit sechs Jugendlichen
Die folgende Projektdokumentation ist ein Einblick in ein viertägiges Projekt mit sechs Jugendlichen aus einer stationären sozialpädagogischen Einrichtung.

Die hier beschriebenen Herbsttage sind der Beginn eines Seminarzyklus von vier Blöcken, den Jahreszeiten folgend. Die Idee, mit den Jugendlichen auf diese Weise themen- und prozessorientiert zu arbeiten, entstand im Team der Wohngemeinschaft, und wir wurden angefragt, diesen Prozess anzuleiten und zu begleiten. Die Einrichtung führte schon seit einiger Zeit selbst organisierte erlebnispädagogische Wochenenden durch. Das Team der Wohngemeinschaft setzt auf körper- und handlungsorientierte Lernformen, das Konzept der Einrichtung verbindet Leben und Arbeiten auf dem Bauernhof mit klassischen sozialpädagogischen Methoden.

Neben persönlichkeitsbildenden Zielen steht vor allem das Ziel der Vermittlung der Jugendlichen am Arbeitsmarkt im Zentrum. Dazu gibt es interne Schulungsmöglichkeiten.

Ziele der Einrichtung für den gesamten Projektzyklus:

Förderung kognitiver Fähigkeiten:

- Verbalisieren üben, konkrete Fragen stellen lernen, vor allem in den Reflexionsrunden könnte dies geübt werden

Förderung emotionaler und sozialer Fähigkeiten:

- Wohlfühlen und Geborgenheit erleben, sowohl in der Gruppe als auch in der Natur
- Stärkung des Zusammengehörigkeitsgefühls innerhalb der Gruppe
- Wo stehe ich in der Gruppe, welche Rolle spielt jeder einzelne in der Gruppe

Förderung praktischer Fähigkeiten:

- Orientierung mit Karte und Kompass
- Verbesserung der Geschicklichkeit durch praktische Aufgabenstellungen
- Bestimmung von Tieren und Pflanzen
- Nutzung von Ressourcen, die die Natur bietet

In den »Herbsttagen« sollen folgende Themen bearbeitet werden:

- Die Jugendlichen erleben und erkennen persönliche Ressourcen
- Die Jugendlichen erleben sich als Teil der Gruppe
- Die Jugendlichen übernehmen Verantwortung in der Gruppe

Ziele der Jugendlichen

Werner:

- Wann überschätze ich mich selbst – eigene Grenzen erkennen/spüren
- Wo liegen meine Schwächen und Stärken?
- Neue Wege ausprobieren (was sind meine Muster?), neue Handlungsmöglichkeiten

Daniel:

- Ich werde mir anschauen, was eine erlebnispädagogische Aktion ist
- Ich werde schauen, wo meine Stärken und wo meine Schwächen liegen

Walter:

- Durchhaltevermögen auch bei Dingen, die ich nicht so gerne mache
- Meine Position in der Gruppe überdenken

Martin:

- Ausdauer und Durchhaltevermögen verbessern
- Selbstständige Mithilfe bei den praktischen Arbeiten
- Vor Diskussionen und Konfrontationen nicht davonlaufen
- Antriebs- und Motivationssteigerung durch selbstständiges Setzen von Zielen

Manuel:

- Mehr Natur, weniger Rauch
- Dem Bergsteigen mehr Positives abgewinnen, weniger jammern
- Ordnung halten mit persönlichen Dingen und Ausrüstungsgegenständen
- Die richtige Kleidung, das richtige Schuhwerk für den Outdoor-Einsatz
- Mehr an sich selbst glauben, mehr Selbstvertrauen

Rebecca:

- In welchen Momenten bin ich glücklich oder zufrieden?
- Ich sorge gut für mich selbst
- Ich versuche mich auf die Gruppe einzulassen

Ziele der Leiterin:

- Ich stelle einen Lernrahmen her, in dem die allgemeinen Themen wie Platzfindung und Erkennen von persönlichen Ressourcen bearbeitet werden können.
- Ich bleibe in der ressourcen-, lösungs- und prozessorientierten Leitung.
- Die Jugendlichen schaffen es, an ihren Zielen bewusst zu arbeiten oder neue Ziele zu formulieren.
- Zufrieden wäre ich mit dem Seminar, wenn bei der Abschlussreflexion alle Jugendlichen sagen könnten, sie seien ihrem Ziel ein Stück näher-gekommen, und wenn ich mir aufgrund ihres Verhaltens und ihrer Authentizität zu diesem Zeitpunkt sicher sein könnte, dass dies keine bloß rhetorischen Aussagen sind.

Mittel und Methoden:

- Naturerfahrung
- Trekking
- Der Bau des Lagers und die Organisation des Camplebens
- Kochen am offenen Feuer
- Hirtenofenbau und Brotbacken

- Zurechtkommen mit Wenigem
- Reflexionsrunden
- Spiele, Geschichten
- Gruppenprotokoll, von den Jugendlichen selbst zu führen
- Themenbezogenes Arbeiten mit Naturmaterialien
- Lösungsfokussierte Gesprächsführung
- Rituelle Gestaltung

Zielearbeit, die Erste

Mit der Arbeit an den individuellen Zielen wurde bereits vor dem Projekt, noch am Bauernhof, begonnen. Die oben beschriebenen Ziele der Jugendlichen wurden also schon in der Einrichtung gemeinsam mit den Bezugsbetreuern formuliert.

Es gab zu Projektbeginn noch einmal eine Redestabrunde am Lagerfeuer, bei der die Jugendlichen sich diese Ziele wieder präsent machen konnten. Die erste Nacht wurde noch in einem Haus verbracht, damit sich die Gruppe langsam der Naturerfahrung annähern konnte.

Ich arbeitete bei dieser Gelegenheit mit folgenden Fragen:
- Was ist dein Ziel (sind deine Ziele) für die nächsten vier Tage?
- Woran wirst du merken dass du es erreicht hast? (Hier musste öfters nachgehakt werden, damit die Aussagen konkreter wurden.
- Was brauchst du, um deine Ziele zu erreichen?
- Was tust du selbst dazu, um deine Ziele zu erreichen?

Mein Eindruck war, dass diese Runde sehr ehrlich war und sich die Jugendlichen ernsthaft bemühten, ihre Ziele zu konkretisieren.

Einer der Jugendlichen meinte, sein Ziel sei zu persönlich, um es vor den anderen zu nennen. Hier merkte ich an, dass ich ihn trotzdem am letzten Tag fragen würde, ob er seinem Ziel nähergekommen sei, aber dass es hilfreich sei, wenn er es für sich formulieren würde, damit er auch überprüfen könne, ob diese Tage für ihn etwas gebracht hätten. Ich hatte das Gefühl, dass er verstand. Am vierten Tag, bei der Auswertung, formulierte er auch vor der Gruppe sein Ziel.

Die Jugendlichen fassten dieses Zielinterview als »Spiel« auf, vielleicht, weil der Redestab mit »im Spiel« war. Bis auf einige Ausnahmen konnte ich an diesem ersten Abend eine gute Disziplin im Zuhören ausmachen.

Wenn die Gesprächskultur nicht geachtet wurde, erinnerte ich zuweilen daran, dass sie auch hier seien, um als Gruppe füreinander Verantwortung zu tragen und dass das Zuhören eine wichtige Basis dafür sei. Vom Intellekt her verstanden alle, dass es wichtig ist, einander zuzuhören.

Die Naturerfahrung

Als wesentlichstes Element dieser ersten Tage diente die konkrete Naturerfahrung.

Ich wählte als Lagerplatz für den ersten Tag ein relativ kleines Areal in einem Wald, das man erst nach steilem Anstieg von ca. 600 Höhenmetern erreicht. Der Weg dorthin ist wenig begangen, die Landschaft ist geprägt vom Mischwald und von beeindruckenden Felsformationen. Leider begleitete uns in diesen Tagen, die an sich sonnig waren, viel Schatten, aber dies war der bewusst in Kauf genommene Preis dafür, dass uns wenig Menschen begegnen sollten, da ja Wanderhochsaison war.

Obwohl die körperliche Kondition und die Bereitschaft der Jugendlichen, eine körperliche Leistung zu bringen, sehr unterschiedlich waren, stellte ich fest, dass sich alle auf das zu Beginn sehr anstrengende Trekking gut einließen.

Es wurde beim Anstieg aber auch sichtbar, wer wem in der Gruppe nachfolgt.

Ich überlies also Werner, der sich austoben musste, seinem eigenen Tempo und vereinbarte einen markanten Treffpunkt, damit er seine physische Erfahrung machen konnte und die anderen nicht unter Stress kamen.

Rebecca klagte über Brustschmerzen beim Atmen, sie erzählte mir über ihr Belastungsasthma und forderte meine ressourcenorientierte verbale Motivationsarbeit heraus. Ich habe ja schon sehr oft erlebt, dass verständnisvolle Zuwendung auch eine Defizitorientierung bedeutet und in solchen Situationen nicht immer zielführend ist. Dennoch bin ich mir nicht sicher, ob ich die richtigen Worte für sie gefunden habe.

Ich wies sie darauf hin, dass ihre Lunge sie ja schon bis hierher gepustet habe und sie daher schon so gut trainiert sei, um den weiteren Weg zu schaffen, und jede Grenze, die sie für sich überschreitet, sie weiterbringt, sodass sie nicht mehr hinter ihre alten Grenzen zurückmuss.

Als ich mich wenig später Martin zuwandte, der seine Beschwerden einem alten Knochenbruch an der Wachstumsfuge und den jetzt wiederkehrenden Schmerzen zuschrieb, fand Rebecca allmählich einen eigenen Rhythmus, und ich fand heraus, dass es am besten funktionierte, wenn ich nicht in ihrer Nähe ging. Also wandte ich bei Martin dasselbe Prinzip an und auch er fand seine Geschwindigkeit.

Campbau

Nach einer Jause am Zielplatz standen der Bau und die Organisation des Camps an der Tagesordnung. Die Aufgabenverteilung erfolgte nach Lust und Interesse, am mühsamsten davon war wahrscheinlich das Wasserholen, da die Quelle ziemlich weit weg war. Hier engagierten sich Sabine, die Begleiterin aus der Wohngemeinschaft, und Manuel, der sichtlich stolz auf seine Leistung war, als die beiden zurückkamen.

Die anderen Aufgaben waren: Holzsammeln, Feuermachen und -erhalten, Hirtenofenbauen und Brotteig machen. Während das Brot im Ofen war, sollten jeweils zu zweit Plätze für das Nachtlager gesucht und Planen gespannt werden.

Die folgenden Stunden waren geprägt von konkreter, teilweise harter körperlicher Arbeit, was aber gut funktionierte. Ich war erstaunt, wie viel Engagement die Jugendlichen einbrachten. Ich hatte zwischendurch eine fachliche Diskussion mit Werner, der bei einem früheren Projekt schon einmal einen Hirtenofen gebaut hatte und dessen Vorstellung von der Größe der dazu benötigten Steine nicht mit meiner übereinstimmte.

Da ich aber wollte, dass das Brot gelingt, setzte ich mich durch, was ein erster Schritt in Richtung Vertrauensaufbau mit Werner war, der zuvor nicht so recht wahrhaben wollte, dass eine Frau ihm in technischen Belangen etwas sagen könnte. Meine Bestimmtheit gab ihm wohl auch ein Stück Sicherheit.

Jedenfalls wurden alle Aufgaben sehr gewissenhaft erledigt, und ich hatte das Gefühl, die einzelnen Jugendlichen waren an diesem Nachmittag gut mit ihren Zielen verbunden.

Rituelle Gestaltung

Die Durchführung einer rituellen Gestaltung beim Herausnehmen des Brotes funktionierte nicht ganz, da die Gruppe zu diesem Zeitpunkt ziemlich überdreht war, aber es gelang eine ganz reduzierte Form: Alle versammelten sich um den Ofen, die Ofenbauer öffneten diesen und nahmen das Brot heraus, einer von ihnen zeichnete mit einem Messer ein Kreuz auf den Brotlaib. Er wählte selbst diese Form, nachdem ich gesagt hatte, er solle sich etwas Feierliches überlegen, und zeigte der Gruppe das Brot. Anschließend legte er es zum Auskühlen auf einen exponierten, aber schönen Platz in einer dicken Astgabel.

Weiter beim Campbau

Schwierigkeiten tauchten erst beim Lagerbau auf, die Aufgabe lautete: Wir finden zu zweit einen Schlafplatz, der uns Schutz und Komfort für die kommende Nacht bietet. Die Erfüllung dieses Auftrags war wohl sehr anspruchsvoll für die Jugendlichen. Die Plätze wurden durchwegs so gewählt, dass sie weder besonderen Schutz und schon gar keinen Komfort boten. Ich diskutierte mit einigen über die Kriterien eines bequemen Nachtlagers im Wald, alle wollten aber unbedingt auf ihren zum Teil abschüssigen oder felsigen Plätzen schlafen, also ließen wir ihnen diese Erfahrung.

Beim Kochen des Nachtessens liefen sehr viele kurze Gespräche mit Einzelnen, die mir signalisierten, dass es gut sei, hier zu sein, zwar anstrengend, aber irgendwie auch ein Abenteuer. Mir wurde aber klar, dass an diesem Tag keine kognitive Aufgabe und keine Reflexionsrunde mehr angebracht seien, da alle sichtlich mit ihren Leistungen beschäftigt waren, und ich fand das auch gut. Es schien so, als ob alles einmal auf einer anderen Ebene verarbeitet werden müsse.

Sabine schlug nach dem Abendessen ein Spiel vor, das sehr dynamisch und lustig wurde und das wieder viele, überraschenderweise verbale Ressourcen zum Vorschein brachte: Also arbeiteten wir dennoch an diesem Abend noch kognitiv, aber auf eine ganz andere Art und Weise. Die Aufgabe lautete, aus dem zweiten Teil eines zusammengesetzten Hauptwortes ein neues Hauptwort zu bilden. Die Übung lief bis zur Erschöpfung.

An diesem Abend waren alle ziemlich müde, Manuel brauchte noch Zuwendung von Sabine vor dem Schlafengehen, er wollte es schaffen, die Nacht alleine unter einer Plane zu verbringen, was ihm auch für ein paar Stunden gelang, dann wechselte er zu Werner und Walter. Rebecca schlief als einziges Mädchen der Gruppe mit Sabine und mir unter einer Plane, anders wäre es ihr nicht möglich gewesen, im Wald zu schlafen. Am Abend wurden die alltäglichen Probleme von der Art des Schlafengehens bis zur Einnahme oder Nichteinnahme von wichtigen Medikamenten sichtbar. Diese Begleitungsarbeit leistete Sabine, einige der Jugendlichen suchten auch ihre Zuwendung.

Zielearbeit, die zweite

Am nächsten Tag war die Arbeitsdisziplin der Gruppe im Hinblick auf die elementaren Arbeiten im Camp ganz und gar nicht gut ausgeprägt und es zeigten sich erste Konflikte, die teilweise in direktem Zusammenhang mit persönlichen Zielen standen.

Manuel beschuldigte Werner, dem er seine Zigaretten zur Rationierung anvertraut hatte, mit verbalen Attacken, in die er sich immer mehr hineinsteigerte. Das Frühstücksteam war nicht dazu zu motivieren, seine Arbeit zu leisten, manche brauchten ziemlich lange, bis sie aus ihrem Schlafsack kamen. Als wir aber den Platz aufgeräumt hatten und zu einem weiteren Teilstück des Trekkings aufbrachen, wurde die Stimmung wieder um vieles besser. Ich hatte das Gefühl, dass diese Gruppe gut auf konkrete Aufgaben anspricht.

Wir erreichten unser Ziel, einen imposant gelegenen Bergsee, mussten aber leider feststellen, dass dieser verschwunden war! Es handelt sich um einen zyklischen Hochmoorsee, der eine Woche vorher noch Wasser hatte, diesmal aber nur seinen schon mit Reif bedeckten Grasgrund zeigte. Für mich war dies ein Zeichen, dass wir die Nacht doch nicht wie geplant hier oben verbringen sollten, da die Bedingungen ziemlich hart waren (sehr kalt, reifig, wenig Sonne, Wasser und Holz). Die Jugendlichen wären wahrscheinlich überfordert gewesen, was wir zu vermeiden suchten, da wir ja Erfolgserlebnisse fördern wollten.

Wenn Erlebnispädagogik etwas positiv Konnotiertes bleiben soll, dann sollten die Adressaten nicht unbedingt mit zu vielen Grenzerfahrungen konfrontiert werden. Situationen, wo es um die Erfahrung von Grenzen geht, sollten gezielt eingesetzt werden, nicht aber auf diese Weise entstehen, auch wenn das nicht immer vermeidbar ist. Deshalb entschied ich, für die nächsten Stunden am See an einem Thema zu arbeiten, dann aber wieder zum alten Lagerplatz zurückzukehren.

Themenbezogenes Arbeiten mit Naturmaterialien

Am Ufer des versickerten Sees leitete ich eine themenbezogene Aufgabe mit Naturmaterialien an, die folgendes Thema hatte: »Mein Weg«.

Es sollte bewusst keine umfassende Biografiearbeit werden, da wir dazu noch nicht die Basis geschaffen hatten. Die Jugendlichen sollten jedoch Gelegenheit bekommen, mit Naturmaterialien zum Ausdruck zu bringen, welche Stationen in der Vergangenheit ihnen gerade jetzt ins Bewusstsein kamen, im Zusammenhang mit ihrem Platz in der Wohngemeinschaft. Einige konnten sich gut auf dieses Thema einlassen und suchten sich gleich einen Platz dafür, es gab aber auch massive Widerstände.

Die Gruppe war vorbereitet, dass sie am See mit Naturmaterialien an einem persönlichen Thema arbeiten sollten, Walter ging aber gleich in die Offensive und ließ vermerken, dass er »diesen Scheiß« nicht mache, denn das kenne er schon. Werner schloss sich an und ließ ebenfalls wissen, dass er nicht erfreut sei.

Ich sah diesen Widerstand in Zusammenhang mit einer Sequenz kurz vorher, als die beiden zum Wasserholen für die Jause geschickt worden waren. Die ausgewählte Quelle befand sich ziemlich hoch an einem Felsen und die beiden machten aus der Aktion eine Klettertour, die nicht hätte sein müssen, da es auch in besserer Erreichbarkeit eine Quelle gab. Als sie zurückkamen, erwartete sie nicht das wohl erwartete Lob der Gruppe, sondern Unmut, weil sie so lange gebraucht hatten.

Dies war also nicht die richtige Voraussetzung, um sich für die bevorstehende Aufgabe öffnen zu können. Ich ließ die beiden einfach gehen und verwendete keine Überredungstaktiken. In diesem Talkessel hörte man ohnehin weithin jede Aktivität, und ich vertraute darauf, dass sie nicht weglaufen würden.

Dieses Vertrauen ist ein interessanter Aspekt, denn ich ging wirklich keine Sekunde davon aus, dass die beiden die dreistündige Pause, die nun für sie entstand, zum Abstieg nützen würden. Den Weg kannten sie wohl, sie hätten nur zurückgehen zu brauchen. Aber diese Möglichkeit war kein Teil meiner Denkrealität in diesem Augenblick. Möglicherweise haben sie das auch gespürt und dieses Vertrauen als stärkend erlebt. Die beiden verschwanden also zwischen den Felsen und die anderen machten sich – völlig unbeeindruckt vom Ausscheiden der Kollegen – an die Arbeit.

Beim späteren Begehen der entstandenen Gestaltungen kamen dann, wie beabsichtigt, persönliche Themen zum Ausdruck, die mit dem momentanen Platz in der WG und der Befindlichkeit zu tun hatten. Zu unserer Überraschung hatte Werner nun doch etwas gearbeitet. Er und Walter kamen pünktlich zum vereinbarten Zeitpunkt zurück. Werner hieß uns, wir sollten ihm nachfolgen. Es ging sehr steil über Geröll nach oben. Der Weg war nicht ungefährlich, aber wir kamen alle mit, scheinbar war unausgesprochen für alle klar, dass dieser Grenzgang jetzt zu gehen war. Eine erstaunliche Fähigkeit und Bereitschaft der übrigen Gruppenteilnehmer! Denn immerhin hatten alle den Auftrag ausgeführt, aber Werner und Walter hatten gekniffen. Und jetzt nahmen alle einen beschwerlichen Weg auf sich, damit Werner auch seinen Raum bekommen konnte.

Wir folgten ihm also zu einem sehr ausgesetzten Platz am Felsen. Wir nahmen alle Aufstellung und suchten schon am Boden herum, wo wohl seine Gestaltung wäre. Aber da war nichts. Werner deutete schließlich auf den Weg zurück, den wir heraufgekommen waren, und sagte: »Das ist es, das war mein Weg bisher, und irgendwie bin ich auch stolz darauf, dass ich das bis hierher geschafft habe.« Einerseits wollte ich seine Präsentation nicht allzu sehr in den Mittelpunkt rücken, andererseits war es ein Zugeständnis von ihm, doch bei der Sache zu sein.

Und etwas Drittes auch noch: Er machte damit eine indirekte Aussage über eine seiner Ressourcen, nämlich trotz seiner schwierigen Lebensumstände Schritte gemacht zu haben.

Es kam keinerlei Widerstand aus der Gruppe, dass er die Aufgabe auf diese Art gelöst hatte, aber auch nicht sonderlich viel Aufmerksamkeit in Form von Mitleid, schließlich war er ja nicht der Einzige hier, der auf einen solch steinigen Weg zurückblicken musste. Es wurde also nicht viel gesprochen dort oben. Ich bedankte mich, dass er uns Anteil hatte nehmen lassen an seinem Weg, und wir stiegen wieder ab. Es gab keinen Widerstand mehr bei Werner während der ganzen Tage.

Walter hingegen verhielt sich stiller, er hatte ja als Einziger gar nichts gemacht. Er zeigte aber auch nicht an, dass es eine Öffnung bei ihm geben könnte. Doch er schien zu respektieren, dass andere sich mit etwas beschäftigt hatten, das er ausgelassen hatte, und es war kein zynisches Wort mehr zu hören.

Interessant war auch Rebeccas Station: Sie hatte auf einem großen, an der Oberseite flachen Felsen lauter relativ gleich aussehende Holzstücke aufgereiht. Ein paar Steine waren auch dabei, aber insgesamt wirkte das Ganze recht gleichförmig, ohne besondere Ausdruckskraft. Es drängte sich sozusagen keine Assoziation auf, wenn man ihre Gestaltung betrachtete.

Rebecca hatte zu diesem Zeitpunkt die Diagnosen einer schizoiden Persönlichkeitsstörung und kognitiver Retardierung. Sie war auch langfristig medikamentös eingestellt. Sie verfügte über keinen großen Wortschatz, das war uns schon bekannt, aber als sie uns ihre Gestaltung erklärte, klang das mehr oder weniger so: »Und das war das und dann kam das und dann war das.« Begleitet waren diese für uns völlig kryptischen Erklärungen durch intensives Mienenspiel und sichtbare emotionale Beteiligung von Rebecca. Als sie beim letzten Holzstück angelangt war, sagte sie mit einiger Erleichterung: »Und das ist die Wohngemeinschaft, das ist gut. Ich bin froh, da zu sein.«

Wir luden sie noch ein, eine Weile bei diesem Platz mit dem Wohngemeinschaftsholzstück zu bleiben und sich zu vergegenwärtigen, wie sich das genau anfühle, damit sie das Gefühl mitnehmen könne. Sie stellte sich auch hin, sagte aber sofort, das genüge ihr, und ging aus dem »Raum der Gestaltung« heraus. Wir sprachen nicht mehr mit ihr über Genaueres. Es war deutlich, dass sie einen Reflexionsprozess durchgemacht hatte, der für sie nicht zu verbalisieren war, und dass dieser Prozess für sie ein zufriedenstellendes Ergebnis gebracht hatte.

Konkrete und fantastische Welten

Wieder konnte ich beim Abstieg ein Phänomen beobachten, das sich mit diesen Jugendlichen schon einige Male gezeigt hatte. Ganz konkrete Aufgaben, wie das Bewältigen eines Weges, auch wenn er anstrengend war, wurden sehr gut aufgenommen und einige waren vielleicht ganz glücklich darüber, während dieser Phasen nicht intellektuell oder in ihrer Reflexionsfähigkeit gefordert zu werden.

So wendeten wir die Restenergie des Tages dafür auf, unser Lager wieder zu aktivieren. Interessanterweise okkupierten Werner und Walter, die in der

Nacht zuvor einen sehr abschüssigen und felsigen Platz ihr Eigen genannt hatten, diese Nacht den Platz, den wir Frauen gestern so schön flach und gemütlich gefunden hatten!

Da ich ja mit Werner am Vorabend darüber diskutiert hatte, dass auch nur ein kleines Gefälle und ein paar spitze Steine im Untergrund den wohligen Schlaf trüben können,l und er sich beharrlich weigerte, diesen Rat»schlag« für gut zu befinden (sein Lagerplatz hätte als Übungsgelände für einen Fakir bestens gedient), interpretierte ich diese Aktion als Erfahrungsschritt seinerseits.

Wir konnten uns eine kleine süffisante Bemerkung aber nicht verkneifen, da er ja nicht bereit war zuzugeben, dass wir recht gehabt hatten. Das Einstecken dieser Bemerkung muteten wir ihm zu. Er steckte sie auch ein und erwähnte am letzten Tag des Projektes, dass es auf dem weichen Waldboden doch gemütlicher sei.

Die Runde nach dem Abendessen am Feuer war sehr kommunikativ: Diesmal sollte reihum mit einem vorgegebenen Satz eine Geschichte erzählt werden, indem immer der oder die Nächste einen weiteren Satz hinzufügt.

Hier tobten sich die männlichen Mitglieder der Gruppe im wahrsten Sinne des Wortes horrormäßig aus! Sabine, Rebecca und ich versuchten immer, wenn wir an der Reihe waren, die Zombiegeschichte wieder zu verniedlichen, aber es brauchte über eine Stunde, bis auch die Burschen so weit waren, ein Happy End zuzulassen, das so aussah, dass der Zombie in ein Teletubbie verwandelt wurde und in dieser Rolle glücklich und zufrieden war.

Die Pädagogin in mir musste ein weiteres Mal erkennen, dass das Erzählen solcher Geschichten für Jugendliche ein gutes Mittel sein kann, Ängste und Aggressionen zum Ausdruck zu bringen, in einem Rahmen, der sozial erlaubt ist und Spaß macht.

Trotz unserer Skepsis während des Erzählprozesses wollten und brauchten die Jugendlichen diese Geschichte. Sie brauchten sie wohl auch in dieser Länge, es hatte sich eine echte Dramaturgie entwickelt, die auch wieder abgebaut werden musste, deshalb hatten sie unsere verniedlichenden Beiträge während des Hauptteils nicht aufgenommen, erst im Schlussteil konnten diese mit eingebaut werden.

Es ist sehr bedeutsam, dass Pädagogen die Existenz und den Wert von gewaltvollen Fantasien anerkennen. Obwohl ich die Zombiegeschichte abstoßend fand, hat die Gruppe sie als lustvoll empfunden, ja sogar gewissermaßen eingefordert und damit wahrscheinlich ein Ventil gefunden, Energien einen Raum zu geben, die in unserer schönen »Wald-und-gute-Ziele-Welt« bisher nicht genügend wahrgenommen worden waren.

Was diese Themen anbelangt, bin und bleibe ich Lernende von den Jugend-lichen, auf deren vertrauensvolle Bereitschaft, in ihre Welt eingelassen zu wer-den, ich als Pädagogin angewiesen bin.

Wir drei Frauen legten uns schließlich zur Ruhe, die Männer verbrachten noch eine ganze Weile am Feuer und waren – glaube ich – ganz froh, keine zu anstrengenden Gespräche mehr führen zu müssen.

Reflexion aus der Sicht der Jugendlichen

Am nächsten Tag rückten wir noch einmal die individuellen Ziele in den Blickpunkt, und alle waren der Meinung, diesen ein klein wenig näher ge-kommen zu sein.

Dies wurde auch konkretisiert, zum Beispiel von Manuel, der sein aggres-sives verbales Verhalten beim Einfordern von Zigaretten jetzt auch sehen und aussprechen konnte und sich vornahm, es beim nächsten Mal »besser« zu machen. Vor allem wollte er beim reduzierten Zigarettenkonsum bleiben.

Sogar Walter meinte – zwar wortkarg, aber doch –, stolz darauf zu sein, die Strecke und die technischen Aufgaben bewältigt zu haben.

Daniel erkannte, dass es ihm gut tue, beim Gehen das Schlusslicht zu bil-den, weil das eine Art Verantwortung sei, die er sich zutraue und bei der es ihm gut gehe.

Martin war total stolz auf sich, alles geschafft zu haben, und es freute ihn besonders, mit Daniel ein so ausgefallenes Dach aus Planen hergestellt zu haben.

Werner benannte öffentlich sein Ziel, das er am ersten Tag nicht nennen wollte, und dass es ihm darum ging, daran zu arbeiten, wo er wirklich steht und was er nach außen darstellen möchte. Rebecca tat sich besonders schwer mit dem Verbalisieren, sie äußerte aber Freude darüber, den Brotteig so gut geknetet zu haben und so weit gewandert zu sein.

Der Abstieg fand in sehr guter Allgemeinstimmung statt, alle freuten sich schon auf die erste Dusche und die versprochene Einkehr in einem Gastgar-ten. Ganz besonders erstaunt war ich dann über eine Begegnung, die ich auf diese Art noch nie gehabt hatte, wenn ich mit Gruppen im Wald unterwegs war:

Vor dem Verlassen unseres Gruppenplatzes hatte ich den Jugendlichen noch erklärt, nicht allzu laut hinauszuposaunen, wo wir biwakiert hatten, da ich den Aufenthalt damals nicht gemeldet hatte. Deshalb war ich auch leicht beunru-higt, als uns zwei Wanderer, die noch dazu wie Jäger oder Förster aussahen, beim Verlassen des Platzes beobachteten und weiter unten auf uns warteten.

Die von mir antizipierte Rüge kam aber nicht, ganz im Gegenteil. Einer der Herren stellte sich als Hüttenwirt aus der Gegend vor und schenkte der Gruppe 1000 Schilling (!), er hatte sich schon gedacht, dass es sich hier um ein Projekt handelte, das Jugendliche über den Aufenthalt in der Natur etwas »Gutes« vermitteln sollte.

Wir konnten nicht ermitteln, ob ihm einer der Jugendlichen, die schon etwas voraus waren, etwas erzählt hatte oder ob der Hüttenwirt im Tal den geparkten Bus mit der Aufschrift der Einrichtung gesehen hatte. Aber die großzügige Spende und besonders der ungewöhnliche Umgang mit dieser Situation freuten uns alle sehr.

So nahmen diese Tage einen guten Abschluss und wir beendeten das erste Projekt des Zyklus mit dem Besuch im Gastgarten. Dort einigten sich die Jugendlichen darauf, dass sie das Geld für die Hauskatze investieren wollten. Sie wollten anstehende Impfungen bezahlen und einen großen Kratzbaum für den Gemeinschaftsraum kaufen.

Reflexion aus der Sicht der Projektleitung

- Ich stelle einen Lernrahmen her, in dem die allgemeinen Themen wie Platzfindung und das Erkennen von persönlichen Ressourcen bearbeitet werden können.
- Ich bleibe in den systemischen Haltungen der Ressourcen-, Lösungs- und Prozessorientierung.
- Die Jugendlichen schaffen es, an ihren Zielen bewusst weiterzuarbeiten oder neue Ziele zu formulieren.

Den ersten Punkt sah ich als erfüllt, da die Themen Platz finden und Ressourcen erkennen in Zusammenhang mit Verantwortung in der Gruppe übernehmen gut bearbeitet werden konnten. Das Durchhalten einer ressourcen- und lösungsorientierten Haltung in der Leitung ist mir ganz gut gelungen, während des Widerstandes am See kämpfte ich allerdings mit innerlichem Ärger. Ich sehe aber jetzt im Nachhinein, dass die Aufgabenstellung nicht sensibel genug platziert war. Der letzte Punkt ist der wichtigste und laut Reflexionsrunde mit den Jugendlichen gut gelungen. Die einzelnen Persönlichkeiten wirkten authentisch, als sie ihre Ziele und ihr Verhalten reflektierten.

Auch wenn diese Erfahrung nur punktuell zu sehen ist und sich im Wohngemeinschaftsalltag nicht sofort sichtbar machen wird, glaube ich, dass durch diese vier Tage etwas in den Jugendlichen verankert wurde, auf das sie zurückgreifen können.

Die Ziele der Einrichtung, besonders im Bereich »praktische Fähigkeiten«, wurden an diesem ersten Block nur zum Teil erreicht. Es wurden zwar viele praktische Skills erworben, aber vorerst nicht die dort beschriebenen.

Viel bedeutsamer erscheint mir allerdings, dass die Jugendlichen jeden Tag in ihrem Verhalten und in ihren Reflexionen zeigten, dass sie den Kontext des Projektes verstanden hatten und ihn auch akzeptieren konnten. Besonders gut reagierten sie auf gelungene Aktivitäten und auch auf Lob von Sabine, die ihnen ja vom Alltag her sehr vertraut war.

Dieses bescheidene Projektbeispiel zeigt keine großen Ereignisse, Sensationen oder Entwicklungssprünge. Es soll verdeutlichen, dass erlebnispädagogische Projektarbeit auch simple pädagogische Basisarbeit, allerdings in einem nicht-alltäglichen Setting ist.

Die weiteren Projekte mit dieser Gruppe zeigten über das Jahr stabile Entwicklungen bei den einzelnen Teilnehmern, mit Ausnahme von Werner, der nach einigen Monaten aus der Einrichtung entlassen werden musste. Auch das ist eine Realität, die wir anerkennen müssen: Trotz aller Bemühungen gehört das Scheitern zum Alltag, deswegen verlieren die gemachten Erfahrungen nicht an Wert. Entwicklung findet immer statt, wenn auch nicht immer unter der Wahrnehmung von dokumentierenden Pädagogen.

Erlebnispädagogik und Menschen
mit Behinderung

*Dieses Kapitel behandelt nur einige Aspekte dieses großen und noch sehr un-
terbelichteten Themas, vor allem möchten wir von Prozessbeispielen berichten. Wir schildern Erfolge und Misserfolge gleichermaßen. Zum anderen legen
wir eine Sammlung von Fragen vor, die gestellt werden müssen, wenn man
erlebnispädagogisch mit Menschen mit körperlicher und/oder geistiger Behinderung arbeiten möchte.*

Die erlebnispädagogische Projektarbeit für die Zielgruppe Menschen mit Behinderung (MmB) steckt unseres Erachtens noch völlig in den Kinderschu-
hen. Projekt- oder Fortbildungsanbieter wenden sich entweder ausschließlich
an Menschen mit körperlichen Beeinträchtigungen oder bieten freizeitpäda-
gogische Aufenthalte an, die als erlebnispädagogische Aktionen präsentiert
werden. Auch die Nacht in der Natur als erlebnispädagogische Erfahrungsdimension kommt vielfach nicht vor. Oft stehen die körperliche Erfolgsorien-
tierung und das Thema »Überwinden von Grenzen« im Vordergrund.

Unsere Auffassung von Naturerfahrung und Erlebnispädagogik für MmB
nimmt eine andere Richtung ein. Wir haben selbst einen engen, biografisch
bedingten, Bezug zum Thema Beeinträchtigung und haben über die Jahre
häufig mit Menschen mit Beeinträchtigung gearbeitet. Darüber hinaus verfügen wir über ein Archiv von Projektdokumentationen unserer Ausbildungsteilnehmer, das höchst interessante und aufschlussreiche Berichte über
die Arbeit mit Menschen mit kognitiven Beeinträchtigungen enthält. Wir
wollen also im Folgenden ein paar praktische Einblicke in die Prozessarbeit
während der Begleitung von MmB geben und können uns dabei dankens-
werterweise auch auf Erfahrungen anderer Personen beziehen. Dabei sollen
mögliche pädagogische Lernziele in das Blickfeld gerückt werden, es werden
aber auch Fragen nahegelegt, die im Hinblick auf diese Zielgruppe gestellt
werden müssen.

Fünf Tage »integrativ« im Wald

Andreas H. arbeitet seit zwei Jahrzehnten mit MmB, er hat sich die fachlichen
Grundlagen für die erlebnispädagogische Arbeit über den Diplomlehrgang
systemische Erlebnispädagogik bei *Natur als Partnerin* angeeignet. Er ist Pi-
onier und mutiger Umsetzer von mehrtägigen Projekten für MmB. Er berichtet, dass anfangs nur sehr kurze Aufenthalte im Wald möglich waren (zum
Beispiel nur zwei Stunden), er aber mittlerweile jedes Jahr mindestens fünf

Tage mit sehr heterogenen Gruppen durchgehend, auch nachts, im Waldcamp verbringe. Mit heterogen ist gemeint, dass Menschen mit körperlichen und kognitiven Beeinträchtigungen sowie mehrfach beeinträchtigte Menschen teilnehmen. Als besonders wichtig habe sich erwiesen, dass in der Gestaltung des Camps auf die besonderen Bedürfnisse der Teilnehmer Rücksicht genommen werde. Das beginne bei den Sitzgelegenheiten, speziell auch am »Lokus«, gehe über die Bereithaltung von Tokens (Schokolade etc.) und über die wichtige Rhythmisierung des Alltags. Entscheidend für den Erfolg der Projekte ist die grundlegende Einbettung in das institutionelle Umfeld: Leitung, Kollegenschaft und Team müssen den erlebnispädagogischen Ansatz genauso als fachlichen Ansatz mittragen und unterstützen können wie andere Förderansätze, die Erlebnispädagogik sollte keine Sonderstellung einnehmen. Während der Projekte von Andreas H. gibt es auch Besuchstage für Freunde, Arbeitskollegen und Familienangehörige. Die soziale Umgebung der Teilnehmer bekommt dadurch einen besseren Einblick in das Geschehen. Daraus resultieren konkretere Fragestellungen, wodurch schrittweiser Abbau von Vorbehalten einhergehen kann.

Die Besuchstage setzen die Teilnehmer aber auch unter Stress, deshalb wird sehr viel Wert auf eine gute Nachbereitung gelegt, bei der mit Anerkennung für die Teilnehmer nicht gespart wird.

Systemische Methodenfelder für Menschen mit geistigen Beeinträchtigungen

Erleichtern von Entscheidungsprozessen

Einer unserer Ausbildungsteilnehmer berichtet in seinem Abschlussprojekt, das er mit einer Gruppe von kognitiv beeinträchtigten Menschen (Trisomie 21 und geistige Retardierung durch organische Hirnschädigung) durchgeführt hat, von einer themenbezogenen Arbeit mit Naturmaterialien mit einer Klientin. Das Thema der Klientin war, dass sie von einer Werkstätte in eine andere wechseln wollte, sich aber nicht ganz sicher war. Mit Naturmaterialien wurden zuerst die Menschen und die unmittelbare Arbeitsumgebung der einen, dann die Menschen und die unmittelbare Arbeitsumgebung der anderen Werkstätte dargestellt. Die Klientin fand in ihrer derzeitigen Werkstätte nichts, was für sie attraktiv genug gewesen wäre, dass sie dort noch länger arbeiten wollte. In der anderen Werkstätte war jedoch kein Platz für sie vorgesehen. Es gab lediglich die Möglichkeit, dass sie dort Schnuppertage absolvieren könnte. Der Begleiter sichert der Klientin zu, dass er mithelfen würde, diese Schnuppertage zu organisieren. Das war für die Klientin ein sehr erfreulicher und befriedigender nächster Schritt. Sie war sich ja ohnehin selbst nicht ganz sicher gewesen, was sie wollte. Diese themenbezogene Arbeit mit Naturmaterialien veranschaulichte ihr mehrere Faktoren, die für eine Entscheidung wichtig sind, und zeigte ihr auch sehr plausibel die bestehenden Möglichkeiten auf. Dasselbe war ihr im Gespräch schon versucht worden zu vermitteln, hatte aber nicht den Effekt, den die erwähnte Begleitmethode auslöste.

Der persönliche Platz

Besonders gute Erfahrungen mit der Hilfe von Naturmaterialien haben wir auch mit den Themen »Mein Zuhause« oder »Mein Platz«. Menschen mit geistigen Beeinträchtigungen können mit dem Thema sehr viel anfangen und stellen öfter sogar Einrichtungsgegenstände oder wichtige persönliche Dinge dar. Der Wert der heimatlichen Umgebung wird dadurch bewusster, es entstehen manchmal aber auch Änderungswünsche, die durch diese Arbeit konkreter an die Oberfläche des Bewusstseins geholt werden können.

Persönliche Zukunftsplanung

In Zusammenhang mit der persönlichen Zukunftsplanung bietet die themenbezogene Arbeit mit Naturmaterialien ebenfalls beste Unterstützungsmöglichkeiten.

Die persönliche Zukunftsplanung ist ja ein systemisches Konzept. Die Klienten werden dahingehend begleitet, dass sie mithilfe eines selbst gewählten Unterstützerkreises persönliche Ziele erreichen können. Ein Teil dieser Arbeit ist die Konkretisierung von persönlichen Zielen, ein Prozess, der oft nicht einfach ist, das gilt ja nicht nur für Menschen mit kognitiven Beeinträchtigungen. Hier kann die themenbezogene Arbeit mit Naturmaterialien wertvolle Dienste leisten. Es muss nicht immer eine vollständige Biografiearbeit mit zusätzlichem Blick in die Zukunft sein, auch eine kleinere Arbeit kann die unbewussten Tendenzen ins Bewusstsein bringen. Im originalen Konzept der persönlichen Zukunftsplanung (Stefan Doose) wird natürlich nicht mit Naturmaterialien gearbeitet, aber wir halten diese Methodik für eine wertvolle Ergänzung, zumal der Grundzugang in der Arbeit mit Menschen mit unserer systemischen Haltung übereinstimmt.

In diesem Zusammenhang sei auch auf das Beispiel jener jugendlichen, leicht kognitiv beeinträchtigten Teilnehmerin noch einmal zu erwähnen, das auch bereits im Kapitel sozialpädagogische Arbeit beschrieben ist.

Natursportliche Aktivitäten mit Menschen mit körperlichen Beeinträchtigungen

Trekking

Ein Teilnehmer einer unserer Fortbildungsgruppen mit einer spastischen Diplegie bewältigte mit Unterstützung seiner Ausbildungskollegen in einem fünftägigen Trekking die Überschreitung des Tennengebirges im Salzburger Land. Seine Teilnahme wurde unter anderem zu einem wertvollen Beitrag für andere in der Gruppe:

Ein als schonungslos zu bezeichnender Umgang mit sich selbst, völlig frei von Selbstmitleid und Ausredensuche, ließ andere, nicht beeinträchtigte Teilnehmer verstummen und leiteten sie in eine kritische Reflexion des eigenen Verhaltens in schwierigen Situationen.

Das Bergabgehen war für H. besonders schwierig. Die letzte Etappe bot 1400 Höhenmeter von dieser Herausforderung. H. lebte in beeindruckender Weise einen Prozess vor, an dem die anderen miterleben konnten, wie das Annehmen der Schwierigkeiten abwechselte mit Phasen, in denen H. versuchte, seine Beeinträchtigung zu überwinden, indem er seinem Körper Bewegungen antrainieren wollte.

Kanu

Ähnliches erlebten wir mit H. am Wasser: Die ersten Erfahrungen fanden im Seekajak statt. Die Fortbewegung dieses Bootes ist an sich eine Bewegung, die sehr gleichmäßig auf den ganzen Körpers verteilt ist. Das Zentrum, die Körpermitte, verankert den Paddler in Richtung Tiefe am Wasser und sichert die Grundstabilität des Bootes, die Schultern und Arme stellen – über das Doppelpaddel verlängert – die Verbindung zur Wasseroberfläche her. Auch aktiv beteiligt sind die Beine, die im Bootsinneren die Verbindung zum Gefährt bilden und über Spannungszustände die Stabilität und Steuerung mit beeinflussen.

Verhalten sich die beiden Körperhälften sehr unterschiedlich, werden die Steuerung des Kajaks und die Erhaltung der Stabilität zur Herausforderung.

Die Schwierigkeiten, die H. zu bewältigen hatte, beobachten wir in ähnlicher Form auch, wenn wenn Personen ein Doppelseekajak steuern: Führen die beiden Paddler die Bewegungen nicht gleichseitig und gleichzeitig aus, fährt das Seekajak einen Zickzackkurs, weil ständig neu angeglichen und ausgeglichen werden muss. Natürlich spielen auch Wind und Wellenverhältnisse eine große Rolle. Das Ausgleichen mittels des Körpers ist eine permanente Notwendigkeit.

H.s linke Körperhälfte lässt sich willentlich nur eingeschränkt zu Bewegungen und Spannungszuständen veranlassen, weshalb die rechte Körperhälfte sehr viel Kraft braucht, um diesen Ausgleich herzustellen, und er sich sehr stark konzentrieren muss. Wieder war es weniger die körperliche Leistung, die uns so beeindruckte – dies wäre lediglich eine sportliche Besonderheit gewesen –, sondern H.s Umgang mit sich selbst. Er ging von der Grundannahme aus, dass seine Diplegie kein Hinderungsgrund sein dürfe, Seekajak zu fahren, und dass sein Körper zu neuen Bewegungsmustern hingeführt können werden *müsste*(!). Andererseits kämpfte er aber auch mit den Beschränkungen und lebte uns vor, wie es uns allen geht, wenn schwierige Verhältnisse in einem Lernprozess uns zwischen Verzagen, Annehmen, Überwinden, Resignieren, Wiederanpacken und zahlreichen anderen emotionalen Zuständen und Verhaltensweisen hin- und herpendeln lassen. Dies ließ so manche Empfindlichkeit bei anderen – die eigene Situation betreffend – in einem neuen Licht erscheinen und bot wertvollen Stoff in den Auswertungsrunden.

H. steigerte seine kanutechnischen Fertigkeiten innerhalb weniger Jahre so weit, dass er schließlich ein Zertifikat als Kanu-Guide erreichte und mittlerweile im Solokanadier am Wildwasser unterwegs ist.

Menschen mit Querschnittlähmung

Auch für Menschen mit niedriger Querschnittlähmung ist das Wasser eine Erfahrungswelt, die nicht verschlossen zu bleiben braucht: Sie können an Floßfahrten teilnehmen, mit oder ohne Rollstuhl in der Floßmitte sitzend. Sie können Partner im Zweierkanadier sein und – wie wir bei dem jugendlichen M. gesehen haben – auch im Seekajak unterwegs sein. M. ist allerdings ein hervorragender Schwimmer. Auch am Fels haben wir mit Menschen mit Querschnittlähmung gearbeitet und machten dabei folgende Beobachtungen: Teilnehmern, die ohnehin viel mit dem Oberkörper machen und trainieren, bietet das Klettern dieselben positiven Herausforderungen wie Menschen, die auch ihre Beine einsetzen können. Für Menschen mit Querschnittlähmung, die auch am Oberkörper nicht sehr trainiert sind, bietet dieses Feld auch viele frustrierende Erfahrungen. Wir haben in den Neunzigerjahren oft querschnittsgelähmte Menschen (mit oder ohne Rollstuhl) abgeseilt. Diese Erfahrung ist unseres Erachtens jedoch für Menschen ohne körperliche Beeinträchtigung wesentlich spannender! Denn das Gefühl, getragen zu werden oder sich auf die Unterstützung anderer Personen und auf das Material verlassen zu können, ist für Menschen mit Querschnittlähmung weitaus mehr Bestandteil ihrer Alltagserfahrungen und bietet nicht die Erlebnisse mit Kontrast im gewünschten Ausmaß.

Das Bereichernde an der Arbeit mit MmB sind für uns weniger die vielfältigen körperlichen Ressourcen und Erfolgserlebnisse, die bei solchen Aktionen sichtbar werden, sondern die Möglichkeit für alle, in Feinheiten der Kommunikation vorzudringen, die sonst oftmals verschlossen bleiben.

Das pädagogische Kernthema und die größte Lernchance in der Arbeit mit Gruppen, an denen MmB teilnehmen ist: MmB haben oft besser gelernt, ihre Befindlichkeit und ihre aktuellen Bedürfnisse sehr genau und treffsicher auszudrücken. Sie sind hochsensibilisiert und erfahren, wenn es darum geht, sich von überflüssigen Hilfestellungen abzugrenzen und Mitgefühlsäußerungen oder Ausdrücke von Bewunderung kompetent und nicht verletzend zurückzuweisen, wenn sie sie nicht brauchen. Sie beziehen sich in den Reflexionen oft auf sehr konkrete Verhaltensweisen der Projektkollegen, was wiederum anderen helfen kann, selbst konkretere Rückmeldungen zu geben. Und sie sind häufig wesentlich sensibler in der Wahrnehmung von Stimmungen.

H. gab beispielsweise beim fünftägigen Trekking den beiden Begleiterinnen, die ihn besonders unterstützten, ganz konkret die Anweisung, dass sie nur auf Aufforderung Hilfe leisten sollten. Sie sollten nicht mit ihm mitdenken, ihn nicht dauernd beobachten müssen. Sie müssten auch nicht permanent direkt um ihn herum sein. Es sei ihm zumutbar, auch einmal auf Hilfe warten zu müssen. Und vor allem sei es ihre eigene Verantwortung, sich zu melden, wenn sie den Begleitjob nicht mehr machen möchten.

Die beiden Begleiterinnen schilderten diese Tage als permanente Reflexion des eigenen Helferverhaltens und des Erlernens der Übernahme von Selbstsorge.

Auf diese Weise können Menschen über die Teilnahme von MmB in sehr diffizile persönliche Prozesse gelangen, sofern sie dafür offen sind.

MmB werden dabei nicht zu Geburtshelfern für persönliche Lernprozesse anderer instrumentalisiert, sondern diese gegenseitige Lerndynamik ist ein Basiselement der pädagogischen Arbeit mit Gruppen. Bemerkenswert werden die Inhalte allerdings durch die oben beschriebenen besonderen Fähigkeiten vieler Menschen mit körperlicher Beeinträchtigung.

Grundlegende Fragen zur Erlebnispädagogik für MmB

Oft hören wir die Frage, ob aufgrund der eingeschränkten Möglichkeiten – angefangen bei der geringeren Mobilität bis hin zu speziell notwendigen Voraussetzungen oder zu berücksichtigende Gefahrenquellen – erlebnispädagogisches Arbeiten mit Menschen mit Behinderung (MmB) überhaupt möglich sei. Die Auseinandersetzung mit dieser Frage ist natürlich notwendig, will man einen Entwicklungsraum mit pädagogischem Anspruch in der Natur für MmB aufbereiten. Wir möchten hier ein Beispiel anführen, das einen für einige Teilnehmerinnen misslungenen Prozessverlauf schildert:

Das Begleiten von Fortschritten und Rückschritten

Es handelte sich um erwachsene Teilnehmerinnen mit körperlichen Beeinträchtigungen beziehungsweise chronischen Erkrankungen. Die Arbeit in der Natur war als Nachmittagsworkshop in einem Mischwald angelegt, der Gruppenplatz war allerdings nur durch eine relativ abschüssige Böschung zu erreichen.

Mit viel kooperativem Einsatz gelang es, alle Teilnehmerinnen nach unten zu bringen, auch eine Rollstuhlfahrerin war dabei und zwei gehbeeinträchtigte Frauen.

Die Übungen waren auf das Ziel ausgerichtet, die persönlichen Ressourcen in das Blickfeld zu rücken. Eine Teilnehmerin schilderte später, sie habe trotz körperlicher Grenzen noch nie so eine tiefe und erfreuliche Erfahrung der persönlichen Freiheit erlebt.

Der Waldboden war allerdings nicht trocken und obwohl das Wetter gut war, gab es einigen Aufwand, den Aufenthalt auch angenehm zu gestalten, was auch nicht durchgehend gelungen ist. Besonders wichtig sind passende Sitzgelegenheiten und gute Matten und Decken, um für Wärme beim Sitzen zu sorgen.

Später meldeten die drei Teilnehmerinnen, die auch den Projektauftrag gegeben hatten, zurück, dass die Erfahrung dieses Nachmittags kontraproduktiv gewesen sei: Es könne nicht um das innere Erleben von Freiheit gehen, wenn die äußerliche Freiheit einfach nicht gegeben sei. Dies entspräche nicht ihrer Realität als Frauen mit Behinderung. Ihre Realität seien Barrieren und das Anstreben von Barrierefreiheit sei wichtiges Ziel. Die Erfahrung der Überwindung des Abhangs sei für manche von ihnen eine Übersteigerung von Erfahrungen gewesen, die sie ohnehin im Alltag dauernd machten.

Sie hätten die Teilnehmerin, die diese Erfahrung der persönlichen Freiheit gemacht hatte, in wochenlanger Arbeit daran zurückerinnern müssen, dass sie eine Frau mit Behinderung sei, weil das aus ihrer Sicht eine sehr tief greifende und wichtige Grundeinstellung bilde.

Wir haben aus diesem Projekt Folgendes gelernt: Einerseits kann unsere starke Konzentration auf Ressourcen – und nicht auf die Einschränkung – einen Rückschlageffekt erzeugen. Andererseits ist es für viele MmB ein wichtiger Prozess, die eigene Behinderung immer wieder neu als Realität zu akzeptieren. Dies ist besonders bei Menschen mit fortschreitenden Erkrankungen ein wichtiger Punkt. Wir waren nicht genügend sensibilisiert für dieses Thema.

Der starke Nachdruck des lösungs- und ressourcenorientierten Ansatzes in Richtung Weiterentwicklung kann unter Umständen verdecken, dass auch der Umgang mit Rückentwicklung und zunehmendem Verlust von Möglichkeiten und Ressourcen ein Lebensprozess ist, der nicht verleugnet werden will und eine entsprechende Haltung der Begleiter braucht!

Dieses Thema betrifft ganz besonders auch ältere Menschen mit Behinderung. Menschen mit Trisomie 21 gehen zum Beispiel aus genetischen Gründen mit hoher Wahrscheinlichkeit sehr früh in ihrer Biografie in eine Demenz. Die daraus resultierenden Apraxien (Verlust von bereits bestehenden Fertigkeiten) und Orientierungs- und Gedächtnisprobleme sind irreversibel. Das Ver-Lernen ist hier Teil der Entwicklung und muss von den begleitenden Personen erkannt und angenommen werden. Dies ist nicht nur in der Alltagsbegleitung, sondern auch in der erlebnispädagogischen Arbeit zu berücksichtigen und wird uns aufgrund der verzögerten Alterswelle in Mitteleuropa von MmB durch die Massentötungen während der Zeit des Nationalsozialismus in den nächsten Jahren noch viel stärker beschäftigen.

Menschen mit Autismus-Spektrum-Störungen und kognitiven Beeinträchtigungen – ein Projektbericht

Zu diesem Thema geben wir auf den folgenden Seiten einen gekürzten Projektbericht wieder. Der Bericht stammt von der systemischen Erlebnispädagogin Janina Thausing[136], die anschaulich und anhand konkreter Situationen ihre Projektarbeit mit Menschen mit Autismus-Spektrum-Störungen und kognitiven Beeinträchtigungen wiedergibt. Der Bericht soll anregen, die Bedenken bezüglich der Probleme beim Umgebungswechsel für autistische Menschen zu überdenken.

Ich arbeite seit September 2003 als Diplomierte Behindertenpädagogin in einem Wohnheim für Menschen mit Behinderung. Zwei der Gruppen sind hauptsächlich für autistische Menschen und ihre Bedürfnisse ausgerichtet. Ich arbeite in einer Wohngruppe, wo zwei autistische Frauen, sechs autistische Männer und ein geistig behinderter Mann leben. In dieser Gruppe biete ich neben dem normalen Alltag seit dem Sommer 2005 erlebnispädagogische Projekte an.

Ich möchte nun kurz die Konstellation unserer Projektgruppe beschreiben. Wir hatten drei autistische Bewohner der WG mit. D. kann nicht sprechen, A. und B. zeigen eher ein stereotypes Sprachverhalten und eingeschränkte kommunikative Fähigkeiten. Es waren auch noch zwei geistig beeinträchtigte Bewohner einer anderen Wohngruppe mit. P. und S. können ihre Bedürfnisse gut ausdrücken und auch kurze Rückmeldungen geben. Zu erwähnen ist noch, dass die Ausdauer bei allen Bewohnern (vor allem bei den Menschen mit Autismus) sehr gering ist und sie in bestimmten Situationen rasch überfordert sind. Aus diesem Grund muss ihnen zwischendurch immer genügend Zeit gegeben werden, für sich alleine zu sein.

Zusätzlich hatten wir zwei Praktikantinnen, beide mit dem Namen C., aus Deutschland mit. Ich zählte sie beide mit zur Gruppe, da sie die Konstruktionsaufgaben wie andere Aufgaben mit den Bewohnern gemeinsam machten. Somit hatten wir eine gut gemischte Gruppe mit einigen Ressourcen.

Wir versuchten, die Tage prozessorientiert zu gestalten und einige Methoden der systemischen Erlebnispädagogik anzuwenden. Das praktische Arbeiten ist eine große Leistung für unsere Bewohner und nimmt sehr viel Zeit in Anspruch.

---

[136] Mit freundlicher Genehmigung der Autorin dürfen wir Auszüge aus ihrem Projektbericht wiedergeben: Janina Thausing: Erlebnispädagogik und autistische Menschen. Diplomarbeit zur Erlangung der Bezeichnung »Diplomierte systemische Erlebnispädagogin«, 2007. Archiv *Natur als Partnerin*.

Projekt »Erleben ist Entwicklung«

Konkrete Vorhaben

Wir möchten mit autistischen und geistig beeinträchtigten Menschen fünf Tage draußen in der Natur verbringen, wo wir uns aus verschieden großen Planen ein Gruppenlager und unsere Schlaflager errichten. Das Essen wird an einer offenen Feuerstelle gekocht und die gesamte Zeit wird nur unter freiem Himmel verbracht.

Ziele

- Ressourcenorientiertes Arbeiten konsequent leben
- Stärkung der Selbstständigkeit und des Selbstbewusstseins
- Förderung der sozialen Kompetenz
- Über die eigenen Grenzen gehen
- Anregung zur Abänderung von Verhaltens- und Kommunikationsmustern

Samstag

Bevor wir alle gemeinsam mit dem Bus wegfahren, mache ich ein kurze Runde zum Thema »Wie bin ich da?«. Ich beschreibe, wie ich da bin, damit die Bewohner wissen, was ich von ihnen möchte. Die zwei Bewohner der WG3 sagen ganz kurz, dass sie sich freuen und aufgeregt seien. Für D. ist das gemeinsame Stehen im Kreis schon zu viel und er fängt an zu jammern. Ich möchte aber, dass er bei uns stehen bleibt, bis alle fertig sind.

Bevor wir losfahren, erklären wir S., die extrem auf Marken fixiert ist und gerne klaut, dass wir uns wünschen, dass sie versucht, sich zusammenzunehmen, damit wir alle eine schöne Woche haben können.

Nach der Begutachtung der Hütte mache ich eine leichte Aufstellungsarbeit mit der Frage: »Wer möchte draußen schlafen und wer möchte in der Hütte schlafen?« Die Gruppe soll sich gegenüber in Reihen aufstellen, auf der linken Seite jene, die drinnen, und rechts die, die draußen schlafen möchten. Mit unseren Bewohnern ist diese Aufstellung gar nicht so einfach durchzuführen, da sich einige hinhocken oder durcheinander stehen, aber wir finden heraus, wer wo schlafen möchte. Es kristallisiert sich heraus, dass alle Bewohner drinnen schlafen möchten und die zwei Praktikantinnen draußen.

Ich gebe den Praktikantinnen Planen und Reepschnüre und den Auftrag, selbst ihr Lager aufzubauen. Ich schicke P. und B. mit, da sie beide schon beim Planenaufspannen dabei waren.

Meine Kollegin geht mit D. Holz sammeln, das S. und ich dann klein sägen.

Nachdem das Schlaflager fertig ist, schauen wir es uns alle gemeinsam an. Die Co-Leiterin und ich geben Verbesserungsvorschläge und zeigen verschiedene Knoten und Spanntechniken. Wir fragen noch einmal, wer draußen schlafen möchte. Tatsächlich wollen jetzt auch B. und S. draußen schlafen. Daraus wird deutlich, dass unsere Bewohner ein konkretes Bild vor sich brauchen, da sie sonst Schwierigkeiten haben, sich vorzustellen, unter einer Plane zu schlafen, auch wenn sie es schon gemacht haben. Daher bin ich sehr froh, dass die zwei Praktikantinnen ein Schlaflager gebaut haben.

Den restlichen Tag verbringen wir damit, Holz zu sammeln, Sitzgelegenheiten zu gestalten, Essen zu kochen und die Schlaflager herzurichten. Dabei ist mir wichtig, dass die Bewohner so viel wie möglich selbst machen. Da unsere Bewohner teilweise sehr langsam sind und immer wieder motiviert werden müssen, braucht man für solche Aufgaben recht viel Zeit. Es ist mir wichtig, der Gruppe diese Zeit zu geben, da die einzelnen Teilnehmer dadurch einen Lernerfolg erzielen.

Am Abend möchte ich die Gruppe am Lagerfeuer zentrieren, um den Tag abzuschließen. Ich benutze die einfache Frage »Was hat euch heute am meisten Spaß gemacht?«. Ich bekomme von den Bewohnern die Antwort, dass ihnen das Kochen und das Lagerfeuer am meisten Spaß gemacht hätte. Daraus leite ich ab, dass sie schwer reflektieren können und meistens das sagen, was sie zuletzt gemacht haben.

Sonntag

Nach dem Frühstück gebe ich der Gruppe die Aufgabe, einen Brotbackofen zu bauen, und frage sie, was man dazu alles benötigt. S. und P. können sich daran erinnern, dass man Steine und Matsch benötigt. Meine Kollegin S. ergänzt noch, dass große Platten für den Boden, ein Deckel und eine Türe benötigt werden. Die ganze Gruppe geht Steine sammeln, alle Bewohner helfen fleißig mit. Die Praktikantinnen sind etwas erstaunt, als sie erfahren, dass sie ohne unsere Hilfe mit den Bewohnern den Ofen bauen sollen. S. und ich ziehen uns so lange etwas zurück. S. fällt es sehr schwer zu sehen, dass der Ofen anders gebaut wird, und möchte mehrmals eingreifen. Ich versuche, ihr klar zu machen, dass es o.k. ist, dass jeder Ofen anders sein kann und wir nicht eingreifen sollen. Sie akzeptiert es, aber zögernd.

P. hilft beim Ofenbauen und S. schaufelt Erde in den Topf und rührt sie mit Wasser zu Matsch an. Als der Ofen fast fertig ist, hole ich D. dazu, da ich weiß, dass er gerne matscht. Er hilft dann den Ofen zu verkleiden, was ihm großen Spaß macht.

Während eingeheizt wird, macht P. mit einer Praktikantin zusammen den

Brotteig. Dies hat er schon öfter gemacht und er kann sich gut daran erinnern.

Jeder bekommt etwas Teig und kann ein Fladenbrot auf dem Deckel
vom Ofen machen. D. nimmt seinen Teig und schmiert ihn – wie zuvor den
Matsch – auf den Ofen. Dann wird das Brot in den Ofen getan und gebacken.

D. springt plötzlich auf und schlägt sich mit dem Spaten ins Gesicht, was
für mich ein Zeichen ist, dass er überfordert ist. Ich nehme ihn an der Hand
und bringe ihn ins Bett. Dort schläft er dann ca. zwei Stunden.

Am Nachmittag wollen S. und P. unbedingt duschen, was uns alle sehr
beeindruckt, da das Wasser aus dem Brunnen eiskalt ist. Es ist für beide eine
neue Erfahrung, im Wald mit eiskaltem Wasser zu duschen, und sie gehen
damit aus ihrer gewohnten Komfortzone heraus. Super!

Bei der Abschlussrunde am Abend wird klar, dass dieses Erlebnis für beide
sehr prägend ist. Die Praktikantinnen sind auch beide sehr begeistert von dem
Tag und darüber, welche Fähigkeiten bei unseren Bewohnern zum Vorschein
kommen.

Montag

Nach dem Frühstück fahre ich mit einer Praktikantin nach F. Wir holen A.
ab, die am Wochenende zu Hause war. Sie freut sich, als wir bei der Hütte
ankommen. Ich möchte ihr die Schlafgelegenheiten in der Hütte zeigen und
sie sagt sofort: »Im Schlafsack schlafen, im Schlafsack schlafen.« Sie war die
letzten zwei Jahre immer bei den erlebnispädagogischen Projekten mit und
schläft anscheinend sehr gerne draußen. A. hält körperliche Nähe nicht so
gut aus, weshalb ich sie ihren eigenen Platz suchen lasse. Dort spanne ich
dann mit ihr die Plane auf. Ihr eigener Einsatz besteht darin, dass sie mir die
Reepschnüre reicht und die Plane mit mir ausbreitet. Diese Arbeit überfordert
sie schon fast, sie überdreht die Augen und beginnt mit dem Oberkörper zu
schaukeln. Ich gebe ihr aber trotzdem noch die Aufgabe, ihre Schlafsachen
selbst richtig auszubreiten. Dies war bis letztes Jahr keine Selbstverständlich-
keit. A. braucht nach dieser Arbeit ca. 15 Minuten Pause.

Anschließend machen wir eine Elementearbeit, die ich mit der Frage ein-
leite: »Wisst ihr, was Elemente sind?« S. meldet sich sofort zu Wort und zählt
die Elemente Feuer, Erde und Wasser auf. P. überlegt etwas und sagt dann:
»Wind, Luft.« Die Aufgabe lautet nun, dass jedem Bewohner ein Element
zugeteilt wird und dieser sich dazu eine Gestaltung mit Naturmaterialien
überlegen soll. Jeder Bewohner hat einen Betreuer zur Hilfe dabei. Ich stelle einen Zeitrahmen von 20 Minuten zur Verfügung. Ich gehe mit D. mit,

dem ich das Element Erde zugeteilt habe, da er gerne mit solchen Materialien arbeitet. Ihm geht es heute nicht so gut, weshalb ich ihn begleite. Wir nehmen einen Topf mit, und ich zeige ihm, dass er dort Erde hineingeben soll. Anfangs schreit und jammert er noch, doch dann scheint es ihm zu gefallen. Wir gehen weiter und ich stecke einen Grashalm in die gesammelte Erde. D. schaut mir zu und macht es mir dann nach. Er sammelt noch einige Teile und steckt sie dazu, dann dreht er sich um und geht zurück zur Hütte.

Die anderen sind schon alle da und haben ihre gesammelten Sachen auf dem Tisch verteilt. Ich möchte nun, dass jeder sein Element vorstellt. S. ist ganz aufgeregt und möchte als Erste ihr Element Feuer vorstellen. Sie zündet mit Unterstützung einer Praktikantin eine Kerze an und schlägt zwei Steine gegeneinander. C., die Praktikantin, erklärt dazu, dass die Menschen früher mit Feuersteinen das Feuer entfacht haben. Dann nimmt S. verschiedene Gegenstände, die brennen können, und hält sie über die Flamme. Sie ist die Einzige von unseren Bewohnern, die sich wirklich selbst etwas zu ihrem Element überlegen konnte. Bei den anderen Bewohnern haben wir Inputs gegeben und daraufhin haben sie ihre Elemente gestaltet. Bei den restlichen Präsentationen müssen die Betreuer erklären, was die Idee war und wie sie umgesetzt wurde. D. fängt an zu lachen, als ich unser Element vorstelle, greift in den Topf und nimmt etwas Erde heraus. Meine Kollegin und ich sind ganz gerührt von dem, was entstanden ist. Ich hätte nicht gedacht, dass es so gut funktionieren würde mit unseren Bewohnern.

Am Nachmittag haben die Praktikantinnen eine Aufgabe für die Bewohner: Sie bauen mit ihnen Fackeln. S. und P. sind begeistert bei der Arbeit, mit den anderen drei ist es etwas schwieriger. Somit bekommen sie die Aufgabe, die Leintücher in schmale Streifen zu reißen. S. und ich haben Zeit, unsere eigenen Fackeln zu bauen und uns aus dem Geschehen herauszuhalten. Nach dem Fackelbau wird der Ofen noch einmal eingeheizt und Pizza gebacken. Am Abend ist es dann endlich so weit und wir beginnen die Fackelwanderung. Anschließend machen die Praktikantinnen noch eine kleine Feuershow mit den Bewohnern. Sie haben ein Pulver mit, das in die Fackeln geworfen werden kann und eine kleine Stichflamme auslöst. S., P. und B. trauen sich, dies zu machen. C. spukt dann sogar Feuer, was meine Co-Leiterin auch ausprobiert. S. versucht es auch und schafft es dann beim dritten Mal. Sie ist ganz begeistert, da sie so etwas noch nie gemacht hat und es für sie ein tolles Erfolgserlebnis ist. Heute sind die Rückmeldungen besonders toll. B. sagt: »Die Fackeln sind aber geil.« S. ist völlig aufgeregt und sagt: »Das Feuerspucken habe ich am meisten geliebt.«

Dienstag

Heute ist Regen angesagt, weshalb wir in der Hütte einheizen und drinnen frühstücken. S. und ich nutzen nach dem Frühstück eine Regenpause aus und bereiten ein Mandala vor. S. überlegt nicht lange, sie sammelt einige Äste und legt sie zu einem kleinen Mandala zusammen. Ich bin ihr sehr dankbar, da ich dafür aufgrund meines Perfektionismus wahrscheinlich eine Ewigkeit gebraucht hätte.

Wir holen die Gruppe herunter zum Mandala und erklären, dass jeder von ihnen ein Feld mit Naturmaterialien gestalten soll. Außer D. lassen wir alle Bewohner eigenständig arbeiten. Ich gehe mit D. in den Wald und zeige ihm einen Zapfen, den er aufhebt. Daraufhin sammelt er nur noch Zapfen und drückt sie mir in die Hand. Irgendwann geht er zurück zum Mandala und legt die Zapfen alle in sein Feld. Außer B., der keine richtige Lust hat, Naturmaterialien in sein Feld zu legen, scheint den anderen Bewohnern die Arbeit gut zu gefallen. P. legt so viele Materialien hinein, dass sein Feld fast übergeht. Ich warte, bis alle fertig sind, und fordere alle auf, sich zu ihrem selbst gestalteten Feld zu stellen. Wir schauen uns gemeinsam unser Kunstwerk an und jeder, der möchte, kann etwas zu seinem Feld sagen. P. sagt zu seiner Arbeit: »Wie ein Grab.« Ich gehe darauf nicht weiter ein, da ich weiß, dass ihn dieses Thema dauerhaft – fast stereotyp – begleitet, seit seine Oma gestorben ist.

Wir beenden die Arbeit und es beginnt wieder zu regnen. Wir gehen in die Hütte, wo P. und eine Praktikantin erneut Teig für Brot herrichten, da die WGs sich welches von uns gewünscht haben. In einer Regenpause wird der Ofen wieder eingeheizt und aus dem Teig werden kleine Semmeln geformt. Während der Jause bleiben die Semmeln im Ofen. Sie sind sogar durch, obwohl es zwischendurch immer wieder geregnet hat.

Da wir fast den ganzen Nachmittag drinnen sind, gebe ich den Bewohnern Buntstifte und Papier. Als sie daran das Interesse verlieren, entsteht ein Spiel, das wir »Tiere erraten« nennen. Einer muss ein Tier nachahmen und die anderen müssen es erraten. Derjenige, der es erraten hat, ist als Nächster dran. Es entsteht eine tolle Dynamik und es macht richtig Spaß.

Gegen Abend wird spürbar, dass es morgen wirklich Zeit wird, nach Hause zu fahren, da A. schon ziemlich nervös wird. Es kann aber auch sein, dass es den beiden zu eng ist in der Hütte und sie deshalb so reagieren. Wegen des Regens schlafen wir heute alle in der Hütte. Nachdem alle Bewohner im Bett sind, mache ich mit den zwei Praktikantinnen eine Reflexionsrunde über die vergangenen Tage. Sie sind beide der Meinung, dass wir mit unseren Bewohnern eine große Leistung vollbringen. Sie haben noch nie gesehen, dass sich jemand mit so schwierigen Klienten solchen Herausforderungen stellt. Sie finden es toll, dass wir so viel von unseren Bewohnern verlangen und ihnen vieles zutrauen.

Mittwoch

Abreisetag: Nachdem wir alles zusammengepackt haben, bereiten S. und ich zum Abschluss eine rituelle Gestaltung vor. Ich erkläre ihnen, dass sie zum Abschied eine Kerze anzünden, einen Stein als Erinnerung mitnehmen und einen Dank für die letzten Tage aussprechen können. Im Gegensatz zum letzten Jahr halten die Bewohner es gut aus, während der rituellen Gestaltung leise zu sein und den anderen zuzuhören. D. ist der Einzige, der wieder Probleme hat, in der Gruppe stehen zu bleiben. Einige Bewohner bedanken sich für die letzten Tage und wünschen sich, dass wir nächstes Jahr wieder etwas gemeinsam machen.

Alle stecken den Stein ein, außer A., die nicht weiß, was sie damit anfangen soll. Sie nimmt ihn, schaut ihn an und schmeißt ihn auf den Boden.

Zum Abschluss mache ich noch eine kurze Runde. Ich lobe S. dafür, dass sie die ganzen letzten Tage ohne Stehlen ausgehalten hat, und die anderen für ihre fleißige Unterstützung und Anteilnahme.

Schlussfolgerungen aus der praktischen Arbeit mit autistischen Menschen in der Natur

Die Wirkung der Natur auf den autistischen Menschen

Die Natur hat eine sehr starke Wirkung auf Menschen mit Autismus-Spektrum-Störungen. Sie sind nicht eingeschränkt von irgendwelchen Räumen, sondern können sich frei bewegen. Da autistische Menschen Wahrnehmungsstörungen in allen Sinnesbereichen haben können, werden sie durch die Ruhe und die Einfachheit der Natur weniger einer Reizüberflutung ausgesetzt und können sich somit besser auf etwas konzentrieren.[137] Dies bewirkt unter anderem auch, dass sich gewisse Zwänge, Stereotypien und eingespielte Verhaltensweisen verringern oder zum Teil ganz wegfallen. Somit ist dann das Arbeiten häufig einfacher als in der gewohnten Umgebung. Dadurch, dass ihnen in der Natur nicht so viele Möglichkeiten, wie zum Beispiel Musik, Radio oder Zeitungen, zur Verfügung stehen, fangen sie häufig an, sich mit

---

[137] Dies ist eine Projektbeobachtung und mag verwunderlich klingen, da die Natur ja auch sehr vielfältig ist. U. E. müsste dieser Aspekt noch ausführlicher beobachtet werden. Er könnte wertvolle Hinweise für Entspannungsmöglichkeiten liefern (Anm. d. Autorin C.L.).

sich selbst zu beschäftigen und sich für ihre anderen Mitmenschen zu interessieren.

Die Veränderung des Verhaltens von autistischen Menschen bei erlebnispädagogischen Projekten

Wir konnten bisher bei allen Klienten, die bei erlebnispädagogischen Projekten dabei waren, Veränderungen in ihren gewohnten Verhaltensweisen beobachten.

Zum Beispiel konnten wir zwei Klienten, die in sehr schlechten Phasen mit starken Fremd- und Autoaggressionen waren, aus diesen herausholen. Wir konnten beobachten, dass es beiden fast augenblicklich besser geht, sobald sie draußen in der Natur sind und sie nicht mehr so vielen Reizen ausgeliefert sind. Sie dürfen natürlich die ersten ein bis zwei Tage nicht überfordert werden, da sonst die Gefahr besteht, dass sie wieder in das vorherige Verhalten zurückfallen. Trotzdem können wir draußen meistens mehr von ihnen verlangen als im Wohnbereich, ohne dass sie überfordert sind. Beide wirken draußen in der Natur viel entspannter und aufmerksamer. Die Gruppengröße, die wesentlich kleiner als in der Wohngruppe ist, trägt sicher auch dazu bei, dass sie sich besser entspannen können.

Stereotype Verhaltensweisen der Autisten können meist auch verringert werden, wenn ihnen etwas ganz Neues geboten wird. Wir haben zwei Autisten, die viel mehr und deutlicher reden und zusammenhängende Sätze verwenden, solange sie in der Natur sind. Kommen sie dann wieder nach Hause, ist ihr Sprachgebrauch oft schnell beim alten Stil. Die sozialen Kompetenzen prägen sich unter diesen Bedingungen auch mehr aus, da sie merken, dass sie doch irgendwie abhängig voneinander sind. So kann es dann vorkommen, wenn auch nicht so oft, dass sie sich gegenseitig helfen, aufeinander warten und sich nebeneinander ans Feuer setzen. Es muss immer genau abgewogen werden, was die Bewohner brauchen und was sie wieder zu gewohnten Verhaltensweisen verleiten könnte.

Bei jedem Projekt konnten wir beobachten, dass gewisse Verhaltensweisen zum Ende hin wieder vermehrt auftreten können. Ob es daran liegt, dass die Bewohner noch länger bleiben wollen, dass sie zu wenig oder zu viel Anforderung haben oder dass es ihnen schon zu lange ist, konnten wir noch nicht genau feststellen. Um herauszufinden, wie viele Tage genau richtig sind, müsste ich wahrscheinlich noch einige Projekte mit ihnen machen. Herausgefunden habe ich jedenfalls, dass die Gruppe nicht zu groß sein darf, da sonst einige Bewohner überfordert sind, sich zurückziehen oder auch autoaggressives Verhalten zeigen können. Meine Erfahrung ist, dass die Gruppe nicht mehr als fünf Teilnehmer haben und von zwei Betreuern geführt werden sollte.

Das Lernverhalten von autistischen Menschen in der Natur

Autistische Menschen sind häufig sehr fixiert auf den gleich bleibenden Alltag und die zum Teil mit Mühe erlernten, gleich bleibenden Arbeiten. Abläufe von Arbeiten, die ihnen schon sehr bekannt sind, können in ungewohnter Umgebung teilweise nicht mehr abgerufen und durchgeführt werden. Somit kann es möglich sein, dass sie in einer anderen Umgebung wieder ganz von vorne anfangen müssen. Ebenfalls kann es passieren, dass Arbeitsabläufe, die immer mit dem gleichen Material (zum Beispiel Pferdemist schaufeln) durchgeführt werden, nicht mehr gemacht werden können, sobald ein anderes Material genommen wird. Im Alltag benötigen sie teilweise Tage, Wochen oder Monate, bis sie einen Arbeitsablauf ganz gespeichert haben.

Erstaunlicherweise können sie sich bei erlebnispädagogischen Projekten innerhalb einiger Stunden auf einen neuen Arbeitsablauf einlassen. Natürlich brauchen sie am Anfang jeder neuen Arbeit meist körperliche Hilfestellung, um den Arbeitsablauf zu verstehen. Nach drei bis vier Durchläufen (teilweise aber auch mehr) haben sie meistens verstanden, was sie machen müssen. Dabei ist aber zu bedenken, dass einige Bewohner trotzdem bei jeder Arbeit Hilfe, Motivation und wiederholte Aufforderungen brauchen. Im ersten Jahr haben wir den Bewohnern natürlich nur einfache Arbeitsaufträge, wie Holz- und Steinesammeln oder Kochen aufgetragen. Den Lageraufbau haben wir Mitarbeiter gemacht und den Brotbackofen haben wir mit etwas Hilfe der Bewohner gebaut. Damit waren sie aber auch schon genügend ausgelastet. Bei jedem Projekt habe ich die Bewohner immer mehr in die Arbeitsabläufe mit einbezogen. Im Sommer 2006 mussten sie dann zum Beispiel schon ihre Rucksäcke selbst zum Lager tragen, beim Lageraufbau helfen und ihren Schlafplatz weitgehend selbst herrichten. Vonseiten der Leitung brauchte es hier sehr viel Geduld, da es bis zu einer Stunde dauern konnte, bis die Bewohner es geschafft hatten, ihren Schlafsack auszupacken und auf die Isomatte zu legen. Ich konnte bereits zu diesem Zeitpunkt feststellen, dass sich eine Bewohnerin sehr gut an den Ofenbau erinnern konnte. Ich fragte sie, was wir alles dazu benötigen, und sie sagte mir: »Steine – große und kleine – und Matsch.« Ich baute mit ihr gemeinsam den Ofen auf, wobei ich die Steine aufeinanderlegte und sie den Ofen mit Matsch verfugte.

In dem zweitägigen Projekt im Sommer 2007 bezog ich die Bewohner noch mehr ins Geschehen mit ein. Ich gab ihnen zum Beispiel die Plane für das Schlaflager in die Hand, mit dem Arbeitsauftrag, sich zu überlegen, wie man damit ein Lager aufbauen kann. Sie hatten einige Ideen, brauchten dann aber für die Umsetzung viel Hilfe von der Leitung. Bei meinem letzten Projekt ließ ich, wie schon vorne beschrieben, die Bewohner viel mit den Praktikantinnen machen und setzte erstmals verschiedene Methoden ein. Ich konnte beobachten, dass sie sich in den letzten drei Jahren viel von den Arbeitsabläufen gemerkt haben und schon einiges selbst machen können. Wichtig wäre jetzt, dass diese Arbeitsabläufe weiterhin jährlich bei erlebnispädagogischen Projekten durchgeführt würden, um zu sehen, wie lange die autistischen Menschen brauchen, um sie ganz zu speichern.

Wenn ich nach meinen Beobachtungen gehe, haben die meisten unserer Bewohner bei den erlebnispädagogischen Projekten sehr schnell, in für sie sehr kurzen Sequenzen, gelernt. Das Erfreulichste aber ist, dass sie sich viele Arbeitsabläufe sogar gemerkt haben und sie nach einem Jahr wieder abrufen können.

Das Arbeitsverhalten von autistischen Menschen in der Natur

Das handlungsorientierte Arbeiten draußen in der Natur scheint für die Bewohner einen Sinn zu haben. Sie merken, dass es wichtig ist, Holz für das Feuer zu sammeln, damit es warm ist und damit gekocht werden kann, und dass sie ein Lager bauen müssen, damit sie im Trockenen sind und einen Schlafplatz haben. Das sinnvolle Arbeiten gibt den autistischen Menschen das Gefühl, dass sie mit etwas Hilfe oder sogar alleine etwas leisten können und somit ist es natürlich auch eine große Motivation für sie. Einigen Bewohnern scheint dies bewusst zu werden und sie helfen dann gerne bei den Konstruktionsaufgaben mit. B. zum Beispiel möchte in der WG teilweise seine Arbeiten nicht machen und stampft dann aus Wut mit den Füßen auf den Boden. Bei den erlebnispädagogischen Projekten allerdings fragt er uns häufig, was er arbeiten und ob er uns behilflich sein könne. A. ist viel belastbarer als in der Wohngruppe und man kann sie fast immer dazu motivieren mitzuhelfen. Bei anderen Bewohnern konnten wir beobachten, dass sie mit vollem Elan und all ihren Kräften bei den Arbeiten dabei sind. Es scheint ihnen richtig Spaß zu machen.

Die Arbeitswilligkeit und die Motivation bei erlebnispädagogischen Projekten ist um einiges höher als in normalen Alltag.

Langzeitwirkung der Erlebnispädagogik

Die alltäglichen, gewohnten Verhaltensweisen, die sich während eines erlebnispädagogischen Projektes verändert haben, kommen innerhalb von wenigen Tagen wieder zum Vorschein.

Die Bewohner wirken zwar für einige Tage noch entspannter und ausgeglichener als gewohnt, aber ihre Stereotypien und der gewohnte Sprachgebrauch sind nach wenigen Stunden wieder wie zuvor. Sie koppeln die zwei verschiedenen Situationen ziemlich voneinander ab und leben in der Wohngruppe das für sie gewohnte und gespeicherte Verhalten weiter.

Da im Wohnbereich keine ähnlichen Arbeitsabläufe vorkommen, lässt sich hier leider nicht beobachten, ob sich ihr Arbeitsverhalten verändert hat.

Da ich aber viel mit unseren Bewohnern draußen arbeite und immer wieder einen Brotbackofen baue und andere Konstruktionsaufgaben anleite, kann ich beobachten, dass sie sich gewisse Arbeitsabläufe merken und wieder abrufen können. Das zeigt mir, wie gut ihr Lernverhalten draußen in der Natur ist und sie sich für ihre Verhältnisse schnell Arbeitsabläufe merken können. Selbst bei Bewohnern, die sehr schwierig sind und nicht sprechen können, kann man beim Arbeiten beobachten, dass sie sich doch einiges gemerkt haben.

Durch das Anschauen von Fotos und das Erzählen über die erlebnispädagogischen Tage, die wir schon gemeinsam miteinander verbracht haben, kann ich feststellen, ob sie sich erinnern können oder nicht. Bei einigen Bewohnern kann ich es nur an einem Grinsen oder einem Lächeln erkennen und bei anderen an kurzen und bündigen Antworten. Es sind nur wenige, die mir dann wirklich erzählen können, was wir gemeinsam erlebt haben. Aber ein kleines Lächeln oder dass ein Bewohner unbedingt mit mir hinausgehen möchte, reicht mir, um zu wissen, dass sie gerne mit mir unterwegs sind und es ihnen gut tut, in der Natur zu sein. Einige können sich gut erinnern und wollen unbedingt wieder mit uns fahren. (Janina Pfeiffer, Text freundlicherweise zur Verfügung gestellt)

Abschließende Bemerkungen und eine kleine Themensammlung zur Erlebnispädagogik für MmB

- Die Sinnhaftigkeit von Naturerlebnissen für pädagogische Entwicklungsschritte im Einzelfall abschätzen
- Die Eigenmotivation der Klienten nach Naturerfahrung überprüfen (die eigene Motivation nicht aufdrücken)
- Den Zugang zur Natur – wenn als sinnvoll erkannt – anregen
- Den Rahmen des Möglichen ganz langsam erweitern
- Die Bedeutung der nötigen Infrastruktur – auch in der Natur – erkennen und bereitstellen
- Die Ziele realistisch und personzentriert erarbeiten, wenn nötig in einem längerem Prozess unter Einbeziehung eines vom Klienten gewählten Unterstützerkreises
- Mit dem Betreuungsumfeld sensibel kommunizieren (Kollegen, Familie, andere soziale Strukturen, Erlebnispädagogik ist keine »bessere Pädagogik«, sie ist ein Ergänzungsangebot)
- Überforderungssignale von »normalen« Entwicklungskrisen während des Projektes unterscheiden lernen

- Rasch und flexibel auf Überforderung reagieren können
- Projekte nicht aus Gründen des eigenen Interesses durchsetzen wollen
- Erkennen, wann ein »geordneter Rückzug« das bessere Mittel der Wahl ist
- Keinen pädagogischen Fortschritt um jeden Preis!
- Detaillierte Beobachtung und Dokumentation von Verhalten zur Einschätzung der Sinnhaftigkeit des Projektes und als Qualitätsinstrument für weitere Projekte. Hierbei gilt es auch, geeignete Dokumentationstools zu entwickeln.
- Transferhilfen schon im Vorhinein erarbeiten (was nicht bedeutet, dass auch während des Projektes Transferhilfen »auftauchen« können)

Insgesamt können wir nur unsere anfängliche Aussage wiederholen, dass wir glauben, dass eine zielorientierte Erlebnispädagogik für Menschen mit Behinderung noch einen weiten Entwicklungsweg vor sich hat. Besonders Menschen mit kognitiver Beeinträchtigung werden in den Konzepten oft erst gar nicht mitgedacht. Mit diesem Kapitel konnten wir nicht mehr als einen kurzen Streifzug durch mögliche Themen und einen kleinen Einblick in bereits bestehende Erfahrungen geben. Unser Hauptanliegen ist die Ermutigung zur systemisch-erlebnispädagogischen Arbeit mit MmB und zur genaueren Dokumentation von Prozessen, um die Qualität der Begleitarbeit zu erhöhen und um Erfahrung zu gewinnen.

Naturverbundenes Arbeiten
in der Supervision

Über analoge Lernformen, projektive Verfahren und Entwicklungsimpulse durch metaphorisches Arbeiten in der Natur ist in den vorigen Kapiteln schon im Zusammenhang mit verschiedenen – meist pädagogischen – Arbeitskontexten die Rede. Besonders interessant und bereichernd ist dieser Zugang aber auch für den Arbeitsansatz Supervision, wo er noch weitgehend unbekannt ist. Wir arbeiten seit vielen Jahren auch mit unseren Supervisionskunden in der Natur, je nach Bedarf, Zielsetzung und Wunsch. In diesem Kapitel bringen wir einige Prozessbeispiele. Wir möchten damit vor allem auf die Intensivierung der Erfahrungen und die Vielfalt der Interventionsmöglichkeiten im Naturraum aufmerksam machen. Faszinierend finden wir vor allem das immer wieder beobachtete Phänomen, dass die Arbeit im Naturraum mit scheinbarer Zielgerichtetheit entwicklungsfördernde Themen zutage bringt.

Im Rahmen von Supervisionsprozessen können dieselben Settings, Medien und Methoden zum Einsatz kommen, die wir als Arbeitsrahmen für die systemische Prozessbegleitung in pädagogischen Kontexten in diesem Buch beschrieben haben. Wir haben auch schon natursportliche Medien wie Bergbesteigungen, Gesprächswanderungen, Seekajak- und Kanadierfahrten – vor allem im Rahmen von Coachingprozessen – eingesetzt.

Herausragend und für uns mittlerweile unverzichtbar ist in diesem Zusammenhang das Methodenfeld themenbezogenes Arbeiten mit Naturmaterialien. Zwar kann mit Naturmaterialien auch indoor gearbeitet werden – zu diesem Zweck führen wir oft auch eine »Symbolkiste« mit –, aber das Arbeiten draußen scheint den Geist noch einmal in andere Bewegungen zu bringen, im Vergleich zu der eher statischen Arbeit in Räumen. Natürlich handelt es sich bei diesen Annahmen um Hypothesen, und wir möchten keinesfalls behaupten, dass die Arbeit in Räumen geringwertiger sei als die Arbeit draußen. Allerdings beobachten wir in der Natur eine tendenziell höhere emotionale Beteiligung der Supervisanden.

Die von der Natur dargebotenen Erfahrungen können einfach in Räumen nicht hergestellt werden. Es erscheint uns daher naheliegend, dass es auch entsprechende Erfahrungszusammenhänge geben kann, die mit diesen Impulsen aus der Natur korrespondieren und die selbst mithilfe analoger Arbeitsverfahren in Innenräumen nicht hervorgerufen werden können. Diese Möglichkeiten möchten wir nicht ungenützt lassen, obschon wir noch am Forschen sind, welche Ausprägungen das supervisorische Arbeiten in der Natur mit sich bringt. Unter anderem beobachten wir zum Beispiel eine stärkere Tendenz der Überschneidung von beruflichen und privaten Themenstellungen – vielleicht ja auch aufgrund der ganzheitlichen Anlage des Settings. Allerdings sind diese auftauchenden Überschneidungen auch oft hilfreich, um zum Kern einer Themenstellung zu kommen.

Sehr oft bemerken wir auch eine Art Schnelligkeit in Prozessen: Es kommt vor, dass Fragestellungen, für die sich ein Supervisand etwa drei Einheiten Zeit genommen hat, in kürzerer Zeit bereits geklärt sind. Auch im Bereich Teambildung konnten wir dieses Merkmal beobachten. Ein Beispiel:

Ich habe keine Ressourcen

Schon seit Längerem beschäftigte mich der Entwicklungsprozess eines Teams, das in einer Einrichtung der stationären Behindertenbegleitung zusammenarbeitet. Ich hatte immer wieder den Anlauf unternommen, eine grundlegende professionelle Gesprächskultur in diesem Team zu etablieren, aus meiner Sicht hartnäckig »unerfolgreich«. Rückmeldungen wurden auch auf Aufforderung kaum oder stark wertend gegeben, es kam oft vor, dass jemand während der Supervision aus dem Raum ging, um ein »wichtiges Telefonat« zu führen, frustrierende Themen wurden mit einer Vehemenz unter Verschluss gehalten, dass es nur in der Triangulation mit der Hausleiterin gelang, einige davon ans Tageslicht zu befördern. Aber auch das brachte keine nachhaltigen Effekte ins Team. Meist wurde auch – was nicht verwunderlich ist – Fallsupervision gewünscht oder der Versuch unternommen, über strukturelle Themen zu jammern.

Schließlich brachte ich das Team an einem wunderschönen Vorfrühlingstag dazu, mit mir nach draußen zu gehen. Es waren nur ein paar Schritte in den Garten der Einrichtung. Wir begannen mit einem Kooperationsspiel, das die Konzentration aller braucht, um zu einem Gelingen zu führen. Das Ziel der Übung wurde relativ schnell erreicht und alle waren schon ein bisschen lockerer. Es ist mir sehr wichtig zu erwähnen, dass dieses Team überaus engagiert und mit hoher emotionaler Beteiligung eine Wohngruppe sehr unterschiedlich körperlich und geistig beeinträchtigter junger Menschen betreut und dadurch ständig vor neue Herausforderungen gestellt wird. Diese kräftezehrende Arbeit raubte wohl den Mut und die Energie, wirklich konsequent auch auf die Beziehungen und die Qualität der Kommunikation untereinander zu schauen.

Nach der Aufwärmübung bekamen alle eine kurze Auszeit, um in der Natur nach Materialien zu suchen, die für persönliche Ressourcen stehen könnten. Es sollte aber auch »etwas« gefunden werden, das dafür stand, »was ich in der Arbeit brauche«. Der zweite Auftrag sollte mithelfen, persönliche Bedürfnisse zum Ausdruck zu bringen.

Überraschend schnell waren die Materialien gefunden und an jeweils persönlichen Plätzen ansprechend zueinander drapiert. Gleich die erste Mitarbeiterin fand für die Erklärung ihrer Ressourcen und Bedürfnisse recht klare, für alle verständliche Worte. Ich bemerkte eine hohe Zuhörbereitschaft der anderen und fragte schließlich, ob jemand dieser Kollegin eine persönliche Rückmeldung geben wolle. Die Rückmeldungen sprudelten. Ich musste zwar ein paar kleine Hinweise bezüglich der Formulierungen geben, aber es floss viel Wertschätzung. Dies war überraschenderweise auch in anderen Stationen so.

Ein Mitarbeiter dieses Teams hatte für seine Ressourcen und Bedürfnisse lediglich eine kleine Astgabel zu präsentieren, die wie eine Steinschleuder aussah. Er meinte, er habe eigentlich keine Ressourcen, da er sich selbst für einen Chaoten halte, allerdings merke er schon, dass die Jugendlichen gerne mit ihm spielten. Besonders dieser Kollege bekam daraufhin aufrichtige, warmherzige und sehr konkrete Rückmeldungen über sein Alltagsverhalten. Es wurde auch Unangenehmes ausgesprochen, allerdings auch wieder unter Berücksichtigung der Feedbackregeln, die im Beratungsraum noch nie so richtig funktioniert hatten.

Das gesamte Team meldete schließlich in der Schlussrunde, dass diese Supervisionseinheit so wertvoll wie schon lange keine mehr gewesen sei und dass es sehr ermutigend sei, sich hin und wieder mit dem »Zwischenmenschlichen« auseinanderzusetzen.

Möglicherweise war für dieses Team einfach nur der richtige Zeitpunkt gekommen, das Thema »teaminterne Beziehungen« anzugehen. Was in monatelanger Arbeit drinnen nicht möglich gewesen war, entwickelte sich im Freien im Verlauf einer Stunde. Vielleicht hatte neben dem richtigen Zeitpunkt ja auch der veränderte Rahmen in der Natur dazu beigetragen. Dieser Teamentwicklungsprozess ist noch am Laufen, es wird interessant sein, ob das Team selbst Faktoren finden kann, die dazu beigetragen haben, dass sie nun an einer qualitativ besseren Kommunikationskultur arbeiten können.

Der Gabentisch

Frau W. kam zur Supervision mit dem Ziel, ihrer Vorgesetzten Frau H. gegenüber mit mehr Sicherheit auftreten zu können. Sie wollte sich besser abgrenzen, wenn sie das Gefühl hatte, dass ihre Chefin gewisse Grenzen übertrat, indem sie ihr zum Beispiel viel Privates erzählte, und wie sie sich verhalten sollte, wenn Frau H. zu viel Aufmerksamkeit von ihr forderte und sie damit sogar von der Arbeit abhielt. Das Abklärungsgespräch fand noch in unserem Beratungsraum statt.

Ich stellte Frau W. die Möglichkeit vor, auch draußen arbeiten zu können, sie war sofort einverstanden und wir begaben uns in ein kleines Waldstück in unmittelbarer Nähe. Als Methode wählte ich das Arbeiten mit Naturmaterialien mit der Struktur einer einfachen Stellarbeit. Frau W. legte zuerst einen Stein für sich selbst und einen weiteren für Frau H. Nach kurzer Überlegung legte sie Frau H.s Stein noch etwas weiter weg von ihrem Stein. Nun bekam sie den Auftrag, sich in Frau H.s Position einzufühlen. Es kam ihr dabei der Gedanke, dass Frau H. sich mehr Offenheit von Frau W. wünsche, was bereits eine interessante Erkenntnis war, da Frau W. das durchaus auch selbst wollte, es aber aus genannten Gründen nicht konnte.

Was die Situation komplexer machte, war die Tatsache, dass Frau W. im Unternehmen eine Position belegte, die vorher Frau H. hatte. Frau W. kam jedoch besser damit zurecht, vor allem kam sie besser mit dem Team aus. Sie meinte, dass Frau H. deshalb vielleicht neidisch auf sie sein könnte. Ich fragte Frau W., welches Bedürfnis hinter den vermuteten Neidgefühlen stehen könnte, und bewegte mich dabei im Rahmen der gewaltfreien Kommunikation. Das Bedürfnis wurde sofort benannt, es war »persönliche Anerkennung«.

An dieser Stelle des Prozesses äußerte Frau W. eine Idee, die ihr gerade eben gekommen sei. Sie schilderte zuvor noch eine alltägliche Situation, die symptomatisch für das Problem sei: Frau H. komme fast täglich durch Frau W.s – immer offen stehende – Bürotür und erzähle ihr dann alle möglichen privaten Dinge und andere, teilweise völlig belanglose Sachen. Frau W. habe dabei das Gefühl, Frau H. komme mit ihren »Brocken« und lade sie bei ihr im Büro ab. Inspiriert durch die am Boden liegenden Steine stellte sich Frau W. nun vor, dass gleich neben ihrer Bürotür ein leerer Tisch stehe, den sie als Gabentisch bezeichnete. Auf diesem Gabentisch könne Frau W. den Brocken ja ablegen, wenn sie zur Tür hereinkomme, dann dringe der Brocken nicht bis zu ihrem Schreibtisch vor. Frau W. konnte anhand der am Boden liegenden Steine auch ganz genau sagen, wie weit die Linie in ihrem Büro gehen sollte, bis wohin die Brocken der Frau H. eine Existenzberechtigung haben und wo nicht mehr. Sie legte mit Stecken diese Linie zwischen den Symbolen für sich selbst und Frau H. Frau W. war bereits jetzt sehr erleichtert, denn sie konnte sich den Gabentisch von ihrem Schreibtisch aus mental gut vorstellen und würde sich erinnern, sobald Frau H. das nächste Mal bei ihr zur Tür hereinkäme.

Wir arbeiteten aber noch zwei weitere Möglichkeiten heraus, die Frau W. ihrem Ziel näherbringen könnten, und symbolisierten diese als Marker neben den schon gelegten Gegenständen. Die erste Möglichkeit bestand darin, dass Frau W. Frau H. gegenüber jedes Mal ganz bewusst Anerkennung ausspricht beziehungsweise ein positives Feedback gibt, wenn sie es wirklich aus Überzeugung tun kann.

Die zweite Möglichkeit bestand im kritischen Feedback der Chefin gegenüber, das sie jedoch nur geben würde, wenn sie es auch schaffe, das Feedback professionell zu formulieren. Sollte ihr das gelingen, würde sich Frau W. selbst mit einem »Orden« belohnen. Als Symbol für den Orden, den sie sich selbst verleihen würde, platzierten wir ein großes Schneerosenblatt.

Wenige Woche später kam eine Mail von Frau W. mit den Worten: »Mein inneres Gabentisch-Bild funktioniert super!! Es ist schon sehr interessant, wie innere Haltung wirkt.« Im Rahmen einer späteren Sitzung berichtete sie mir auch, dass diese Arbeit für sie derart intensiv gewesen sei, dass sie an jenem Tag bereits um 18.30 Uhr zu Bett gehen musste.

Nasse Füße holen

Ein anderes Mal kam Frau W. mit einer Fragestellung zu ihrer bevorstehenden Dissertation. Das Thema der Arbeit betraf den gleichen Fachbereich, in dem sie auch beruflich tätig war. Ihre Vorgesetzten – es handelt sich dabei um ein Paar – vertraten eine bestimmte fachliche Linie, der sie in ihrer Arbeit entgegenzusteuern gedachte. Sie befand sich also in einem persönlichen Dilemma, denn sie hatte den Eindruck, einerseits sehr viel von diesen beiden Personen gelernt und profitiert zu haben, sie andererseits aber nun grundlegend kritisieren zu müssen, und dies in einer öffentlichen Form. Sie könne aber ihre fachliche Überzeugung nicht hinterm Berg halten, da sie sich dadurch selbst untreu würde. Frau W. betonte, dass ihr Ziel für die Supervisionseinheit nicht eine Entscheidungshilfe sei, sondern dass sie mehr Mut sammeln wolle, ihre Linie öffentlich zu machen.

Ich wählte wieder eine metaphorische Prozessarbeit in der Natur. Wir befanden uns in einem Waldgebiet mit kleinem Bach. Als Prozessbegleiterin hatte ich gleich zu Beginn den Impuls, Frau W. dazu zu bewegen, den leicht Hochwasser führenden Bach zu überqueren, was eine gute Analogie zum Thema wäre (Mut fassen, sich überwinden, Unannehmlichkeiten in Kauf nehmen, sich im Anschluss stärker, mutiger und authentischer fühlen). Als ich sie fragte, ob sie sich eine Art Ritual als Startschuss für das Mutsammeln vorstellen könne, zögerte sie und wurde etwas zaghaft. Ich machte also einen Rückzieher und schlug vor, zum Platz einer früheren Prozessarbeit von ihr zu gehen, den sie damals »Kraftmulde« genannt hatte. Dort stand sogar noch ein Symbol, ein riesiger Farn, der damals den Namen »Lebensfächer« bekommen hatte.

Dieser Ort war genau neben zwei großen Fichten, die zusammen eine Art Durchgang bildeten. Ich fragte Frau W., ob sie die beiden Fichten als ihre Vorgesetzten sehen könne. Frau W. verneinte, denn die beiden seien zu nahe an ihrer Kraftmulde. Sie fand aber in der Nähe zwei weitere Nadelbäume, die ähnlich zueinander gruppiert waren, wo diese Vorstellung leicht möglich war. Diese beiden Fichten waren riesig und an den Wurzeln zusammengewachsen. Ich schlug vor, dass sie an diesem Ort für sich alleine einen Übergang vollziehen könne.

Der Übergang sollte einen Dank an die beiden Vorgesetzten beinhalten, aber auch Dank an jede einzelne Person und ein Signal, dass sie jetzt in die von ihr gewünschte Richtung gehen würde.

Ich ließ sie bei diesem Prozess alleine und kam nach ungefähr zwanzig Minuten wieder, nachdem das vorher vereinbarte Signal erklungen war, das mich »zurückrufen« sollte.

Frau W. äußerte jetzt den Wunsch, als Ritual den Bach überqueren zu wollen! Ich war fasziniert, denn ich hatte meinen Impuls von vorher gar nicht konkret gemacht, ich hatte nur von der Möglichkeit eines kleinen Rituals gesprochen. Wir gingen also zum Bach zurück und Frau W. suchte längere Zeit nach einer geeigneten Stelle, denn der Bach war wirklich etwas wild, wenn auch kein reißender Fluss. Es war Juni und noch kam relativ viel Schmelzwasser von den Bergen. Schließlich traute sich Frau W. und suchte sich ihren Weg über den Bach. Sie holte sich dabei ziemlich nasse Füße! Aber selbst diesen Aspekt konnte sie als sehr alltagsrelevant interpretieren, denn es sei durchaus möglich, dass sie sich bei ihrem Vorhaben im sprichwörtlichen Sinne nasse Füße holen könne, aber das sei ja nichts Schlimmes. Viel mehr noch war sie mit der Tatsache beschäftigt, dass sie relativ lang nach einer Stelle gesucht hatte, wo der Übergang möglichst leicht war.

Da sie im Nachhinein keinen Grund mehr finden konnte, warum sie noch wenige Minuten vorher den Bachübergang so leicht wie möglich haben wollte, sah sie sich schlussendlich bestärkt darin, dass Mutsammeln nicht etwas Kräfteraubendes ist, sondern etwas Kräfteschenkendes. Mit dieser Gewissheit und den physischen und emotionalen Erfahrungen im »Supervisionswald« konnte sie gut nach Hause fahren.

Unausgesprochenes bahnt sich einen Weg

Das folgende Prozessbeispiel handelt von einem Team, das sich zwei Tage lang Zeit nahm, schon länger anstehende Fragen aus dem Arbeitsalltag zu bearbeiten. Der Arbeitskontext des Teams war ein klassisch erlebnispädagogischer, das Team hatte mich als Coach engagiert.

Zunächst arbeiteten wir an Grundlagen der Teamkultur. Die Teammitglieder wollten sich – obschon sie schon lange zusammenarbeiteten – vertiefter kennenlernen und auf das Thema persönliche Ressourcen eingehen.

Die erste Aufgabe für alle lautete, eine persönliche Berufsbiografie mittels Naturmaterialien zu erstellen.

Das Team bestand aus sechs Personen, von denen einige bereits fundierte Kenntnisse der systemischen Theorie und der systemischen Haltungen hatten, allerdings wenig Erfahrung mit Methoden wie dem kreativen Arbeiten mit Naturmaterialien.

Der Arbeitsauftrag wurde sehr unterschiedlich aufgenommen. Besonders der Leiter des Teams, B., hatte viele Fragen zur Metaphorik von Naturmaterialien. Er bezeichnete sich selbst als Naturwissenschaftler und legte Wert darauf, einen Zapfen lediglich als Zapfen sehen zu dürfen.

Dem konnte ja nichts entgegengesetzt werden, aber es ging ja auch darum, das ganze Team respektvoll an ein Grundverständnis von Analogiearbeit heranzuführen, ohne das restliche Team, das bereits sehr motiviert war, sich an die Aufgabe zu machen, zu unterfordern oder zu frustrieren.

Ich legte B. die Möglichkeit dar, dass er seinen beruflichen Weg vielleicht auch in der Landschaft vorfinden könne. Er müsse also nicht unbedingt selbst etwas gestalten, müsse sowieso überhaupt nicht unbedingt mitmachen, alles sei freiwillig. Der Auftrag, etwas Kreatives zu gestalten, kann also auch kontraproduktiv sein. »Sei kreativ!« ist eine Aufforderung, die dem Wesen von Kreativität nicht entspricht.

Der Leiter war schließlich damit einverstanden, sich einfach Zeit für sich zu nehmen und zu sehen, was kommen würde. Nach der individuellen Arbeitsphase gingen wir die einzelnen Arbeiten durch.

Schon die erste Station zeigte eine beeindruckende Gestaltung. Die Teilnehmerin C. hatte ihre Berufsbiografie mit vielen Elementen versehen, die sie konkret auch als bestimmte Ressourcen bezeichnen konnte. Auch für die Zukunft hatte sie einiges verdeutlicht, was sie noch erreichen wollte. Vor allem aber sprach sie die Beziehung zu ihren beiden Vorgesetzten an, die ja auch da waren. Ihre Rückmeldung war emotional und sehr wertschätzend.

Die berufsbiografische Auseinandersetzung des Teamleiters war schließlich wirklich in der Landschaft zu finden. Anhand von Bäumen, einer Stromleitung, einer alten verrosteten Blechkiste und Zaunresten um einen Baum verdeutlichte B., wie er über eine ausgeprägte ökologische Ader zur naturnahen Erlebnispädagogik gekommen sei und wie wichtig ihm der ökologische Zugang immer noch sei. Mithilfe eines eimergroßen Sandsteins verdeutlichte er auch persönliche Ressourcen: Wie man diesen Stein als biologisch-geologisches Fundstück sehen könne, so könne man auf einem Stein auch klettern, das sei dann eine völlig andere Ebene der Auseinandersetzung mit ihm.

Somit hatte er zunächst zwei Formen von konkreter Naturerfahrungsmöglichkeit beschrieben. Zum Abschluss meinte er dann noch, dass so ein Stein auch als entweder hart oder als weich wahrgenommen werden könne, was ja durchaus auch auf Menschen zutreffe. Damit hatte er erstmals eine metaphorische Aussage gemacht. Seine Kollegen reagierten unmittelbar: Sofort bekam er Rückmeldungen über seine »weiche« Seite und die unterschiedlich wahrgenommenen Qualitäten der Zusammenarbeit mit ihm. B. schien sehr berührt zu sein aufgrund des unerwartet herzlichen Feedbacks.

Auch die weiteren Stationen bargen viel Emotionales: Es zeigte sich, dass nicht über alle Themen sofort gesprochen werden konnte. Besonders der Bereich der persönlichen Befindlichkeiten wurde sehr sensibel angegangen. Ein Teilnehmer legte einen Teil seines beruflichen Weges direkt auf eine Wurzel, die über mehrere Meter aus dem Erdreich herauslugte. Teile des Weges waren abseits der Wurzel, sein Ankommen als Teammitglied in dieser Organisation bedeutete für ihn ein Zurückkehren zu seinen gefühlten Wurzeln.

Ein weiterer Teilnehmer ließ ebenfalls Einblicke in persönliche Themen zu, indem er alle um eine beeindruckende uralte Buche mit mehreren Stämmen führte und schließlich sogar erzählte, dass er sich zwischendurch fünf Minuten lang hinlegen musste, um zu weinen, er könne nicht sagen weshalb. Es war sehr viel Mitgefühl spürbar an seinem Baum, niemand fragte nach Konkretisierung der Themen, denn wie von selbst dürfte allen klar geworden sein, dass es nicht um klar nachvollziehbares Verstehen, sondern um Einfühlen ging. Dieser Kollege schien an diesem Platz und in dieser Situation eine Seite von sich zu zeigen, die im Alltag nicht für alle sichtbar gewesen war, da er von der sportlich motivierten Ecke kam.

Bei der berufsbiografischen Station einer langjährigen Mitarbeiterin zeigte sich schließlich ein Thema, das nicht Teil des Arbeitsauftrages an die beiden Coachingtage war: die Übergabe der Leitungsverantwortung durch die Gründungspersonen, die ja auch teilnahmen, an die »nächste Generation«. Eine mögliche Übergabe war demnach schon länger angesprochen worden, der Prozess befand sich aufgrund anderer Prioritäten aber gerade im »Stehen«.

Die Mitarbeiterin L. sprach die Situation direkt an. Sie verwendete dabei das Bild von einem Schiff, das von zwei Personen gesteuert werde und auf dem eine ganze Crew schon in den Startlöchern stehe. Ich versuchte, die Reaktionen der beiden Leitungspersonen sehr genau zu beobachten. Sie ließen das Thema zu, es war jedoch auch ein kurzes Abwinken vonseiten der Leiterin zu bemerken, das eher an ihren Partner gerichtet war als an mich. Ich fasste es aber als Hinweis auf, das Thema kurz zu halten, nicht ohne aber einige würdigende Sätze gesprochen zu haben, was die Schwierigkeit der Übergabe von Pionierprojekten anbelangt.

Die Aufgabe Berufsbiografiearbeit schien eine sehr gute emotionale Verbindung zwischen den anwesenden Personen gelegt zu haben. Überdies kam am nächsten Morgen das Übergabethema noch einmal auf die Bühne, es schien sich nicht mehr zurückdrängen lassen zu wollen.

Alle hatten zuvor ihre Sicht der Beziehungen im Team nach der Gestalt eines Teamkosmos gelegt. Die Leiterin hatte auch noch pragmatische Elemente hinzugefügt, nämlich welche Aufgabengebiete sie in zwei Jahren nicht mehr in ihrer, sondern in der Hand des Teams sehen wollte. Sie sprach damit etwas an, was offensichtlich auch nicht ganz unbekannt war. Ich hatte jedoch den Eindruck, dass das Thema in dieser Klarheit bisher noch nicht vorgetragen worden war.

Die Information wurde von allen ohne besondere Kommentare, aber mit Kopfnicken aufgenommen. Der Teamkosmos des Leiters war eher nüchtern anzusehen. Es befanden sich vier Zapfen nebeneinander, zwei weitere in rechtem Winkel und in einem kleinen Abstand dazu. Er erwähnte selbst, dass es sich hier um ein Ist-Bild handle, das Soll-Bild müsste die beiden Zapfen in etwas größerem Abstand zu den anderen zeigen. Seine Ausführungen schienen auf Verständnis zu stoßen, jedenfalls war die Aufmerksamkeit aller sehr zentriert.

Beim Teamkosmos jener Teilnehmerin, die am Vortag mit ihrer Biografiearbeit gestartet hatte, kam es schließlich zu einem Prozess, der so nicht voraussehbar gewesen war: Sie hatte ihren Kosmos auch optisch wunderschön aufbereitet und sehr detailliert ihre Wahrnehmungen der Teamdynamik gelegt und geschildert. Schließlich brach sie in Tränen aus und merkte an, dass sie im Kosmos des Leiters vieles vermisse. Vor allem das Übergabethema, das aus ihrer Sicht schon überfällig sei, sie selbst habe das Gefühl, schon in den Startlöchern zu scharren. Aber vor allem sei ihr jetzt bewusst geworden, wie sehr sie ihre eigene Konstellation an ein Familienbild erinnere mit den beiden Leitungspersonen als Elternfiguren. Mich als Prozessleiterin erinnerte ihr emotionaler Ausdruck auch an eine Jugendliche, die eben erfahren muss, dass nicht alles so schnell ginge wie erwünscht und erhofft. Beide Leitungspersonen hörten sehr aufmerksam zu, äußerten sich aber nur spärlich, indem sie Bezug zu den allen bekannten Prioritäten der letzten Zeit nahmen.

Dies nahm ich als Hinweis, die Mitarbeiterin zu fragen, ob sie wahrnehmen könne, dass der Prozess von den Leitungspersonen weitergeführt werde. Das konnte sie bejahen und sie sprach auch noch aus, wie sehr ihre Wahrnehmung des Familienbildes sie an eigene lebensbiografische Zusammenhänge erinnere, die sie aber gut akzeptieren könne.

Der Teamleiter wirkte betroffen, es war in keiner Weise mehr zu erkennen, dass das Thema im Rahmen dieses Trainings nicht behandelt werden sollte. Es war nun so präsent, dass sich die zukünftige Linie der Prozessführung im Team wie von selbst herauskristallisiert hatte.

Es wurde während dieser beiden Tage noch mit verschiedenen anderen Methoden gearbeitet, unter anderem bildete eine rituelle Gestaltung den

Abschluss, während der alle ein Papierröllchen mit einem Wunsch an einen speziell dafür auserkorenen Holunderbaum aufhängten. Alle Teilnehmenden bestätigten während der Auswertung, dass dieses Training in kürzester Zeit eine Teamkohäsion gefördert hätte, die sie vorher nicht für möglich gehalten hatten.

Neben der erfolgreichen Vertiefung der Teambeziehungen waren die beiden Tage auch in Bezug auf die zu Beginn eingebrachten Fragen aus dem Arbeitsalltag sehr erhellend. Besonders wertvoll wurde empfunden, dass das »Übergabethema« aufgetaucht war, obwohl es nicht auf der Themenliste stand. Dies brachte große Erleichterung und positive Stimmung für die bevorstehende Arbeit an diesem Thema.

Themen für »draußen«

Diese Beispiele zeigen, dass das prozessbegleitende Arbeiten in der Natur weitaus mehr zu bieten hat als bloß teambildende Elemente. Besonders im Bereich der Team- und Strategieentwicklung leisten die systemischen Methodenfelder – dargeboten in der Natur – vielfältige Dienste.

Besonders geeignet sind die in diesem Buch beschriebenen systemisch-naturverbundenen Methoden für folgende Themenkreise, die eine Auswahl darstellen, mit der wir bisher Erfahrungen sammeln konnten:

- Konfliktmoderation
- Abklären von Leistungspotenzialen
- Ressourcenabklärung
- Entscheidungsfindung
- Zielentwicklung
- Leitbilderstellung,
- Projekt- beziehungsweise Konzeptplanung
- Leadership
- Kommunikationskultur und -strukturen
- Evaluierungsprozesse
- Übergangsprozesse und Übergabeszenarien

Literaturempfehlungen

Sheldrak, Rupert/McKenna, Terence/Abraham, Ralph H.: Denken am Rande des Undenkbaren. Über Ordnung und Chaos, Physik und Metaphysik, Ego und Weltseele, München 1995.

Amann, Andreas: Vergemeinschaftungsmuster, Zugehörigkeit und Individualisierung im gruppendynamischen Raum. In: Der gruppendynamische Raum. Themenheft der Zeitschrift Gruppenpsychotherapie und Gruppendynamik 39.

Amesberger, Günter: Persönlichkeitsentwicklung durch Outdoor-Aktivitäten. Untersuchung zur Persönlichkeitsentwicklung und Realitätsbewältigung bei sozial Benachteiligten, Darmstadt 1999.

Bacon, Stephen: Die Macht der Metaphern, Alling 1998.

Bamberger, Günter G.: Lösungsorientierte Beratung. Praxishandbuch, Weinheim 2001.

Bateson, Gregory: Geist und Natur. Eine notwendige Einheit, Frankfurt 1987.

Baxa, Guni Leila/Essen, Christine/Kreszmeier, Astrid Habiba (Hg.) Verkörperungen. Systemische Aufstellung, Körperarbeit und Ritual. Heidelberg 2002.

Brönnle, Stefan: Landschaften der Seele. Landschaften, Geomantie und ihre Auswirkungen auf die menschliche Psyche, München 1994.

Budde, Wolfgang/Früchtel, Frank: Fall und Feld. Oder was in der sozialraumorientierten Sozialarbeit mit Netzwerken zu machen ist. In: Sozialmagazin 6/2005, S. 14–23.

Cziskzentmihalyi, Mihaly: Das *flow*-Erlebnis. Jenseits von Angst und Langeweile: im Tun aufgehen, Stuttgart 2010.

Cohn, Ruth C./Farau, Alfred: Gelebte Geschichte der Psychotherapie. Zwei Perspektiven, Stuttgart 2008.

De Jong, Peter/Berg, Insoo Kim: Lösungen (er)finden. Das Werkstattbuch der lösungsorientierten Kurztherapie, Dortmund 2002.

Ferstl, Alex/Schettgen, Peter/Scholz Martin (Hg.): Der Nutzen des Nachklangs. Neue Wege der Transfersicherung bei handlungs- und erfahrungsorientierten Lernprojekten. Augsburg 2004.

Fischer, Torsten: Erlebnispädagogik. Das Erlebnis in der Schule, Frankfurt am Main 1998.

Fischer, Torsten/Ziegenspeck, Jörg W.: Handbuch Erlebnispädagogik. Von den Ursprüngen bis zur Gegenwart, Bad Heilbrunn 2000.

Flückiger, Monika: Die Wildnis in mir. Mit Drogenabhängigen in den Wäldern Canadas, Augsburg1998.

Foster, Steven/Little, Meredith: Vision Quest. Sinnsuche und Selbstheilung in der Wildnis, Braunschweig 1991,

Foerster, Heinz von/Pörksen, Bernhard: Wahrheit ist die Erfindung eines Lügners. Gespräche für Skeptiker, Heidelberg 2003.

Grawe, Klaus/Donati, Ruth/Bernauer, Friederike: Psychotherapie im Wandel. Von der Konfession zur Profession, Göttingen 1994.

Gilsdorf, Rüdiger: Von der Erlebnispädagogik zur Erlebnistherapie. Perspektiven erfahrungsorientierten Lernens auf der Grundlage systemischer und prozessdirektiver Ansätze, Bergisch-Gladbach 2004.

Heckmair, Bernd/Michl, Werner/Walser, Ferdinand (Hg.): Die Wiederentdeckung der Wirklichkeit. Erlebnis im gesellschaftlichen Diskurs und in der pädagogischen Praxis, Alling 1995.

Heckmair, Bernd/Michl, Werner: Erleben und Lernen. Einführung in die Erlebnispädagogik, Neuwied 1998.

Hellinger, Bert/Hövel, Gabriele: Anerkennen, was ist. Gespräche über Verstrickung und Lösung, München 1999.

Hendrich, Fritz: Die vier Energien des Führens. Menschenführung mit der Kraft der Elemente, Wien 1999.

Holtz, Karl Ludwig: Einführung in die systemische Pädagogik, Heidelberg 2008.

Huschke-Rhein, Rolf (Hg.): Systemisch-ökologische Pädagogik, Band 1–5, Köln 1992.

Ders.: Einführung in die systemische und konstruktivistische Pädagogik. Beratung, Systemanalyse, Selbstorganisation, Weinheim 2003.

Kersting, Heinz et.al: Irritation als Plan. Konstruktivistische Einredungen, Berlin 2003.

Koch-Weser, Silvia/Lübke, Geseko von: Vision Quest. Visionssuche: allein in der Wildnis auf dem Weg zu sich selbst, Klein Jasedow 2009.

Kölsch, Hubert (Hg.): Wege moderner Erlebnispädagogik, München 1995.

König, Oliver/Schattenhofer, Karl: Einführung in die Gruppendynamik, Heidelberg 2006 (die in diesen Text eingefügten Grafiken sind diesem Buch entnommen).

Kreszmeier, Astrid Habiba/Hufenus, Hans-Peter: Wagnisse des Lernens. Aus der Praxis der kreativ-rituellen Prozessgestaltung, Bern 2002.

Lenzen, Dieter: Erziehungswissenschaft. Ein Grundkurs, Reinbek 2006.

Lindenthaler, Christine: Der konzeptuelle Gehalt subjektiver Alltagstheorien von SozialpädagogInnen und dessen Bezüge zu wissenschaftlichen Theorien. Diplomarbeit, Salzburg 1991.

Dies.: Systemisches Arbeiten in der Erlebnispädagogik In: Ferstl, Alex/Schettgen, Peter/Scholz Martin (Hg.): Der Nutzen des Nachklangs. Neue Wege der Transfersicherung bei handlungs- und erfahrungsorientierten Lernprojekten. Augsburg 2004, S. 38–51.

Dies.: Handeln als Methode. Systemische Prozessbegleitung in der Natur. In: Fischer, Torsten (Hg.): Hochschule und Erlebnispädagogik, Baltmannsweiler 2006, S. 206–216.

Lotmar, Paula/Tondeur, Edmond: Führen in sozialen Organisationen. Ein Buch zum Nachdenken und Handeln, Bern 1999.

Lovelock, James/Sheldrake, Rupert/Capra, Fritjof/Davies, Paul: Der wissende Kosmos. Die Entdeckung eines neuen Weltbildes, Freiburg 2001.

Luhmann, Niklas: Einführung in die Systemtheorie (Hrsg. von Dirk Baecker), Heidelberg 1991/92.

Maturana, Humberto / Varela, Francisco: Der Baum der Erkenntnis. Die biologischen Wurzeln menschlichen Erkennens, Bern / München 1987.

Michl, Werner / Riehl, Jochen (Hg.): Leben gewinnen. Beiträge der Erlebnispädagogik zur Begleitung von Jugendlichen mit mehrfacher Behinderung, Alling 1996.

Molan-Grinner, Siegfried: Bewegung, Abenteuer, Natur, Sprache. Die Pädagogik mit Outdoor-based-Training, Augsburg 2002.

Paffrath, F. Hartmut / Salzmann, Alexandra / Scholz, Martin (Hg.): Wissenschaftliche Forschung in der Erlebnispädagogik. Erleben, Forschen, Evaluieren, Augsburg 1999.

Petschel, Shanti L.: Reifeprüfung Wildnis. Endlich erwachsen werden, Uhlstädt-Kirchhasel 2004.

Rabenstein, Reinhold / Reichel, Rene: Kreativ beraten. Methoden und Strategien für kreative Beratungsarbeit, Coaching und Supervision, Münster 2001.

Radatz, Sonja: Einführung in das systemische Coaching, Heidelberg 2006.

Reich, Kersten: Systemisch-konstruktivistische Pädagogik. Einführung in Grundlagen einer interaktionistisch-konstruktivistischen Pädagogik, Neuwied 2002.

Richards, Kaye / Smith, Barbara: Therapy within Adventure, Proceedings of the Second International Adventure Therapy Conference, Augsburg 2003.

Rosenberg, Marshall B.: Gewaltfreie Kommunikation. Eine Sprache des Lebens, Paderborn 2003.

Rotthaus, Wilhelm: Wozu erziehen? Entwurf einer systemischen Erziehung, Heidelberg 2002.

Rullman, Marit / Schlegel, Werner: Frauen denken anders. Philo-Sophias 1x1, Frankfurt 2000.

Satir, Virginia et al.: Das Satir-Modell. Familientherapie und ihre Erweiterung, Stuttgart 2000.

Schlippe, Arist von / Schweitzer, Jochen: Lehrbuch der systemischen Therapie und Beratung, Göttingen 2007.

Schödlbauer, Cornelia (Hg.): Weisheit und Trance. Rituale und Archetypen in der erlebnispädagogischen Praxis. Fachtagung des Instituts für Jugendarbeit Gauting, Augsburg 2002.

Schödlbauer, Cornelia / Paffrath, F. Hartmut / Michl, Werner (Hg.): Metaphern: Schnellstraßen, Saumpfade und Sackgassen des Lernens. Internationaler Kongress »erleben und lernen«, Augsburg 1999.

Shazer, Steve de: Das Spiel mit Unterschieden. Wie therapeutische Lösungen lösen, Heidelberg 1992.

Ders.: »...Worte waren ursprünglich Zauber«: Lösungsorientierte Therapie in Theorie und Praxis, Dortmund 1998.

Ders.: Wege der erfolgreichen Kurztherapie, Stuttgart 1999.

Sheldrake, Rupert: Das Gedächtnis der Natur. Das Geheimnis der Entstehung der Formen in der Natur, Frankfurt 2002.

Sheldrake, Rupert / Fox, Matthew: Die Seele ist ein Feld. Der Dialog zwischen Wissenschaft und Spiritualität, München 2001.

Simon, Fritz B. (Hg.): Lebende Systeme. Wirklichkeitskonstruktionen in der Systemischen Therapie, Berlin/Heidelberg/New York 1997.

Ders.: Meine Psychose, mein Fahrrad und ich. Zur Selbstorganisation der Verrücktheit, Heidelberg 2012.

Simon, Fritz B. und Conecta Autorinnengruppe (Hg.): Radikale Marktwirtschaft. Grundlagen des systemischen Managements, Heidelberg 2001.

Stern, Daniel N.: Die Lebenserfahrung des Säuglings, Stuttgart 1994.

Kaye, Richards / Smith, Barbara: Therapy within Adventure, Proceedings of the Second International Adventure Therapy Conference, Augsburg 2003.

Sparrer, Insa: Konstruktivistische Aspekte der Phänomenologie und phänomenologische Aspekte des Konstruktivismus. In: Weber, Gunthard (Hg.): Derselbe Wind lässt viele Drachen steigen. Systemische Lösungen im Einklang, Heidelberg 2001.

Sparrer, Insa / Varga von Kibéd, Matthias: Ganz im Gegenteil. Tetralemmaarbeit und andere Grundformen systemischer Strukturaufstellungen – Für Querdenker und solche, die es noch werden wollen, Heidelberg 2011.

Stopzyk-Pfundstein, Annegret: Sophias Leib. Der Körper als Quelle der Weisheit, Heidelberg 2002.

Thalhamer, August: Der Heilungsweg des Schamanen. Im Lichte westlicher Psychotherapie und christlicher Überlieferung, Linz 2007.

Theuretzbacher, Klaus / Nemetschek, Peter: Coaching und systemische Supervision mit Herz, Hand und Verstand. Handlungsorientiert arbeiten, Systeme aufbauen, Stuttgart 2011.

Tondeur, Edmond: Menschen in Organisationen. Mit-Teilungen eines Organisationsberaters, Bern 1997.

Walter, Hans Jörg: Gruppendynamik. In: Hierdeis, Helmwart / Hug, Theo (Hg.): Taschenbuch der Pädagogik (Band 3), Baltmannsweiler 1997, S. 805 ff.

Watzlawick, Paul: Wie wirklich ist die Wirklichkeit? Wahn, Täuschung, Verstehen, München 1995.

Weber, Gunthard (Hg.): Derselbe Wind lässt viele Drachen steigen. Systemische Lösungen im Einklang, Heidelberg 2001.

Wilber, Ken: Ganzheitlich Handeln. Eine integrale Vision für Wirtschaft, Politik, Wissenschaft und Spiritualität, Freiburg 2001.

Ders.: Eros, Kosmos, Logos. Eine Jahrtausend-Vision, Frankfurt am Main 2006.

Zeitschriften

Zeitschrift für Erlebnispädagogik. Herausgegeben vom Institut für Erlebnispädagogik an der Universität Lüneburg (ist mittlerweile aufgegangen in der unten genannten Zeitschrift »erleben und lernen«).

erleben und lernen. Internationale Zeitschrift für handlungsorientierte Pädagogik, Ziel Verlag, Augsburg.

Praxis der Systemaufstellung. Beiträge zu Lösungen in Familien und Organisationen. Herausgegeben von der Deutschen Gesellschaft für Systemaufstellungen.

Internetseiten

Jana Raile: http://erzaehler-in.de

http://bidok.uibk.ac.at/library/doose-zukunftsplanung.html

http://methodenpool.uni-koeln.de

http://www.erlebnispaedagogik.de

http://www.uni-lueneburg.de/einricht/erlpaed/institut_intro.htm

http://www.NaturAlsPartnerin.at, http://www.NaturAlsPartnerin.ch

http://www.Lindenthalers.at

Alle zuletzt aufgerufen am 4.6.2012.

Fotografien

Sämtliche im Buch verwendeten Fotografien stammen von Hansjörg Lindenthaler.